그리스도는 누구이신가
Who is Jesus Christ the Messiah

김 남 준

생명의말씀사

김남준 현 안양대학교의 전신인 대한신학교 신학과를 야학으로 마치고, 총신대학교에서 목회학 석사와 신학 석사 학위를 받았으며, 신학 박사 과정에서 공부했다. 안양대학교와 현 백석대학교에서 전임 강사와 조교수를 지냈다.

1993년 **열린교회**(www.yullin.org)를 개척하여 담임하고 있으며, 현재 총신대학교 신학과 조교수로도 재직하고 있다. 저자는 영국 퓨리턴들의 설교와 목회 사역의 모본을 따르고자 노력해 왔으며, 아우구스티누스를 비롯한 보편교회의 신학과 칼빈, 오웬, 조나단 에드워즈와 17세기 개신교 정통주의 신학에 천착하면서 조국교회에 신학적 깊이가 있는 개혁교회 목회가 뿌리내리기를 갈망하며 섬기고 있다.

주요 저서로는 **1997년도 기독교 출판문화상**을 수상한 『예배의 감격에 빠져라』와 **2003년도 기독교 출판문화상**을 수상한 『거룩한 삶의 실천을 위한 마음지킴』, **2005년도 기독교 출판문화상**을 수상한 『죄와 은혜의 지배』, **2015년도 기독교 출판문화상**을 수상한 『가슴 시리도록 그립다, 가족』을 비롯하여 『깊이 읽는 주기도문』, 『인간과 잘 사는 것』, 『영원 안에서 나를 찾다』, 『교회와 그리스도의 남은 고난』, 『신학공부, 나는 이렇게 해왔다 제1권』, 『기도 마스터』, 『내 인생의 목적, 하나님』, 『십자가를 경험하라』, 『그리스도인은 누구인가』 등 다수가 있다.

그리스도는 누구이신가

ⓒ 생명의말씀사 2000, 2018

2000년 12월 25일 1판 1쇄 발행
2009년 10월 30일   5쇄 발행
2018년 6월 11일 2판 1쇄 발행
2018년 6월 12일 3판 1쇄 발행
2019년 4월 19일   3쇄 발행

펴낸이 | 김재권
펴낸곳 | 생명의말씀사

등록 | 1962. 1. 10. No.300-1962-1
주소 | 서울시 종로구 경희궁1길 5-9(03176)
전화 | 02)738-6555(본사) · 02)3159-7979(영업)
팩스 | 02)739-3824(본사) · 080-022-8585(영업)

지은이 | 김남준

기획편집 | 태현주, 김정주
디자인 | 조현진, 윤보람
인쇄 | 영진문원
제본 | 정문바인텍

ISBN 978-89-04-16628-2 (03230)

저작권자의 허락없이 이 책의 일부 또는 전체를
무단 복제, 전재, 발췌하면 저작권법에 의해 처벌을 받습니다.

그리스도는 누구이신가
Who is Jesus Christ the Messiah

저자 서문

이사야 53장에서 만난 그리스도

하나의 거대한 산맥의 면모를 파악하기 위해서는 그 산맥을 구성하는 몇 개의 준봉들을 직접 올라 보는 일이 필요합니다. 마찬가지로 성경이라는 거대한 맥을 이해하는 데에 있어서도 여러 가지 연구 방법들이 있을 수 있으나, 성경의 위대한 장들을 깊이 탐구해 보는 것이 추천할 만한 방법입니다.

모든 성경 말씀이 진리이지만, 그렇다고 모든 성경이 기독교 신앙에 대한 결정적인 증언을 같은 깊이와 분량으로 지니고 있는 것은 아닙니다. 교회의 역사를 보면, 특별히 설교자들이 애착을 갖고 열심히 설교하였던 성경 본문이 어느 특별한 장들에 집중되어 있는 것을 알 수 있는데, 바로 이러한 이유 때문입니다.

이사야 53장은 그러한 '성경의 위대한 장(章)' 가운데 하나입니다. 이 책에 담긴 내용들은 20여 년 전에 설교한 '이사야 53장 강해 시리즈'를 근간으로 하고 있습니다. 열린교회 개척 초기, 지하실 교회에서 회중들과 누렸던 진리의 감격을 아직도 잊을 수 없습니다. 사실, 그때 저는 기대보다는 두려움과 떨림 가운데 이 시리즈를 설교했습니다. 저의 설교가 이사야 53장 본문의 영광스러움을 가리지 않을까 두려웠기 때문입니다.

1994년 사순절 기간에 전반부를 설교했고, 이후 1997년 가을에 다시 후반부를 설교했습니다. 그때 우리는 이 말씀 가운데 함께해 주신 하나님 때문에 말할 수 없이 큰 은혜를 누렸습니다.

그 은혜와 감격이 이 책을 읽는 독자들에게도 동일하게 임하기를 바라며, 다음과 같은 몇 가지 조언을 드립니다.

1. 저자의 욕심으로는 독자들이 이 책을 두 번 정도 읽었으면 합니다. 처음 읽을 때에는 각주에 신경 쓰지 말고 본문 전체를 설교로서 읽어 나가고, 두 번째 읽을 때에는 성경을 펴 놓고 각주를 참고하면서 연구해 가기 바랍니다.
2. 히브리어나 헬라어 본문 곁에는 항상 저자의 사역(私譯)을 달았습니다. 우리말 개역개정 성경과 영어 번역본들과 비교하여 정확한 번역을 시도하였고, 이 과정에서 다소 복잡한 본문 비평의 문제들도 다루었습니다. 때로는 이러한 작업들이 본문의 메시지를 끌어냄에 있어 치명적으로 중요한 경우도 있으니, 주의 깊게 살펴보기 바랍니다.

3. 이 책의 뒷부분에는 이사야 53장에 관한 청교도들의 설교 목록이 실려 있습니다. 이는 이 위대한 장에 대한 청교도들의 설교를 역사적으로 신학적으로 더 공부하고 싶어하는 사람들을 위한 것입니다.
4. 이 책의 뒷부분에 실린 참고 문헌에는 이사야서 연구를 위한 필독 도서들이 포함되어 있습니다. 학술적인 논의를 담고 있는 책들보다는 히브리어 원문에 대한 풍부하고 유익한 설명이 있는 책들이 많습니다. 설교자들에게 도움을 줄 수 있는 고전적인 책들과 이사야 53장 원문에 대한 올바른 해석과 비평에 길잡이가 되어 줄 만한 책들이 수록되어 있으니, 보다 깊이 있는 독서를 원하시는 독자들은 활용하시기 바랍니다.

이 책은 이미 2000년도에 『메시아, 고난과 영광』이라는 제목으로 생명의말씀사에서 출간된 바 있습니다. 이후 최근 몇 년간 절판 상태에 있다가 다시 복간하게 되었습니다.

복간을 하며 오탈자를 수정하거나 문장을 다시 다듬었지만, 당시의 견해를 기각하거나 바꿀 특별한 부분을 발견하지는 못했습니다. 그래서 최대한 수정을 하지 않고 당시의 설교가 가진 원래의 분위기를 살리고자 노력했습니다.

이 설교가 진행될 때 부어 주신 하나님의 은혜가 독자들이 이 책을 읽을 때에도 동일하게 이어지기를 소망하는 마음으로, 덧붙이고 싶은 학문적 내용들과 보다 깊이 논증하고 싶은 부분들을 모두 내려놓았습니다.

초신자부터 신앙의 연륜이 오랜 성도들까지 모두가 함께 읽을 수 있는 책입니다. 그때 달콤이 선포되는 시간 동안, 작은 지하실 예배당 안은 소리 죽인 흐느낌으로 가득했습니다. 그중에는 교회에 나온 지 몇 주 되지 않은 교인도 있었고, 40년 넘게 신앙생활 해 온 교인도 있었습니다. 갓 회심을 경험한 사람이 있었는가 하면, 깊은 영적 침체 가운데 힘들어 하던 사람도 있었습니다. 교리에 무지한 사람이 있었는가 하면 신학생도 있었습니다. 그러나 그때 우리는 모두가 함께 은혜를 누렸습니다.

부디, 이 책이 그때처럼 여러분들에게 그리스도를 만나게 해주는 은혜의 책이 되었으면 좋겠습니다.

2018년 6월
그리스도의 노예 **김남준**

목 차

저자 서문　이사야 53장에서 만난 그리스도　　　　04
시작하는 글　하나님의 초월적 사랑의 증거, 예수 그리스도　12

제1장　그리스도를 믿지 않는 세대　　　　23

믿지 않는 세대 ǀ 그리스도 없이 기독교는 없다 ǀ 메시아에 대한 약속 ǀ 세상이 예수를 거절함 ǀ 자기 소견대로 판단함 ǀ 연약한 예수 안에 있는 구원 ǀ 외면당한 메시아 ǀ 우리를 위해 낮아지심

제2장　고난 당하신 하나님의 아들　　　　49

배척받는 예수 ǀ 부당하게 대접받는 예수 ǀ 아픔과 슬픔을 아는 예수 ǀ 멸시를 당하는 예수 ǀ 우리도 그를 귀히 여기지 않았다 ǀ 믿음의 눈으로 보아야 하는 그리스도 ǀ 홀로 감당해야 할 십자가 ǀ 예수를 안 사람으로 살자

제3장　그리스도를 오해하는 사람들　　　　65

우리를 위한 고난 ǀ 희망은 바른 이해로부터 나온다 ǀ 메시아에 대한 오해 ǀ 우리 시대의 오해 ǀ 하나님의 생각을 가르쳐 줄 사람

제4장　우리를 위해 형벌을 받으신 그리스도　　81

인간으로 살아가는 것 ∣ 대속은 무엇인가 : 하나님의 구원 방법 ∣ 누가 대속하셨나 : 메시아 ∣ 무엇을 대속하셨나 : 반역과 죄 ∣ 대속의 결과 1 : 하나님과의 평화 ∣ 대속의 결과 2 : 질병의 치유 ∣ 어디서 대속하셨나 : 십자가 ∣ 왜 대속하셨나 : 하나님의 사랑 ∣ 대속에 대한 반응 : 은혜와 감격

제5장　세상의 죄를 짊어지신 그리스도　　103

대속의 계획자 : 하나님 ∣ 대속의 이유 : 우리 모두의 죄악 ∣ 대속할 죄악 : 하나님을 떠남 ∣ 양의 비유 ∣ 대속하시는 사랑 ∣ 자신의 무가치함을 아는가 ∣ 행복은 하나님과의 화목이다 ∣ 이제 우리는

제6장　침묵 속에 자신을 바치신 그리스도　　119

고난과 침묵 ∣ 침묵의 이유 1 : 하나님의 지혜를 아심 ∣ 침묵의 이유 2 : 하나님으로 말미암는 만족 ∣ 침묵의 이유 3 : 목표에 대한 인식 ∣ 죽기까지 순종하신 것은 ∣ 절대 의존의 마음으로 산다

| 제7장 | **대속의 비밀, 하나님의 지혜** | 139 |

감춰진 대속의 비밀 | 대속이 믿어지게 하는 성령 | 그리스도인의 영적 생활의 기초, 대속의 진리 | 대속의 은혜를 경험한 사람의 삶

| 제8장 | **십자가와 일사각오의 신앙** | 151 |

대속의 방법, 죽음 | 인간의 숙명 | 짐작조차 할 수 없는 죽음 | 침묵과 온유함으로 | 일사각오의 신앙 | 모든 사람을 구원하는 복음

| 제9장 | **정결하게 하신 그리스도와 그 열매** | 169 |

여호와께서 원하신 일 | 속건 제물이란 무엇인가 | 거룩함을 범한 죄 | 남의 소유를 훔친 죄 | 거룩함을 추구하라 | 거룩함, 하나님의 백성들의 독특성 | 열매를 맺으심

| 제10장 | **그리스도를 통해 하나님의 뜻을 이루심** | 191 |

부활의 약속 | 십자가에 대한 현재적 경험과 소망 | 하나님의 뜻을 성취하신 그리스도 | 목표 없는 삶의 비극 | 십자가에서 발견한 인생 | 무엇을 위한 은혜인가 | 부활의 소망으로 살아가라

제11장 지식으로 의롭게 하신 그리스도   **211**

만족하시는 그리스도 | 완전한 대속을 누린 자의 삶 | 지식의 빛 | 의롭게 하신 그리스도 | 지식, 구원에 이르는 길 | 우리의 죄를 담당하신 예수

제12장 그리스도의 영광과 영원한 승리   **229**

영광받으시는 메시아 | 승리의 부활 | 영광받으실 이유 1 : 자기 영혼을 버리심 | 영광받으실 이유 2 : 죄인처럼 멸시받으심 | 구속의 기쁨으로 살라 | 고난의 실상 1 : 우리의 죄를 지심 | 고난의 실상 2 : 죄인들을 위한 기도 | 위대한 장을 덮으며

마치는 글 핏자국을 따라 걷는 길	**248**
이사야 53장에 관한 청교도들의 설교 목록	**256**
참고 문헌	**260**

시작하는 글

하나님의 초월적 사랑의 증거, 예수 그리스도

밤하늘에 불꽃이 수놓이는 광경을 보신 적이 있습니까?

그 아름다운 불꽃은 발사 장치에 화약을 넣고 불을 붙여 공중으로 쏘아 올려서 만든 것입니다.

하늘에서 불꽃이 터지게 하려면, 일단 불꽃을 만들어 낼 화공품을 추진체에 담고 적당한 시간 후에 연소될 수 있도록 도화선을 연결해야 합니다. 그리고 도화선에 불을 붙여 로켓을 쏘듯 위로 발사하면, 일정한 시간 동안 날아가 하늘 위에 작열하는 불꽃을 만들어 내게 됩니다. 그렇게 찬란한 불꽃을 만들어 내고 산화한 잔재들은 그 자리에 연기만 남기고 재가 되어 천천히 땅으로 떨어집니다.

밤하늘을 아름답게 수놓는 순간의 앞뒤에는 이러한 눈에 잘 띄지 않는 많은 과정들이 있습니다.

성경 전체가 불꽃놀이의 일련의 과정이라면, 예수 그리스도의 고난은 '펑' 하는 소리와 함께 공중에서 작열하는 찬란한 불꽃입니다.

구약의 모든 역사는 예수 그리스도의 십자가 사건을 향해 달려오고 있고,

신약의 모든 역사는 예수 그리스도의 십자가 사건으로부터 달려 나옵니다. 즉, 예수 그리스도의 십자가 사건은 하나님의 세계 창조의 계획과 인간을 지으신 목적, 인류의 구원과 교회, 세계의 완성에 관한 모든 계획을 담고 있습니다.

이사야 53장이 '성경의 위대한 장'이라고도 불리는 것은 십자가 사건에 대한 가장 탁월한 계시이기 때문입니다. 이사야 53장은 예수 그리스도가 누구신지, 세상이 그분을 어찌 대우할 것이며 또한 그분은 어찌 대속을 성취하실 것인지 우리에게 구체적으로 보여줍니다. 메시아가 이 땅에 오실 것과 그분이 우리의 죄를 지고 죽으심으로 우리에게 구원을 베풀어 주실 것임을 분명하게 제시하고 있습니다.

예수 그리스도의 십자가는 성경이 계시하고 있는 바의 핵심이며 기독교 신앙의 중심입니다.

지금 여러분에게 예수 그리스도의 십자가는 무엇입니까?

서구에서는 고난 주간의 금요일, 예수님께서 십자가에 달리신 날을 '성금요일'(Good Friday)이라고 부릅니다. 우리말로 하면 '좋은 금요일'입니다. 예수님께 십자가는 비참한 형벌이었지만, 우리에게 십자가는 하나님께로부터 오는 모든 좋은 것을 다시 누릴 수 있게 해준 사건이기 때문입니다.

오늘날 우리는, 이단의 거짓된 가르침과 세상의 헛된 이론에 무너지는 그리스도인들이 많은 것을 봅니다. 그리스도인들이 이단과 세속주의에 빠지는 것은 예수 그리스도의 십자가가 가져다준 유익을 실제로 누리며 살고 있지 못하기 때문입니다. 시대의 풍조와 유혹으로부터 우리를 지켜 줄 수 있는 것은 오직 하나, 예수 그리스도의 십자가를 통해 드러난 하나님의 사랑을 알고 믿고 누리는 것뿐입니다.

우리가 하나님께로부터 받은 선물 가운데 가장 고귀한 선물은 예수 그리스도께서 우리의 죄를 대신 담당하시고 십자가에서 죽으셨음이 믿어진 것입니다(롬 5:15, 8:32).

저는 기어 다닐 때부터 교회를 다녔습니다. 그런데 자아에 대한 의식이 생기기 시작한 열다섯 살 무렵, 교회를 떠났습니다. 제가 교회를 떠나게 되기까지, 제 마음에 믿어지지 않던 사실은 예수님께서 나를 위해 죽으셨다는 것이었습니다. 제대로 가르쳐 주는 사람도 없었지만, 솔직히 궁금하지도 않았습니다. 2,000년 전 일어난 예수 그리스도의 십자가 사건이 나와 관계가 있다고 믿어지지 않았습니다. 저는 기독교 복음의 본질로 들어갈 수 없었고, 교회를 떠나게 되고 말았습니다.

그 후 많은 방황 끝에 스물한 살이 되던 해, 회심하고 다시 교회로 돌아오게 되었습니다. 그때 제일 먼저 믿어진 것은 하나님께서 나를 사랑하셔서 예수 그리스도를 보내사 죽게 하셨다는 사실이었습니다. 그 사실을 믿기 위한 집요한 노력이나 탐구가 있었던 것이 아니었습니다. 십자가 사건을 믿게 해 달라고 기도했던 것도 아니었습니다.

그냥 어느 한순간에 그 복음의 사실이 믿어졌습니다. 그리고 믿기 시작하자 관념적으로만 알고 있던 하나님의 사랑이 경험되기 시작했습니다.

예수 그리스도는 초월적인 하나님의 사랑이 시간과 공간 속에 나타난 증거이십니다. 그리고 십자가 사건은 그분의 생애 가운데에서도 하나님의 사랑이 가장 뚜렷하고 찬란하게 드러난 지점입니다. 그래서 성경은 말합니다. "우리가 아직 죄인 되었을 때에 그리스도께서 우리를 위하여 죽으심으로 하나님께서 우리에 대한 자기의 사랑을 확증하셨느니라"(롬 5:8).

시간과 공간을 초월하는 하나님의 사랑은 십자가 사건을 통해, 마치 어두운 하늘에 작열하는 불꽃처럼 드러났습니다. 구약에서 이스라엘 백성들을 향한 인도와 보호 가운데 하나님의 사랑이 드러났으나, 이것은 이후에 예수 그리스도께서 오심으로 드러날 하나님의 사랑의 예고편에 불과합니다.

저는 종종 이렇게 말하는 것 같은 신앙을 가진 사람을 만납니다. "나는 그리스도인이지만, 예수 그리스도의 가르침이 좋을 뿐 십자가에는 별로 관심이 가지 않습니다. 솔직히 말해서, 자기를 부인하고 자기 십자가를 지라는 예수님의 말씀도 부담스럽기만 합니다." 이런 사람들은 불꽃놀이에 갔지만, 정작 불꽃은 보지 못한 사람입니다.

예수 그리스도께서는 우리에게 분명히 말씀하십니다. "또 자기 십자가를 지고 나를 따르지 않는 자도 내게 합당하지 아니하니라"(마 10:38). "……누구든지 나를 따라오려거든 자기를 부인하고 자기 십자가를 지고 나를 따를 것이니라"(막 8:34). "아무든지 나를 따라오려거든 자기를 부인하고 날마다 제 십자가를 지고 나를 따를 것이니라"(눅 9:23). "누구든지 자기 십자가를 지고 나를 따르지 않는 자도 능히 내 제자가 되지 못하리라"(눅 14:27).

우리가 그리스도인이라고 불리는 것 자체가 우리가 믿는 바가 무엇인지를 보여줍니다.

'그리스도'라는 말은 '기름부음을 받은 자'라는 뜻으로 히브리어의 '메시아'와 같은 의미를 지니고 있습니다. '그리스도'는 헬라어 크리스토스(Χριστός)를 우리말로 부드럽게 부른 것인데, 이는 '기름붓다.'라는 의미를 지닌 헬라어 동사 크리오(χρίω)에서 파생된 피동명사입니다. '메시아'의 원래 표기인 히브리어 마쉬아흐(מָשִׁיחַ)도 '기름붓다.'라는 의미를 지닌 동사 마샤흐(מָשַׁח)에서 파생된 피동명사입니다. 신약성경에서는 예수님 당시 사용하던 아람어 방언으로 이 단어에 해당하는 메쉬아흐(מְשִׁיחָא)를 헬라어로 음역하여 멧시아스(Μεσσίας)로 표기하고 있습니다(요 4:25).

우리가 예수님을 그리스도라고 부르는 것은 그분을 메시아로 믿는다는 고백입니다. 기름을 붓는 것은 구약 시대에 삼직, 곧 '선지자', '제사장', '왕'을 맡는 자들에게 행하던 예식입니다. 여기서 기름은 그에게 하나님의 영이 임하는 것을 상징합니다(대상 11:3, 16:22).

그러므로 그리스도인이라는 고백은 "나는 예수 그리스도께서 하나님 말씀을 선포하는 선지자, 하나님 앞에서 용서받게 하는 제사장, 하나님의 통치를 시행하는 왕이심을 믿습니다."라는 고백입니다.

　신약에 들어와서 일반적으로 '메시아' 대신 '그리스도'라는 말이 사용된 것은 구약 시대나 중간사 시대, 그리고 예수님 당시의 유대인들이 시대적 정황 속에서 가지고 있던 메시아상(像)이 예수 그리스도 자신의 메시아 의식과 달랐기 때문입니다. 그것을 의식한 사도들과 그리스도인들이 '그리스도'라는 단어를 '메시아'라는 단어보다 즐겨 사용했습니다(마 1:16, 18).

　예수 그리스도께서는 인류 4대 성인 중 한 분이 아니십니다. 세상은 그분을 통해 창조되고, 타락한 인류는 그분을 통해 구속되며, 창조의 목적은 그분을 향해 완성됩니다.
　그러므로 만물은 그리스도 없이 지은 바 된 것이 없으며, 인간과 세계의 존재 목적은 그분 없이는 설명될 수 없도록 의존되어 있습니다. 만물에 관한 지식은 그리스도께서 실재하심으로 탐구가 가능하고, 인간이 정신줄을 놓지 않고 사람으로 살아가는 것도 그분 때문입니다.
　한정된 시공간 속에 사는 인간의 참된 행복은 그 삶의 근거를 영원한 세계에 정초하는 것입니다. 예수 그리스도께서는 영원하신 하나님으로서 사람의 몸을 입고 이 세상에 오셨으니, 우리 인간의 마음이 닻을 내려야 할 곳이 있다면 오직 예수 그리스도뿐입니다. 하나님의 신실하심을 소망으로 삼고 그리스도께서 우리를 위해 찢으신 휘장을 지나 보좌 앞으로 나아갑시다. "우리가 이 소망을 가지고 있는 것은 영혼의 닻 같아서 튼튼하고 견고하여 휘장 안에 들어가나니"(히 6:19). 우리 마음의 닻이 그분에게 단단히 고정될 때, 우리는 세계와 인생의 근거를 알고 서로 사랑하며 살 수 있습니다.

이제 우리가 성경의 위대한 장 중 하나인 이사야 53장을 향한 여행을 시작하는 것도 바로 이것을 위해서입니다.

그리스도는 누구이신가
Who is Jesus Christ the Messiah

메시아, 그의 고난과 영광

'당신에게 예수 그리스도는 어떤 분이십니까?' 아무리 오래도록 교회를 다니고 있다 할지라도, 이 질문 앞에서 대답할 말을 찾지 못하고 머뭇거리고 있다면 당신은 다시 그리스도를 생각해야 합니다. 이 질문에 대한 대답 하나에 현세와 내세의 모든 운명이 달려 있습니다. 천국과 지옥이, 하나님과 동행하는 삶과 죄 가운데 사는 삶이 그 답변에 달려 있습니다.

제1장

그리스도를 믿지 않는 세대

"우리가 전한 것을 누가 믿었느냐 여호와의 팔이 누구에게 나타났느냐 그는 주 앞에서 자라나기를 연한 순 같고 마른 땅에서 나온 뿌리 같아서 고운 모양도 없고 풍채도 없은즉 우리가 보기에 흠모할 만한 아름다운 것이 없도다"(사 53:1-2).

믿지 않는 세대

이사야 53장은 메시아에 대한 예언을 담고 있습니다.[1] 그런데 이 영광스러운 본문의 기록은 매우 우울한 논조로 시작됩니다. 그리스도께서 이루실 위대한 구속 사역을 말하기 전에 먼저 인간의 불신앙을 언급하고 있기 때문입니다.

이사야 선지자는 이 위대한 장(章)을 이렇게 시작합니다.[2] "우리가 전한 것

---

1) 장엄하게 이어지는 오라토리오 '메시아'(Messiah). 그 마지막에 나오는 '할렐루야'(Hallelujah) 합창 부분에서는 모든 청중이 기립한다. 이 위대한 오라토리오의 작곡자는 헨델(Georg F. Handel)이다. 그가 불후의 명곡들을 남기게 된 것은 이사야서를 중심으로 신구약성경에서 등장하는 메시아에 대한 말씀을 경험하였기 때문이다. 찰스 제넨스(Charles Jennens)에 의해 작성된 '메시아'의 대본은 성경 말씀을 기초로 하고 있었으며, 헨델은 이 대본을 읽던 중 고난받는 메시아의 생애와 부활의 영광을 경험하고 여러 날을 메시아에 대한 깊은 영적 체험 가운데 보내게 되었다. 그는 1741년 8월 22일부터 9월 14일까지 단 24일 만에 오라토리오 '메시아'의 작곡을 끝냈다. 그리스도에 대한 깊은 체험이 그로 하여금 신구약성경 속에 흐르는 구원 역사의 물줄기를 보게 하였고, 그 영감이 '메시아' 작곡의 원동력이 되었다. 그는 후일 이 경험을 두고 이렇게 말했다. "나는 내 앞에 펼쳐진 천국을, 그리고 위대하신 하나님을 보았다." Lavina Lee, *Handel's World* (New York: The Rosen Publishing Group, 2007), 48–49.

2) 이사야 선지자는 주전 약 700년 경에 활동했던 선지자이다. 이사야서 66장 중, 1장에서 35장까지는 예언의 방식으로 기술되어 있다. 이후 36장에서 39장까지 히스기야 왕과 관련된 역사 이야기가 잠깐 삽입 처리되어 있고, 그 뒷부분인 40장에서 66장까지 다시 이스라엘 백성들을 위해 메시아가 오실 것에 대한 예언이 풍부하게 주어지고 있다. 그중에서 53장은 구약성경 가운데 메시아 예수 그리스도께서 이 땅에 오셔서 고난을 받으심으로 우리에게 구원을 베풀어 주실 것이라는 사실을 가장 확실하게 보여주는 장이다. 메시아에 대한 구체적인 묘사를 많이 담고 있기 때문에, 예수 그리스도께서 하나님의 아들이시며 메시아라는 사실을 받아들이려 하지 않는 유대인들에게 이사야 53장은 곤혹스러운 장이 되기도 했다. 그래서 유대인들은 본문에 나오는 '그'라는 3인칭 단수의 메시아를 '그들'이라고 고쳐 읽음으로써 여기서 말하는 메시아의 고난을 이스라엘의 민족적인 고난으로 해석하였다. 그러나 그럼에도 불구하고 이사야 53장을 연구

을 누가 믿었느냐 여호와의 팔이 누구에게 나타났느냐"(사 53:1).[3] 우리말 개역개정 성경에서 '전한 것'이라고 번역된 히브리어 단어는 원래 '들려진 것'이라는 의미입니다. 이 단어가 '소식, 보고, 계시' 등의 의미를 갖게 되었습니다(왕상 2:28, 사 28:9). 그러므로 이 위대한 장의 첫 부분에 대한 정확한 번역은 '우리가 들려준 것을 누가 믿었느냐.'입니다.[4]

하던 사람들이 구약에서 예수 그리스도를 만나고 개신교로 개종하는 사태가 종종 벌어져서 유대인들을 당황하게 만들기도 하였다. 이사야 53장은 크게 세 부분으로 나누어진다. 첫째는 메시아에 대한 사람들의 불신앙이고(1절), 둘째는 그러한 불신앙의 이유이며(2-10절), 마지막으로 셋째는 메시아의 사역의 열매와 영광이다(11-12절).

3) 이사야 53장 첫 절의 히브리어 원문은 "מִי הֶאֱמִין לִשְׁמֻעָתֵנוּ וּזְרוֹעַ יְהוָה עַל־מִי נִגְלָתָה"로 되어 있는데, 이것을 직역하면 "누가 우리가 들려준 것을 믿었으며 야훼의 팔이 누구에게 드러났는가?"이다. 구약성경의 헬라어 번역본인 70인역(Septuagint)은 주전 3세기 중엽에서 주전 1세기까지 히브리어 성경을 번역한 것으로서, 당시 유대인들의 성경 이해를 보여주는 중요한 번역본이다. 예수님 시대에 사도들에게 익숙한 성경도 바로 이 70인역이었기 때문에, 이는 설교나 전도 중 인용되는 본문의 출전이 되기도 한다. 그런데 70인역에서는 이 본문을 조금 다르게 번역하고 있다. 70인역의 본문(Κύριε, τίς ἐπίστευσε τῇ ἀκοῇ ἡμῶν; καὶ ὁ βραχίων Κυρίου τίνι ἀπεκαλύφθη)을 직역하면, "주여, 우리의 전한 것을 누가 믿었으며 야훼의 그 팔이 누구에게 드러났습니까?"(O Lord, who has believed our report and to whom has the arm of the Lord been revealed?)가 된다. Sir Lancelot C. L. Brenton, *The Septuagint Version: Greek and English* (Grand Rapids: Regency Reference Library, 1970), 889. 사도 바울이 로마서에서 인용한 이사야서도 히브리어 성경이 아닌 헬라어 70인역의 본문이다. "그러나 그들이 다 복음을 순종하지 아니하였도다 이사야가 이르되 주여 우리가 전한 것을 누가 믿었나이까 하였으니"(롬 10:16).

4) 엄밀히 말해서, 이사야 선지자의 '고난받는 메시아'에 대한 예언은 이미 52장 13절에서 시작된다. "보라 내 종이 형통하리니 받들어 높이 들려서 지극히 존귀하게 되리라 전에는 그의 모양이 타인보다 상하였고 그의 모습이 사람들보다 상하였으므로 많은 사람이 그에 대하여 놀랐거니와 그가 나라들을 놀라게 할 것이

이 진술은 이사야 52장의 내용인 좋은 소식이 전해지고 그리스도의 이름이 만천하에 선포되어 모든 사람들이 그를 알게 되리라는 예언과 54장 이후에 이어지는 내용인 하나님의 은혜로운 구원 행동의 전망 사이에 배치되기에는 문맥상 어울리지 않습니다.[5] 그래서 어떻게 보면 이 53장 전체가 이사야서의 일관된 문맥을 깨고 들어온 거대한 삽입부처럼 느껴지기도 합니다.[6]

며 왕들은 그로 말미암아 그들의 입을 봉하리니 이는 그들이 아직 그들에게 전파되지 아니한 것을 볼 것이요 아직 듣지 못한 것을 깨달을 것이라"(사 52:13-15). 선지자는 53장을 시작하기 전에 먼저 여호와의 종이 앞으로 올 터인데 그 종이 어떻게 될 것인지를 예언하고 있다. 우리말 개역개정 성경에서 나오는 '형통하리니'라는 말은 히브리어 원문에 따르면 '지혜롭게 하리니'라고 번역되어야 옳다. 여호와의 종이 많은 사람을 지혜롭게 할 텐데, 결국은 그렇게 해서 받들어 높이 들려서 존귀하게 되리라는 예언이다. 그런데 그렇게 존귀하게 되기 전에, 메시아의 얼굴이 다른 사람들보다도 상하고 그 모양이 인생보다 더 비참하게 되어질 것을 예고한다. 사람들은 메시아를 대면하며 두 번 놀라게 된다. 한 번은 그분이 너무 비참하게 되신 것 때문이며, 또 한 번은 하나님께서 그분을 지극히 존귀하게 하신 것 때문이다. 그러나 그런 경이로움은 그분의 도래로 말미암아 도입될 더 놀라운 일의 시작에 불과하다. 그것은 세상이 입을 봉하고야 말 정도로 놀라운 일이 될 것인데, 이는 이제껏 전파되지 않은 것을 그들이 볼 것이며 듣지 못한 것을 깨닫게 될 것이기 때문이다. 온 세상이 이렇게 고난받는 여호와의 종을 통해서 구원받게 되는 것을 보면서 더 큰 충격을 받게 될 것인데, 이는 곧 하나님의 나라의 장엄한 도래를 염두에 둔 예언이기 때문이다. 이러한 예고에 이어 53장이 시작된다.

5) 엄밀히 말하면, 이사야 52장 중 1절에서 10절 부분은 마치 삽입부처럼 느껴진다. "이사야 52장 13절 이하에서 하나님께서는 당신의 종의 사역의 성공을 선언하시는데(13절上), 이것은 그의 승귀(昇貴)로 이어진다. 14절 이하에서 이러한 승귀의 영광이 더하여지는 것을 언급하시고 그의 낮아지심을 인하여 사람들이 놀라게 되나 궁극적으로는 왕들과 나라들이 그의 높아지심을 보고 놀라게 됨을 말씀하신다(15절上). 이들은 이러한 일을 통하여 이제껏 꿈꾸지 못했던 구원의 위대한 역사를 이해하게 된다(15절下). 이러한 메시아의 승귀에 관한 선언이 이사야 53장 11-12절에 이어진다." 이는 곧 그의 고난이 많은 사람들의 의가 되어 그들을 구원하게 됨을 말한다. Claus Westermann, *Isaiah 40-66: A Commentary* (London: SCM Press, 1980), 256.

6) 이 같은 사실은 분명하다. 52장 마지막 부분의 문맥은 그리스도가 전파되고 인정되는 것이다. "보라 내 종이 형통하리니 받들어 높이 들려서 지극히 존귀하게 되리라 전에는 그의 모양이 타인보다 상하였고 그의 모습이 사람들보다 상하였으므로 많은 사람이 그에 대하여 놀랐거니와 그가 나라들을 놀라게 할 것이며 왕들은 그로 말미암아 그들의 입을 봉하리니 이는 그들이 아직 그들에게 전파되지 아니한 것을 볼 것이요 아직 듣지 못한 것을 깨달을 것이라"(사 52:13-15). 이어지는 54장의 문맥은 다음 말씀 속에서 잘 나타난다. "이는 너를 지으신 이가 네 남편이시라 그의 이름은 만군의 여호와이시며 네 구속자는 이스라엘의 거룩한 이시라 그는 온 땅의 하나님이라 일컬음을 받으실 것이라"(사 54:5). 이 같은 사실로 미루어 볼 때 선지자는 52장에서 54장으로 이어지는 문맥에서 잠시 다른 이야기를 도입하고 있는 것이다. 즉, 칼빈이 주장하는 바와 같이 "그리스도의 이름이 도처에 선포되고 그를 알지 못하는 나라에 계시될 터인데, 메시아의 나타나심은 사람들에게 웃음거리가 될 정도로 초라한 모습이 될 것임을 언급하면서 아무도 그를 믿지 아니할 것을 예고하는 말씀이다." John Calvin, *Commentary on the Book of the Prophet Isaiah*, vol. 4, in *Calvin's Commentaries*, vol. 8, trans. William Pringle (Grand Rapids: Baker Book House, 1998), 111-112.

"우리가 전한 것을 누가 믿었느냐"(사 53:1上)에서 '우리'는 이사야 선지자는 물론 그의 시대의 하나님의 종들과, 그의 시대 이전에 살았던 하나님의 백성들, 그리고 후대에 태어날 모든 하나님의 자녀들까지 포함하는 말입니다. 물론 선지자가 이 예언을 할 때, 그가 염두에 둔 일차적인 청중은 동시대를 살아가는 이스라엘 백성들이었을 것입니다. 그러나 이 예언은 성경에 기록되어 우리에게까지 전해졌고, 이제 이 예언의 '우리' 안에는 지금 이 말씀을 듣고 있는 우리도 들어갑니다.

그래서 사도 바울은 로마서에서 바로 이 부분을 인용하여 복음을 받아들이지 아니하는 자신의 시대의 사람들의 불신앙을 규탄합니다.[7] 그리고 구원받는 길이 바로 복음을 듣고 믿는 데 있음을 강조합니다.[8]

그러면 '우리가 전한 것'이란 무엇일까요? 이것은 이사야 자신을 비롯한 많은 선지자들이 다양한 목소리로 이스라엘 백성들에게 외쳤던 하나님의 진리, 바로 메시아이신 예수 그리스도로 말미암는 인류 구원의 메시지입니다. 이스라엘 백성들은 이미 하나님께로부터 그것을 들었습니다(롬 1:2, 행 13:23).

하나님께서는 아담과 하와의 타락 이후, 끊임없이 인간을 구속하여 창조의 목적에 부합한 삶으로 회복시키실 계획을 보여주셨습니다. 구약에 등장하는 수많은 인물들의 생애와 역사는 그러한 구원의 계시를 전해 주는 수단이었습니다. 그래서 이사야 선지자는 자기를 포함한 많은 사람들이 역사 속에서 끊

---

[7] "그러나 그들이 다 복음을 순종하지 아니하였도다 이사야가 이르되 주여 우리가 전한 것을 누가 믿었나이까 하였으니"(롬 10:16).

[8] "그러므로 믿음은 들음에서 나며 들음은 그리스도의 말씀으로 말미암았느니라"(롬 10:17). 여기서 '들음'(ἀκοή)은 '소식'이 아니라 '듣는 행위'(act of hearing)를 의미하는 것으로, 이것은 '(무의식 상태에서) 들리는 것'이 아니라 '이해력을 가지고 귀를 기울이는 것'을 가리킨다. 복음을 듣는 모든 사람들에게 믿음이 생기는 것은 아니지만, '마음을 기울여 복음을 듣는 것' 없이는 믿음도 생겨나지 아니함을 뜻한다. 이때 그 내용은 반드시 '그리스도의 말씀'(ῥήματος Χριστοῦ), 즉 복음이어야 한다. James D. G. Dunn, *Romans 9-16*, in *Word Biblical Commentary*, vol. 38B (Dallas: Word Books, 1988), 623; Walter Bauer, *A Greek-English Lexicon of the New Testament and Other Early Christian Literature*, 3rd ed., eds. Frederick W. Danker, W. F. Arndt, F. W. Gingrich (Chicago: University of Chicago Press, 2000), 36.

임없이 메시아를 전할 것이며, 그리하여 수많은 사람들이 메시아의 소식을 들을 것이나, 그 소식을 들어도 대다수의 사람들은 그것을 믿지 않을 것이라고 예언합니다.

선지자의 시대에 그러했던 것처럼, 오늘날에도 사람들은 메시아를 중요하게 생각하지 않습니다. 그러나 그리스도 없이는 하나님과의 화해도 없습니다. 따라서 우리는 언제나 성경을 읽을 때 예수 그리스도를 중심으로 바라보는 관점을 유지해야 합니다. 만약 우리가 예수 그리스도를 중심으로 성경을 이해하려 하지 않는다면, 성경은 우리에게 기독교의 핵심적 진리를 가르쳐 주지 못합니다.

그리스도 없이 기독교는 없다

다른 종교와 달리 기독교는 예수 그리스도 없이는 성립 자체가 불가능합니다. 불교는 석가모니 없이도 종교로서 성립이 가능하고, 이슬람교도 마호메트 없이 성립할 수 있지만, 기독교는 예수 그리스도 없이는 성립할 수 없습니다. 왜냐하면 기독교는 처음부터 한 사람, 메시아로 오신 예수 그리스도의 인격과 깊은 관련을 맺고 있기 때문입니다.

하나님께서는 예수 그리스도를 통하여 당신이 어떤 분이신지를 보여주셨고, 인간은 누구이며 왜 인간에게 구원이 필요한지 알리셨습니다. 따라서 예수 그리스도를 아는 것은 곧 하나님을 아는 것과 같습니다.

우리가 예수 그리스도를 모르는 한, 구원의 문은 열리지 않습니다. 하나님을 떠나 그분의 진노 아래서 태어난 모든 인간들은 메시아이신, 한 사람 예수 그리스도를 통하여서만 구원으로 들어가기 때문입니다(요 1:17, 행 4:12).

따라서 그리스도를 어떤 분이라고 이해하는지에 의해, 그리고 그 이해가 그에게 어떤 믿음을 갖게 하였는지에 의해 그의 신앙과 인생은 물론 영원을 향한 운명도 결정됩니다.

　성경 어느 곳을 펼치더라도, 성경이 우리에게 묻는 질문은 하나입니다. "당신에게 예수 그리스도는 어떤 분이십니까?" 아무리 오래도록 교회를 다니고 헌신적으로 봉사하고 있다고 할지라도, 이 질문에 대답하지 못하고 머뭇거린다면 당신의 신앙은 제대로 시작되지도 않은 것입니다. 이 질문에 대한 여러분의 대답 하나에 현세와 내세의 모든 운명이 달렸습니다. 천국과 지옥이, 하나님과 동행하는 삶과 죄 가운데 사는 삶이 그 대답에 달려 있습니다.

　사람들은 흔히 인생에 있어서 이런 질문은 매우 사소한 것이고, 그보다 더 중요하고 시급한 문제들이 많다고 생각합니다. 그러나 사실 이보다 더 중요한 질문은 없습니다. 만약 당신이 "나는 그런 질문은 중요하지 않다고 생각합니다."라고 대답한다면, 성경은 여러분에게 "그렇다면 당신도 하나님의 구원 계획에 있어 그리 중요한 사람이 아니다."라고 말할 것입니다. 그러나 만약 당신이 "나는 그분이 하나님이시며 우리의 구원의 주님이시라고 생각합니다."라고 말한다면, 성경은 이렇게 말할 것입니다. "당신은 중요한 사람이다. 당신은 살아 계신 하나님 아버지의 자녀이기 때문이다. 자, 이제 내가 당신에게 당신이 믿는 하나님이 누구이시고 어떻게 그분을 믿으며 살아가야 하는지를 가르쳐 주겠다."

　예수 그리스도를 어떤 분으로 받아들이고 있는가 하는 것은 개인은 물론, 인류 전체의 행복을 위해 결정적으로 중요한 문제입니다. 그러나 현대인들은 이 사실을 쉽게 받아들이지 않습니다. 그래서 교회는 복음을 효과적으로 전할 수 있는 온갖 방법들을 고안해 냈습니다. 그것들은 대부분 현대인의 지성을 거스르지 않고 불신앙을 자극하지 않는 선에서 슬며시 복음을 전달하려고 애쓰는 시도들입니다. 때로는 이러한 시도들이 성공적인 것처럼 보이기도 합니다.

　오늘날 많은 교회들이 하나님의 능력을 의지하는 대신 복음의 내용을 대중화하는 방안을 강구하는 데 열심을 내는 이유도 이 때문입니다. 그리스도를 모르는 사람들과 우호적인 분위기를 조성해 두면, 언젠가 그들의 마음에 미처 거부할 사이도 없이 십자가의 진리가 스며들 것이라 생각합니다. 마치 어린아이들에게 쓴 약을 먹일 때, 달콤한 꿀이나 설탕을 듬뿍 첨가해서 함께 먹이듯이 말입니다.[9]

그러나 구원받지 못한 사람들에게 절실히 필요한 것은 진리의 쓴맛을 단맛으로 중화시켜 주는 시럽이 아닙니다. 쓰디쓴 진리 앞에 정직하게 설 수 있는 진지함입니다.

오늘날 조국교회에서 선명한 십자가의 복음 선포가 사라져 가는 것은 바로 복음 자체에 깃들인 하나님의 능력보다는 그 복음을 대중화하려는 노력을 믿어 왔기 때문입니다. 그러나 자신들이 믿는 신앙의 내용을 대중화하려는 노력은 결국 자신도 스스로 무엇을 믿는지 모르는 처지가 되게 만들었습니다. 교회의 역사 속에서 선교를 위한 지름길이라 주장되던 모든 방법들은 실패하였습니다.

그러므로 이제 우리는 교회의 선교를 주도하시는 분이 하나님 자신이시라는 사실을 인정해야 합니다. 사람들에게 복음을 전하는 것은 우리이지만, 그 복음을 듣는 영혼들을 구원하고 변화시키시는 분은 오직 하나님뿐이십니다.

우리는 그저 하나님의 마음으로 잃어버린 영혼들을 끝까지 포기하지 않고 사랑하며, 성경이 말하는 메시아와 복음을 정직하게 가르칠 뿐입니다. 그리고 사람들이 그 정직한 복음에 응답할 때 역사하시는 하나님의 축복을 기대할 뿐입니다.

---

[9] 그러나 만약 복음 전도에 있어서 그러한 방법이 가능했다면, 아마 이 세상에서 가장 어리석은 전도자는 예수님 자신이셨을 것이며, 그 다음 어리석은 전도자는 사도들이었을 것이다. 주님께서는 언제나 선명한 복음을 가르치셨고, 그분이 이 세상에서 당하신 고난의 대부분은 그분의 그런 복음의 가르침으로 말미암은 것이었기 때문이다. 다시 말하지만 그러한 방법이 가능했다면, 다음과 같이 고백한 사도 바울 역시 정말 바보 같은 사람이었을 것이다. "십자가의 도가 멸망하는 자들에게는 미련한 것이요 구원을 받는 우리에게는 하나님의 능력이라……하나님의 지혜에 있어서는 이 세상이 자기 지혜로 하나님을 알지 못하므로 하나님께서 전도의 미련한 것으로 믿는 자들을 구원하시기를 기뻐하셨도다"(고전 1:18, 21).

사람들이 그에 대하여 "아멘."이라고 답을 하든지 "싫소."라고 거부하든지 그것은 그들의 몫입니다. 비록 거절당하는 복음과 그런 반응으로 구원받지 못한 영혼들에 대한 거룩한 아픔은 여전히 우리의 몫이지만 말입니다.

십자가는 모든 사람을 구원하는 것은 아닙니다. 메시아의 거룩한 고난은 복음을 받아들임으로써 자신의 선택됨을 입증할 사람들을 위한 것입니다.

자신이 어디로부터 왔고 인생이 끝나고 나면 어디로 가야 하는지에 대하여 단 한 번이라도 진지하게 물어본 적이 있는 사람은 "메시아는 왜 오셔야 했는가? 예수 그리스도는 어떤 분이신가?" 하는 질문 앞에서 진지해집니다. 인간 존재의 의미에 대한 가장 분명한 답이 이 안에 있기 때문입니다.

이 세상에 메시아가 왜 오셨는가? 예수 그리스도가 어떤 분이라고 생각하는가? 선지자들이 외쳤던 바대로 이 땅에 오셨고, 십자가에 못 박혀 죽으시고, 사흘 만에 무덤에서 다시 살아나신 나사렛 예수 그리스도는 과연 누구이신가?

이미 구원을 얻은 사람들에게도, 아직 구원에 이르지 못한 사람들에게도 이것은 치명적으로 중요한 질문입니다. 이에 대한 올바른 대답은 구원을 얻지 못한 사람들에게는 구원을 얻게 하는 지식을 주고, 이미 구원을 얻은 사람들에게는 단지 구원 얻은 것으로 만족하지 않고 다음 사실을 깨닫게 하기 때문입니다. 왜 인간들에게 메시아가 필요했으며, 지금도 왜 예수 그리스도가 아니고서는 자신이 하나님 앞에서 아무 소망이 없는 존재인지를 말입니다.

창조주이신 하나님께서는 이 질문에 대하여 이미 성경을 통해 답을 주셨습니다. 그러므로 복음의 찬란한 영광이 드러난 오늘날과 같은 은혜의 시대에 여전히 많은 사람들이 구원받지 못한 채 죽어 가는 가장 커다란 이유는 그들의 죄악 때문이 아니라 그들의 무관심 때문입니다. 현세와 내세에 처하게 될 자기 영혼의 운명에 대한 무관심이 구원받을 수 있는 복된 기회를 잃어버리게 하고 있습니다.

지금 이 순간에도 너무나 많은 사람들이 영원을 향하여 책임 있는 결단을 내릴 수 있는 유일한 기회인 인생의 때를 낭비하고 있습니다. 그들은 잠시 먹고 마시며 살아가는 즐거움과 고달픈 염려로 부질없이 흘려보냅니다. 그들은 구원의 희망을 스스로 버리고, 하나님을 알고 그 사랑 안에서 살아갈 수 있는 기회를 스스로 날려 버리는 사람들입니다.

그들이 할 수 있는 최선의 선택은 지금 당장 진지해지는 것입니다. 그래서 메시아이신 우리 주 예수 그리스도에 대한 성경의 정직하고 명백한 증언에 귀 기울이는 것입니다.

메시아에 대한 약속

이사야 선지자가 말한 '우리가 전한 것'은 메시아에 대한 하나님의 약속이었습니다.

하나님께서 이스라엘의 역사 속에서 시종일관 계시하신 한 가지가 무엇이었습니까? 그들이 결코 잊지 말아야 했던 가장 커다란 약속이 무엇이었습니까? 그것은 바로 메시아에 대한 약속이었습니다.

하나님께서는 아담과 하와가 타락하자마자 구원의 약속을 주셨습니다. 그리고 그것은 인간의 구원을 위한 하나님의 은혜가 타락으로 말미암는 형벌을 능가할 것임을 보여주는 것이었습니다. "여호와 하나님이 뱀에게 이르시되 네가 이렇게 하였으니 네가 모든 가축과 들의 모든 짐승보다 더욱 저주를 받아 배로 다니고 살아 있는 동안 흙을 먹을지니라 내가 너로 여자와 원수가 되게 하고 네 후손도 여자의 후손과 원수가 되게 하리니 여자의 후손은 네 머리를 상하게 할 것이요 너는 그의 발꿈치를 상하게 할 것이니라 하시고"(창 3:14-15).

이 말씀을 붙들고 인류의 처음 조상들은 '여자의 후손'이 태어나기를 기다렸습니다. 아담은 그 예언이 분명하게 무엇을 가리키는 것인지는 알지 못했습니다. 그러나 그 약속이 바로 자신의 범죄로 말미암은 타락과 심판의 상태에서 타락 이전 창조 시에 가졌던 하나님과의 관계로 돌아갈 수 있게 해줄 구원에 대한 것임은 분명히 알았습니다.

그래서 아담은 비록 범죄하여 모든 인류의 불행의 씨앗이 되기는 하였지만, 범죄한 후 메시아를 대망하는 구원 계시의 빛 아래서 살았습니다. 그러므로 우리는 그가 구원받았다고 믿습니다. 그는 계시의 빛 아래서 메시아를 바라는 믿음으로 살아갔기 때문입니다.[10]

이후 인간들은 제사 제도를 통해 하나님의 구원의 약속을 기억했습니다. 구약의 제사 속에 죽어 갔던 수많은 양과 짐승들은 우리의 죄를 위해서 영원한 대속 제물로 오실 메시아이신 예수 그리스도의 예표(豫表)였습니다.

광야에서 불뱀에게 물려 죽어 가는 사람들을 구하기 위해 높이 들렸던 놋뱀도 예수 그리스도께서 오실 것을 알리는 표적이었습니다(민 21:9, 요 3:14). 홍해가 갈라져 수많은 사람들이 지나가고, 반석에서 샘이 나와 수많은 사람들이 물을 마시게 된 것도 그리스도의 구속의 공로를 바라보는 표적들이었습니다(출 17:6, 고전 10:4).

율법의 수여자인 모세가 들어가지 못한 약속의 땅을 모세보다 통솔력이 미흡한 여호수아가 백성들을 인도하여 들어간 것도 예수 그리스도로 말미암은

---

[10] 이 문제에 대해서 칼빈(John Calvin)은 머뭇거리지 않는다. 그는 아담과 하와가 이러한 계시의 빛 아래서 분명한 구원 신앙을 가졌으며, 그로 인하여 구원 얻었다고 보아야 한다고 말한다. "아담과 노아, 아브라함과 그 밖의 족장들이 불신자와 구별되게 하였던, 하나님을 아는 깊은 지식에 도달할 수 있었던 것은 의심할 여지도 없이 하나님의 계시의 도움에 의한 것이었다. ……사망에서 생명으로 옮겨지기 위해서는 하나님을 알되 창조주(the Creator)로서만이 아니라 구속주(the Redeemer)로서도 알아야 하기 때문이다. 따라서 그들은 역심할 나위 없이 하나님의 계시의 말씀에 의하여 이 두 지식에 도달하였던 것이다. 그러나 순서적으로 세상의 창조주로서의 하나님을 아는 일이 먼저 있고, 그 후에 죽은 영혼을 소생시키는 내적 지식이 여기에 더해졌는데, 이러한 지식을 통하여 하나님을 우주의 창조주이며 피조물들의 유일한 존재 원인자, 통치자로 알게 될 뿐만 아니라 중보자로 나타나신 구속주로서도 이해하게 된다." John Calvin, *Institutes of the Christian Religion*, vol. 1, trans. Henry Beveridge (Grand Rapids: Wm. B. Eerdmans Publishing Company, 1981), 65.

구원의 승리를 바라본 것이었습니다(히 4:8).[11]

　이스라엘 백성들이 파란만장한 광야 생활을 끝내고 가나안에 정착하였을 때, 그 땅 안에서 그들은 안식을 누렸습니다. 그 약속의 땅은 곧 예수 그리스도를 믿음으로 말미암아 누리게 될 하나님의 나라를 바라본 것이었습니다. 그리고 그들이 가나안 땅에서 원주민들과 싸워 거둔 승리는 신약의 성도들이 그리스도 안에서 누리게 될 영적인 승리를 바라본 것이었습니다.

　구약 시대의 선지자들이 끊임없이 외쳤던 메시지도 메시아의 오심에 대한 것이었습니다. 이스라엘 민족이 경험한 역사적 사건과 인물들을 통해서 메시아는 끊임없이 증거되었습니다.

　이렇게 이스라엘 백성들은 이 땅의 모든 백성들을 죄와 사망으로부터 건져내어 구원에 이르게 할 구원자이신 메시아에 관한 예언을 끊임없이 보고 들었습니다. 그러나 그렇게 전해진 메시아의 구원에 관한 소식을 믿은 사람은 지극히 소수였습니다. 그래서 이사야 선지자는 본문에서 "우리가 전한 것을 누가 믿었느냐"라고 반문합니다.

　이것은 메시아 예언에 대한 이스라엘 백성들의 불신앙을 보여주는 동시에, 후일 주님께서 이 세상에 오셨을 때 죄와 허물로 말미암아 그분을 알아보지 못할 우리의 불신앙을 예고하는 것입니다. 메시아이신 예수 그리스도께서 이 땅에 오셔도, 세상은 그분을 믿지 아니할 것이라는 예고입니다.

---

11) 여호수아가 예수 그리스도의 예표가 되는 것은 그 이름에도 나타난다. '여호수아'(יְהוֹשֻׁעַ)와 '예수'(יֵשׁוּעַ)는 '구원하다.'라는 의미를 가진 동사 야샤(יָשַׁע)에서 온 것이기 때문이다. 한편 모세가 가나안 땅에 들어가지 못한 것에 대한 표면적인 이유는 신 광야 가데스에서 물이 없어 하나님을 원망하는 이스라엘 백성들 앞에서 반석을 쳐 물을 내는 과정에서 보여준 잘못 때문이었다. 즉 하나님께서는 모세에게 "반석에게 명령하여 물을 내라 하라"(민 20:8)라고 하셨지만, 그가 혈기로 백성을 꾸짖으며 반석을 두 번 친 연유였다. "여호와께서 모세와 아론에게 이르시되 너희가 나를 믿지 아니하고 이스라엘 자손의 목전에서 내 거룩함을 나타내지 아니한 고로 너희는 이 회중을 내가 그들에게 준 땅으로 인도하여 들이지 못하리라 하시니라"(민 20:12). 그러나 더 넓은 안목에서 보면, 율법 수여자인 모세의 임무는 예표론적으로 볼 때, 가나안이 보이는 장소까지 이스라엘 백성들을 인도하는 것으로 끝나게 되어 있었다. 율법을 통해서는 단지 죄를 깨닫고 구원을 앙망하게 될 뿐이듯, 모세의 임무도 그러하였다.

세상이 예수를 거절함

일차적으로 이 말씀은 이스라엘 백성들에게 주어졌습니다. 그들은 조상 대대로 메시아가 오시기를 고대해 온 사람들이었습니다(요 4:25). 그런데 정작 예수 그리스도께서 메시아로 오셨을 때, 그들은 기뻐하지 않았습니다(요 7:7, 15:24).

하나님과의 언약을 파기하고 죄가 이 세상에 들어오게 한 장본인이었던 아담과 하와를 비롯하여 그의 경건한 자손들이 기다리고 바라보며 환영하였던 메시아 오심의 기쁜 소식이 왜 당시에는 철저히 거절당했을까요? 이 이유는 곧 오늘날 우리 시대의 사람들이 왜 그리스도의 십자가를 거절하는지에 대한 대답이기도 합니다.

이스라엘 백성들이 메시아로 오신 예수 그리스도를 믿지 않은 이유를 이사야 선지자는 다소 엉뚱한 방식으로 밝힙니다. 그는 되묻습니다. "여호와의 팔이 누구에게 나타났느냐"(사 53:1下).

우리말 개역개정 성경이 '팔'이라고 번역하고 있는 부분의 히브리어 원어는 제로아(זְרוֹעַ)입니다. '팔' 혹은 '어깨'라는 의미를 가진 이 단어는 때로는 '힘, 권능, 능력' 등의 뜻으로도 쓰입니다.[12] 따라서 '하나님의 팔이 있다.'라는 표현은 곧 '하나님의 능력 혹은 그분의 가호가 함께한다.'라는 의미입니다(신 33:27).

본문에서 이사야 선지자는 "여호와의 팔이 누구에게 나타났느냐"라고 묻습니다. 이것은 곧 "하나님의 권능이 누구에게 나타났느냐."라는 질문인데, 선

---

[12] 구약성경에서 제로아(זְרוֹעַ)는 여러 가지 의미로 사용되었다. 대체로 '팔' 혹은 '힘'을 뜻하였는데, '사람의 신체인 팔'로도 사용되었고(삿 15:14), '힘의 상징으로서의 팔'을 말하기도 했으며(단 11:6), '심판의 도구가 되는 여호와의 팔'로도 사용되었다(겔 20:33). 또 '힘과 권능의 상징'으로서 사용하기도 했으며(삼상 2:31, 사 40:10), 때로는 '정치적, 군사적 힘'을 말하기도 하고(단 11:15), '제물로 바쳐진 짐승의 어깨'를 말하기도 하였다(민 6:19). Francis Brown, Samuel Rolles Driver, Charles Augustus Briggs, *The Brown-Driver-Briggs Hebrew and English Lexicon* (Peabody: Hendrickson Publishers, 2003), 283-284.

지자가 이 질문을 던지는 진의(眞意)는 실제로 구원의 권능이 누구에게 어떻게 나타났는지 궁금해서가 아닙니다. '구원에 있어서 여호와의 권능을 알아볼 자가 누구인가? 인간은 그 누구도 구원하시는 하나님의 권능을 알아보지 못할 것이다.'라는 의미를 전달하기 위해서입니다.

우리는 여기서 구원하시는 하나님의 방법이 세상의 지혜로는 이해하기 어려운 것임을 알게 됩니다. 쉽게 말해서 하나님께서 우리를 죄와 사망 가운데에서 건지시기 위해 보내신 메시아를 보면서 사람들은 결코 그분이 자기들을 구원하실 능력을 지니신 분으로 알아보지 못할 것이라는 말입니다.

그래서 선지자는 메시아로 오실 그리스도의 모습에 대하여 이렇게 덧붙입니다. "그는 주 앞에서 자라나기를 연한 순 같고 마른 땅에서 나온 뿌리 같아서 고운 모양도 없고 풍채도 없은즉 우리가 보기에 흠모할 만한 아름다운 것이 없도다"(사 53:2).[13]

---

13) 히브리어 원문을 보면, 다음과 같이 기록되어 있다. "וַיַּעַל כַּיּוֹנֵק לְפָנָיו וְכַשֹּׁרֶשׁ מֵאֶרֶץ צִיָּה לֹא־תֹאַר לוֹ וְלֹא הָדָר וְנִרְאֵהוּ וְלֹא־מַרְאֶה וְנֶחְמְדֵהוּ" 우리말 개역개정 성경에 '연한 순 같고'라고 번역된 부분이 히브리어 원문에는 카요넥(כַּיּוֹנֵק)으로 되어 있는데, 여기서 '순'(筍)이라고 번역된 요넥(יוֹנֵק)은 '젖먹이'(sucking baby) 혹은 '싹'(layer-shoot)을 의미한다(민 11:12, 신 32:25, 호 14:7, 시 80:12). 이 구절을 70인역에서는 "ἀνηγγείλαμεν ὡς παιδίον ἐναντίον αὐτοῦ, ὡς ῥίζα ἐν γῇ διψώσῃ. οὐκ ἔστιν εἶδος αὐτῷ οὐδὲ δόξα· καὶ εἴδομεν αὐτόν, καὶ οὐκ εἶχεν εἶδος οὐδὲ κάλλος."라고 적고 있는데, 여기서 '그는 주 앞에서 자라나기를 연한 순 같고'에 해당하는 부분(ἀνηγγείλαμεν ὡς παιδίον ἐναντίον αὐτοῦ)은 히브리 성경의 본문과는 사뭇 의미가 다르다. 70인역의 번역대로라면 '우리는 그의 앞에 있는 어린아이에 관한 소문을 가지고 왔다.'(We brought a report as of a child before him)가 된다. 70인역은 '연한 순'을 '(젖 먹을 정도의) 어린아이'라고 본 것이다. 아마 '주' 앞에서 '연한 순'이 자란다는 것은 은유적인 표현으로서 곧 '젖먹이와 같이 하잘것없는 어린아이'를 가리키는 것이라고 생각한 것으로 보인다. Sir Lancelot C. L. Brenton, *The Septuagint Version: Greek and English* (Grand Rapids: Regency Reference Library, 1970), 889. 성경 편찬사의 기념비적인 작업으로 진행되고 있는 히브리대학교 성서(Hebrew University Bible)에서도 요넥은 이 문맥에서 '어린아이'를 의미할 가능성이 거의 없고 '자라나는 식물'을 의미하는 것이라고 보았다. Moshe H. Goshen-Gottstein ed., *The Book of Isaiah* (Jerusalem: The Hebrew University Magnes Press, 1995), 241–242. 그리고 우리말 개역개정 성경에서 '주 앞에서'라고 번역된 히브리어 레파나이우(לְפָנָיו)를 슈투트가르텐시아판 히브리어 성경(Biblia Hebraica Stuttgartensia)에서는 레파네누(לְפָנֵינוּ)로 읽자고 편집자 제안을 하는데, 그렇게 되면 '우리 앞에서'가 된다. 아마도 '연한 순'에 대한 오해는 우리 인간들의 시각에서 발생하는 일이라는 논리적인 사실을 고려한 데에서 출발한 것 같다. 그러나 굳이 그렇게까지 추측할 이유는 없다. 델리취(Franz Delitzsch)는 "이 단어의 인칭 접미사는 한(August Hahn)이나 호프만(Johann Christian Konrad von Hofmann)이 추측하는

그분은 구원하시는 하나님 자신이셨으나, 그런 영광을 입증할 만한 것이 그분의 외모에는 전혀 나타나지 않았습니다. 그리하여 그분에게서 메시아로서의 영광을 발견한다는 것은 믿음의 눈을 갖지 않고서는 불가능한 일이었습니다.

메시아를 보내어 당신의 백성들을 구원하시는 것이 하나님의 방법이었습니다. 그러나 그것은 이스라엘 백성들이 기대하던 것과는 다른 방식으로 역사 속에 실현되었습니다. 인류의 구원을 위한 하나님의 역사는 '한 사람'을 이 세상에 보내는 것이었습니다.[14] 그분은 하나님의 아들이셨으나 사람들의 눈에는 연약하고 초라한 한 사람에 불과하였습니다. 그러나 그 한 사람을 통해 구원의 위대한 계획은 성취되었습니다.

예수님 당시는 물론이고 지금도 유대인들은 예수 그리스도를 메시아로 받아들이지 않습니다. 그들이 예수님을 배척하는 이유는 눈에 보이는 것만으로 그분을 판단하였기 때문입니다. 그들은 말했습니다. "나사렛에서 무슨 선한 것이 날 수 있느냐"(요 1:46). 심지어 나사렛 사람들도 예수님의 어린 시절과 그분의 가족들에 대해 잘 알고 있다는 이유만으로 그분을 배척했습니다(마 13:57).

바와 같이 이사야 53장 1절의 의문문의 주어를 가리키는 것일 수 없는데 '누구'라는 질문에 대한 답이 '아무도 없다.'라는 것이기 때문이다. 그렇기 때문에 이것은 앞서 나오는 여호와와 연관 짓는 것이 타당하다."라고 주장했다. 예수 그리스도는 비록 천한 인간의 몸을 입고 연약한 자로 이 세상에 오실 것이나 여호와 하나님께서 그를 지키시고 보살피실 것을 예고하는 것이다. 이는 예수 그리스도의 탄생과 애굽으로의 피난, 하나님 앞에 사랑을 받으며 성장하는 어린 시절에 대한 신약의 증거에 비추어 볼 때 가장 타당한 해석이다. C. F. Keil, F. Delitzsch, *The Prophecies of Isaiah*, vol. 2, in *Commentary on the Old Testament*, vol. 7, trans. James Martin (Grand Rapids: Wm. B. Eerdmans Publishing Company, 1982), 312.

14) 메시아가 '한 사람'으로서 이 세상에 오셔야 했던 것은 '한 사람' 아담으로 말미암는 범죄를 대속하기 위해서는 완전한 인간이 제물로 바쳐져야 했기 때문이다. 죽음에 복속되기 위해서는 참사람이어야 했고, 죄 없이 오시기 위해서는 참하나님이셔야 했다. 아담과 하와의 계약적인 대표 원리에 관해서 성경은 이렇게 말한다. "또 이 선물은 범죄한 한 사람으로 말미암은 것과 같이 아니하니 심판은 한 사람으로 말미암아 정죄에 이르렀으나 은사는 많은 범죄로 말미암아 의롭다 하심에 이름이니라……한 사람이 순종하지 아니함으로 많은 사람이 죄인 된 것같이 한 사람이 순종하심으로 많은 사람이 의인이 되리라"(롬 5:16, 19).

나사렛 사람들은 예수님의 설교를 듣고 깊은 인상을 받았습니다. 그분의 설교는 설교가 갖추어야 할 결정적인 요소들을 모두 갖추고 있었습니다. 지혜와 권능을 동반한 영향력 있는 설교였던 것입니다.

그러나 나사렛 사람들은 단지 예수님의 어린 시절과 그들의 가족들을 잘 안다는 이유만으로 복음을 거절하였습니다. 그분이 전해 주시는 진리의 내용이 문제가 된 것이 아니라, 그분을 인간적으로 잘 아는 것이 그들에게는 복음을 배척하는 요인이 되었습니다. "안식일이 되어 회당에서 가르치시니 많은 사람이 듣고 놀라 이르되 이 사람이 어디서 이런 것을 얻었느냐 이 사람이 받은 지혜와 그 손으로 이루어지는 이런 권능이 어찌됨이냐 이 사람이 마리아의 아들 목수가 아니냐 야고보와 요셉과 유다와 시몬의 형제가 아니냐 그 누이들이 우리와 함께 여기 있지 아니하냐 하고 예수를 배척한지라 예수께서 그들에게 이르시되 선지자가 자기 고향과 자기 친척과 자기 집 외에서는 존경을 받지 못함이 없느니라 하시며"(막 6:2-4).

예수 그리스도께는 사람들의 우러름을 받을 만한 가문이나 학벌이 없었습니다. 예수님의 어린 시절의 대부분에 대하여 성경이 침묵하고 있는 것으로 볼 때, 그분은 평범하게 성장하셨던 것 같습니다. 그런 예수님께서 어느 날 마치 여느 죄인들 중 한 사람인 것처럼 요한에게 세례를 받으시고 광야로 걸어 나가시는 모습을 보며, 어느 누가 그분에게 온 인류의 구원이 달렸다고 생각했겠습니까?

이스라엘 백성들이 구약에서 하나님의 구원을 어떻게 경험하였습니까? 그들은 커다란 이적과 기사 속에서 자신들을 구원하시는 여호와를 경험하였고, 거기서 여호와의 권능을 보았습니다. 그들은 아마 이렇게 기도하며 메시아를 기다렸을 것입니다. "여호와여, 홍해를 가르셨듯이 일찍이 열방이 본 적이 없는 이적과 기사와 능력을 행하셔서 이방 족속들의 간담을 서늘하게 하소서. 그들의 마음을 물같이 녹아내리게 하소서." 그들은 하나님께서 자신들을 위하여 어떻게 일하실지 그 구도를 이미 머릿속에 모두 짜 놓고 있었습니다. 그들이 기다렸던 메시아는 크고 강하고 용맹한 통치자였습니다. 그러나 인간의 구원을 위한 하나님의 지혜는 그들의 기대와는 달랐습니다.

사람들이 보기에 연한 순 같고 마른 땅에서 나온 뿌리 같은 한 사람, 사람들이 주목할 만한 고운 모양도 없고 좋은 풍채도 없으며 흠모할 만한 아름다운 것이 없으신 예수 그리스도의 죽으심을 통해서 인간들을 구원하는 것이 하나님의 방법이었던 것입니다.

메시아의 이러한 출현은 성경에 이미 예고된 바이지만, 이스라엘 백성들은 자기들이 가지고 있던 집착과 편견 때문에 그 예고를 제대로 받아들이지 못했습니다. 그래서 그들은 예수 그리스도의 연약한 외모 안에 숨겨진 위대한 구원의 능력을 볼 수 없었습니다(요 1:45-46).[15]

자기 소견대로 판단함

누구나 자기 생각을 가지고 있습니다. 지금도 사람들은 예수 그리스도에 대해서, 교회에 대해서 자기 생각을 피력합니다. "만약 예수님이 진정한 메시아라면 이 세상의 이러저러한 문제들을 해결해 주어야만 해. 교회는 이러저러해야 하고, 구원은 이러저러한 것이어야 해."

---

15) 우리가 우리의 구원을 위하여 지불하여야 할 대가는 무엇인가? 예수 그리스도를 믿으면 우리는 무엇을 잃어버리게 되는가? 우리는 주님을 믿기 위하여 어떤 희생을 치러야 하는가? 오히려 이에 대하여 이사야 선지자는 이렇게 말한다. "오호라 너희 모든 목마른 자들아 물로 나아오라 돈 없는 자도 오라 너희는 와서 사먹되 돈 없이, 값 없이 와서 포도주와 젖을 사라"(사 55:1). 이에 대하여 의심할 여지없는 예수님의 말씀이 있다. "명절 끝날 곧 큰 날에 예수께서 서서 외쳐 이르시되 누구든지 목마르거든 내게로 와서 마시라 나를 믿는 자는 성경에 이름과 같이 그 배에서 생수의 강이 흘러나오리라 하시니"(요 7:37-38). 그런데도 세상 사람들은 그분의 복음을 받아들이지 않을 뿐 아니라, 예수 그리스도가 메시아라는 사실을 적극적으로 부인하고 그분에게 속한 자들을 미워한다(요 15:19). 그 가장 큰 이유는 예수님이 메시아일 수 없다는 편견이다. 이러한 편견은 빌립의 전도를 받던 나다나엘의 고백에서도 잘 나타난다. "빌립이 나다나엘을 찾아 이르되 모세가 율법에 기록하였고 여러 선지자가 기록한 그이를 우리가 만났으니 요셉의 아들 나사렛 예수니라 나다나엘이 이르되 나사렛에서 무슨 선한 것이 날 수 있느냐……"(요 1:45-46).

그들의 진술의 이면에는 항상 그들 나름의 집착과 편견이 자리하고 있습니다. 우리가 무신론을 유신론에 대한 한 편견이라고 보는 것도 바로 이 때문입니다. 이사야 선지자는 메시아가 오실 때 이스라엘 백성들이 그분을 믿지 못하게 되는 것이 그들의 편견 때문이라고 예고하였습니다. 이 예고는 오늘날에도 정확히 이루어지고 있습니다. 당시 이스라엘 백성들의 불신앙이 오늘날 현대인들에게도 똑같이 되풀이되고 있는 것입니다.

"여호와의 팔이 누구에게 나타났느냐"라는 질문은 우리를 구원하시는 하나님의 권능이 연한 순과 같은 메시아의 육체 속에 감추어져 있음을 암시하는 동시에, 그러한 초라한 모습 속에서 메시아의 위대함을 발견하는 것은 육신의 안목이 아니라 믿음을 통해서 갖게 되는 영적인 안목으로 가능한 일임을 보여줍니다.

인간을 구원하심에 있어서 세상이 기대하는 바와 하나님께서 바라시는 바가 너무나 다르기에, 사람들은 예수님을 믿으려 하지 않습니다.

창조주 하나님께서는 당신께 범죄함으로 영원한 죽음에 이른 우리의 영혼을 불쌍히 여기십니다. 그래서 예수 그리스도의 십자가를 통해 관계 회복의 길을 여셨습니다. 그렇지만 정작 인간들은 그 구원의 길에는 무관심한 채, 육신의 일에만 골몰하고 있습니다. 그리고 메시아이신 그리스도를 믿는 것이 자신들의 육신의 행복을 위하여 어떤 도움이 되는지 계산합니다.

그러나 예수 그리스도께서 단지 인간의 육신의 행복만을 위하여 이 세상에 오신 것이었다면, 벳새다 광야에서 오병이어로 많은 무리를 먹이신 후에 그 이적을 인하여 자기를 임금 삼으려는 무리들을 도망치듯 피하지는 않으셨을 것입니다(요 6:15).

예수 그리스도께서 예루살렘에 입성하실 때 그토록 열렬하게 환영하던 인파가 왜 며칠 사이에 차갑게 돌아서서 십자가에 못 박는 일에 동참하였을까요? 그들은 초인적인 능력을 발휘하며 이스라엘을 로마의 압제에서 해방시켜 줄 정치적인 메시아를 기대했습니다(마 21:9, 15). 그러나 인간을 구원하시는 하나님의 방법은 그들의 기대와 전혀 다르게 나타났습니다. 여기서 비롯된 실망은 예수님에 대한 분노로 이어졌고, 결국 그들로 하여금 예수 그리스도를 십자가에 못 박게 하였습니다.

만약 예수 그리스도께서 그들의 기대를 따라 행동하셨다면 거치는 자들은 아무도 없었을 것입니다. 그러나 예수님께서는 이 세상 사람들이 기대하던 것과는 전혀 다른 방식으로, 전혀 다른 차원의 평화를 성취하셨습니다.

연약한 예수 안에 있는 구원

인류의 역사는 전쟁의 역사입니다. 사람들이 평화를 원하는 데도 불구하고 실현된 역사는 전쟁의 연속이었습니다. 이것은 총과 칼 같은 무기들 때문이 아니라 사람들의 마음속에 깃들인 이기심과 적대감 때문입니다.

인류를 커다란 비극으로 몰아넣었던 제2차 세계대전도 알고 보면 열강들의 경제적인 이해가 충돌한 데서 비롯되었습니다. 발달한 공업 기술로 생산한 많은 소비재들을 다른 나라에 비싼 값으로 팔고 값싼 노동력과 원자재들을 싼 값으로 확보하기 위하여 추구한 패권주의의 충돌이 가져온 비극인 것입니다.

어떤 사람들은 말합니다. "우리 서로 무장을 해제하자. 적대국들이 서로 무기를 버리고 세월이 흐르면 전쟁을 하려고 해도 무기가 없어서 싸울 수 없는 세상이 오지 않겠는가?" 그러나 그것은 인간의 본성을 너무나 모르는 데서 비롯된 환상입니다. 지금까지 인류의 역사상, 세상의 평화는 단 한 번도 무기 개발 포기 선언이나 국제 평화 조약을 통해 성취된 적이 없습니다. 세상에 전쟁이 그치지 않는 것은 대량 살상 무기가 존재해서가 아니라 인간 본성이 악하기 때문입니다.

세상 사람들의 판단에는 연약한 예수 그리스도를 통한 구원이 어리석고 실망스러운 방법일지 모르지만, 사실 이것이야말로 인간 본성의 문제를 해결할 수 있는 궁극적인 구원의 길입니다.

기독교는 인간의 본질적인 변화를 통해서 변화된 세상을 만들어 가는 하나님의 구원 방법을 보여줍니다. 하나님께서 메시아를 보내어 해결하고자 하셨던 것은 바로 죄의 문제였습니다. 이 일을 위하여 주님께서는 초라하게 오셨습니다. 영광과 능력을 버리시고 연한 순 같고 마른 땅에서 나온 뿌리 같은 모습으로 이 땅에 오셨습니다.

신성(神性)을 인성(人性) 아래 감추시고 이 세상에 오심으로, 예수 그리스도께서는 인간 불행의 근본적인 원인인 죄의 문제를 해결할 수 있으셨습니다. 하나님 앞에 드리는 제사에 바쳐지던 제물이 사자같이 용맹스러운 맹수가 아니라 아무 힘도 없는 어린양이었던 것을 생각해 보십시오. 이미 구약의 제사 제도가 인간을 구원하심에 있어서 하나님께서 이러한 방법을 사용하실 것을 말해 주고 있지 않습니까?

그 옛날 하나님과의 화목을 위하여 드려지던 제물들은 특이하게 주목할 만한 아름다움이나 풍채를 가진 것들이 아니었습니다. 비둘기, 양, 염소, 소 등 사람들이 끌고 가면 끌려가고, 죽이면 죽임을 당하는 힘없는 존재들이었습니다. 그리고 그 모습이 바로 하나님께서 보내신 메시아의 모습, 예수 그리스도의 겉모습입니다.

여러분은 지금 예수 그리스도를 어떤 분으로 기대하고 계십니까?

하나님의 구원 방법이 자신의 기대와 다르다는 이유로 마음을 닫는 사람들의 결국은 사망입니다(고후 4:4, 계 21:8).

구원받은 하나님의 백성들은 고운 모양도 없고 풍채도 없는 예수 그리스도를 사랑하고 찬송하고 경배합니다. 그 힘없어 보이는 예수 그리스도 안에서 우리를 모든 죄 가운데서 건져 준 구속의 능력을 보기 때문입니다. 세상이 무엇이라고 하느냐는 중요하지 않습니다. 세상 사람들이 그분을 연한 순과 같다고 말해도 우리는 그분을 통해 여호와의 능력이 나타났다고 찬송할 것이며, 마른 땅에서 나온 뿌리 같다고 말해도 우리는 그분을 통해 나타난 하나님의 놀라운 사랑을 노래할 것입니다. 왜냐하면 세상이 편견 때문에 보지 못하는 연약한 예수 안에 감춰진 구원을 우리는 보고 있기 때문입니다.

외면당한 메시아

그러나 세상 사람들은 예수 그리스도를 박해하였습니다.

그들은 왜 그리스도를 박해하였을까요? 메시아가 고운 모양도 없고 풍채도 없고 흠모할 만한 것이 없어 마음에 차지 않으면, 그저 믿지 않으면 될 일이었습니다. 그분이 연한 순과 같아 믿음직스럽지 못하다면, 자기들의 인생을 의탁하지 않으면 될 것이었습니다. 그러나 세상은 단지 예수님을 메시아로 인정하지 않는 데서 그치지 않고, 적극적으로 핍박했습니다.

인생은 단 두 가지 가능성밖에 없습니다. 예수 그리스도를 찬양하든가, 핍박하든가 둘 중의 하나입니다. 그리스도의 십자가를 자랑하든가, 부끄러워하든가 둘 중 하나이지 중간은 없습니다. 만약 중립을 취할 수 있었다면, 이스라엘 백성들도 그리하였을 것입니다. 무관심할 수 있었다면 무관심하였을 것입니다. 그러나 그들은 그렇게 할 수 없었습니다.

예수 그리스도의 생애 가운데 항상 신성이 인성 아래 감추어져 있었던 것은 아니었습니다. 예수님께서는 자신이 하나님이심을 여러 차례 나타내 보이셨습니다. 물로 포도주를 만드시고(요 4:46), 중풍병자를 고치셨습니다(막 2:5). 죽은 나사로를 살리기도 하셨고(요 11:43), 귀신 들려 고통스러워하는 사람을 구해 주기도 하셨습니다(눅 4:35). 의심하는 사람들을 위해서 풍랑 이는 바다를 잠잠케 하시고(마 8:26), 다섯 개의 보리떡과 두 마리의 물고기로 수만 명의 사람을 먹이는 이적을 베푸시기도 하셨습니다(요 6:11).

그런데 그런 놀라운 일들을 보았음에도 세상은 그분을 믿지 않았습니다. 자신들이 원하는 모습의 메시아가 아니었기 때문입니다. 그들은 마음속에 그린 거짓된 메시아 때문에 참된 구원자를 버렸습니다. 물론 그들에게도 예수님이 자기들이 원하는 메시아와 비슷하다고 생각했던 순간이 있었습니다. 그 중 한 번이 바로 예루살렘성에 나귀를 타고 입성하시는 때였습니다(마 21:9). 그분이 입성하시면 이제 그 놀라운 권능으로 정계를 개편하시고 자신들이 미워하는 대적들을 멸하고 이스라엘을 굳게 세워 잃어버린 다윗 왕국의 영광을 다시 가져다주시리라고 그들은 믿었습니다.

예루살렘에 입성하실 때 예수님께서 그들이 부르는 "호산나 다윗의 자손이여" 하는 외침에 별로 귀 기울이지 않으셨던 것은 그들이 바라는 메시아일 수 없으셨기 때문이었습니다.[16]

결국 종려나무 가지를 흔들고 호산나를 외치던 그 사람들이 며칠 후 그분을 십자가에 못 박게 해 달라고 외쳤습니다(마 27:22). 예수님께서 나눠 주시는 물고기와 보리떡을 받던 그 손으로 그분을 쳤으며, 예수님을 향해 호산나 다윗의 자손이라고 찬송하던 그 입으로 그분에게 침을 뱉었습니다. 그들은 그리스도를 십자가에 못 박았고 조롱했습니다. 이것이 세상이 메시아를 향하여 한 일이었습니다.

---

[16] 예루살렘 입성의 광경에 대하여 성경은 이렇게 기록하고 있다. "나귀와 나귀 새끼를 끌고 와서 자기들의 겉옷을 그 위에 얹으매 예수께서 그 위에 타시니 무리의 대다수는 그들의 겉옷을 길에 펴며 다른 이들은 나뭇가지를 베어 길에 펴고 앞에서 가고 뒤에서 따르는 무리가 소리 높여 이르되 호산나 다윗의 자손이여 찬송하리로다 주의 이름으로 오시는 이여 가장 높은 곳에서 호산나 하더라 예수께서 예루살렘에 들어가시니 온 성이 소동하여 이르되 이는 누구냐 하거늘 무리가 이르되 갈릴리 나사렛에서 나온 선지자 예수라 하니라"(마 21:7–11). 오병이어의 기적을 베푸신 후에, 유대인들이 예수 그리스도를 임금 삼으려고 시도한 것도 바로 예수 그리스도의 행하심이 그들이 기대하던 메시아의 모습과 일치하였기 때문이었다. "그 사람들이 예수께서 행하신 이 표적을 보고 말하되 이는 참으로 세상에 오실 그 선지자라 하더라 그러므로 예수께서 그들이 와서 자기를 억지로 붙들어 임금으로 삼으려는 줄 아시고 다시 혼자 산으로 떠나가시니라"(요 6:14–15). 그러나 예수 그리스도께서 하셔야 할 일은 그들이 기대하는 바와는 달랐고, 그들은 끝까지 자기들의 편견을 바꾸지 아니함으로써 메시아를 알아보지 못하였다.

그분이 우리를 위해서 무슨 나쁜 일을 행하셨습니까? 그분은 우리의 구원을 위해서 영광의 보좌를 버리셨습니다. 모든 것이 당신의 것임에도 불구하고 아무것도 없는 것처럼 가장 궁핍하고 연약한 모습으로 이 땅에 오셨습니다. 그분은 참인간으로 이 세상을 살아가며, 인간이 겪는 모든 슬픔과 고난에 동참하셨습니다. 그분은 세상이 버린 사람들을 끌어안으셨고 그들과 함께 먹고 그들과 함께하셨습니다. 그러나 그렇게 아낌없이 우리를 위해 모든 것을 주시고 모든 것을 버리신 예수님을 향한 세상의 마지막 대접은 그분을 십자가에 못 박는 것이었습니다.

골고다 언덕에 높이 달리신 예수 그리스도께서는 바로 그분을 못 박은 자들의 생명이셨습니다. 그러므로 그렇게 예수 그리스도를 십자가에 못 박은 사람들은 자기의 유일한 생명을 스스로 못질하여 죽인 사람들이었습니다(요 5:26, 6:33).

예수 그리스도를 위해서 세상이 행한 일은 멸시하고 죽이는 것이었습니다. 어느 시대건 그리스도의 복음이 환영받는 때는 없었습니다. 십자가가 수많은 사람들에게 저주와 모욕을 받았던 것처럼, 지금도 복음은 거절당할 뿐 아니라 멸시와 핍박을 받고 있습니다.

우리를 위해 낮아지심

그러므로 우리는 이 세상에서 복음 때문에 부당한 대접을 받는 것을 조금도 이상하게 생각하지 말아야 합니다(벧전 4:12).

저는 여러분에게 말합니다. 이 세상의 눈으로 흠모할 만한 것을 예수 그리스도에게서 찾지 마십시오. 세상이 볼 때에 고운 풍채와 아름다운 모양을 갖춘 메시아를 찾고 있다면, 예수 그리스도께서 지금 당장 여러분 앞에 나타나신다 할지라도 그분을 메시아로 알아보지 못할 것입니다.

예수 그리스도께서는 근본 하나님의 본체시나 종의 형체를 가져 사람의 모양으로 나타나셨습니다(빌 2:6-7). 그분의 외모에는 흠모할 만한 아름다운 것이 없었으나, 우리는 개의치 않습니다. 그분은 하늘 영광을 버리고 낮고 천한 구유에 오셨지만, 우리는 경배할 수 있습니다.

그분은 단지 나사렛의 목수로 자라셨지만, 우리는 그것도 자랑할 수 있습니다. 왜냐하면 우리는 그분의 초라한 인성 뒤에 감춰진 찬란한 신성을 믿음의 눈으로 보았기 때문입니다. 세상이 박해하고 멸시하는 그분을 인하여 우리가 지금 실제로 하나님과의 평화를 누리고 있기 때문입니다.

그리스도께서 이렇게까지 낮아지신 것은 모두 우리를 위해서였습니다. 우리가 우리의 힘으로 죄의 문제를 해결하고 하나님께 돌아갈 수 있었다면, 성경은 하나님을 떠난 인간의 처지를 절망적이라 말하지 않았을 것입니다. 아무리 문명이 발달하고 과학이 발달해도 하나님 없이 살아가는 인간의 비참함은 해결되지 않습니다.

그래서 성경은 말합니다. "기록된 바 의인은 없나니 하나도 없으며 깨닫는 자도 없고 하나님을 찾는 자도 없고 다 치우쳐 함께 무익하게 되고 선을 행하는 자는 없나니 하나도 없도다 그들의 목구멍은 열린 무덤이요 그 혀로는 속임을 일삼으며 그 입술에는 독사의 독이 있고 그 입에는 저주와 악독이 가득하고 그 발은 피 흘리는 데 빠른지라 파멸과 고생이 그 길에 있어 평강의 길을 알지 못하였고 그들의 눈 앞에 하나님을 두려워함이 없느니라 함과 같으니라"(롬 3:10-18).

이러한 악과 고통과 비참함의 상태로부터 우리를 구원해 주시기 위해 예수 그리스도께서 오셨습니다. 하나님의 진노 아래 고통스럽게 살다가 영원한 형벌에 떨어질 수밖에 없는 우리를 구원하시려고 스스로 낮아지셨습니다.

그렇습니다. 그분이 그렇게 연한 순과 같고 마른 뿌리와 같고 고운 모양도 없고 풍채도 없고 흠모할 만한 아름다운 것이 없어야 했던 이유는 사실 그분 자신의 한계 때문이 아니라, 우리의 죄 때문이었습니다(사 53:5). 우리의 죄를 대속하기 위하여 그분은 이 세상의 안목으로는 전혀 주목할 거리가 없는 모습으로 이 땅에 내려오셨습니다.

세상은 초라한 모습으로 오셨기에 그분을 싫어했습니다. 그러나 우리는 그분이 그렇게 오셔서 질고를 겪으셨기에 그분을 자랑합니다(갈 6:14). 그분이 십자가에 달려서 죽임을 당하셨기에 그분의 사랑에 감격합니다.

우리는 연한 순 같은 주님, 마른 땅에서 나온 뿌리와 같은 주님을 보며 우리가 누구인지 깨닫습니다.

가망 없는 죄인들인 우리 때문에 그분은 당신이 창조하신 세상에 머리 둘 곳 없는 나그네와 같은 모습으로 오셨습니다(눅 9:58). 우리를 사랑하셨기에, 우리가 죄 가운데서 멸망에 이르는 것을 두고 볼 수 없으셨기에…….

아아, 어찌 그리스도께서 이런 죄인들의 삶의 자리에 오셔서 가난과 고통을 알고, 질고를 당하셔야 했을까요? 그리스도께서는 우리 가운데 계셨으며 우리의 질고를 아셨고 우리가 육체 가운데 있는 동안에 당하는 질병과 고통을 다 경험하셨습니다. 그분은 단지 하늘의 하나님이 아니셨습니다. 죄와 슬픔으로 가득한 세상에서 종의 형체를 가져 사람들과 같이 되어 죽기까지 복종하셨던 그분이십니다.

제2장
고난 당하신 하나님의 아들

"그는 멸시를 받아 사람들에게 버림받았으며 간고를 많이 겪었으며 질고를 아는 자라 마치 사람들이 그에게서 얼굴을 가리는 것같이 멸시를 당하였고 우리도 그를 귀히 여기지 아니하였도다"(사 53:3).

배척받는 예수

본문 말씀은 메시아가 이 세상에서 어떠한 대우를 받게 될 것인지를 보여 줍니다. "그는 멸시를 받아 사람들에게 버림받았으며 간고를 많이 겪었으며 질고를 아는 자라 마치 사람들이 그에게서 얼굴을 가리는 것같이 멸시를 당하였고 우리도 그를 귀히 여기지 아니하였도다"(사 53:3).[17]

우리의 구원을 위해서 오신 메시아, 예수 그리스도에게 사람들은 적극적으로 멸시를 퍼붓고 고통을 주었습니다. 그리스도의 모습이 그들이 기대했던

---

17) 이 부분의 히브리어 본문은 이렇다. "נִבְזֶה וַחֲדַל אִישִׁים אִישׁ מַכְאֹבוֹת וִידוּעַ חֹלִי וּכְמַסְתֵּר פָּנִים מִמֶּנּוּ נִבְזֶה וְלֹא חֲשַׁבְנֻהוּ" 이것을 직역하면 다음과 같다. "그는 사람들로 말미암아 멸시당하였고 배척받았으며 아픔들의 사람이었고 질병을 알게 되었으며 사람들이 (쳐다보지 않으려고) 얼굴을 그로부터 가려 버리는 자같이 멸시를 받았으며 그리고 우리는 그를 생각하지 않았다." 본문 비평상 논란이 되는 것은 우리말 개역개정 성경에서 '질고를 아는 자'라고 번역된 부분(וִידוּעַ חֹלִי)인데, 여기서 '질고'라고 번역된 히브리어 홀리(חֳלִי)는 '질병'(sickness) 혹은 '연약함'(weakness)을 뜻한다(신 7:15, 왕하 1:2). 이는 예수 그리스도께서 인성을 입으시고 이 땅에 오셔서 육신과 영혼의 병든 자들과 함께 사시면서 질병 자체와 그로 말미암는 인간의 고통을 깊이 공감하게 되실 것을 예고한다. '아는 자'에 해당하는 위두아(וִידוּעַ)의 원뜻은 '그리고 알려지다.'로 문법적으로 등위 접속사 웨(ו, and)와 야다(יָדַע, to know)의 수동태 분사 남성 단수인 야두아(יָדוּעַ)의 연계형인 예두아(יְדוּעַ)가 결합한 형태인데, 발음 현상에 의하여 위두아(וִידוּעַ)가 된 것이다. 그런데 사해 사본(Dead Sea Scrolls), 시리아 역본(Syriac Version), 라틴어 불가타 역본(Latin Vulgate) 등에서는 이 독법을 버리고 웨요데아(וְיוֹדֵעַ)를 택했다. 이렇게 되면 여기에서는 수동태의 의미가 사라지게 되어, 메시아가 알게 된 질병 자체와 그로 말미암는 인간의 고통을 (누군가에 의하여) 경험하도록 당하신 것이 아니라 적극적으로 스스로 경험하셨다는 의미가 된다. 그런데 70인역에서는 이 부분을 카이 에이도스 페레인 마라키안(καὶ εἰδὼς φέρειν μαλακίαν)으로 번역하였는데 이는 '질병을 짊어지는 것을 알다.'(be acquainted with the bearing of sickness)의 의미가 된다. Ludwig Koehler, Walter Baumgartner, *Lexicon in Veteris Testamenti Libros* (Leiden: E. J. Brill. 1958), 301; Sir Lancelot C. L. Brenton, *The Septuagint Version: Greek and English* (Grand Rapids: Regency Reference Library, 1970), 889.

메시아의 모습과 다르면 외면하고 믿지 않으면 될 일이었습니다. 그러나 사람들은 예수 그리스도를 메시아로 인정하지 않는 데서 그치지 않고, 그를 적극적으로 미워하였습니다.

아마도 이사야 선지자는 마음이 찢어지는 듯한 고통으로 이 본문을 적어 내려갔을 것입니다. 왜냐하면 이 예언에 등장하는 '사람들'은 이방 나라의 백성이 아니라 바로 하나님께서 사랑하셨던 이스라엘 백성이었기 때문입니다. 하나님의 입장에서 생각하면 당신의 백성들을 구원하고자 오셨으나 정작 그 백성들로부터 멸시와 배척을 받으실 것이므로 가슴 아팠을 것이고, 이스라엘 백성의 입장에서 생각하면 그토록 오랜 세월 동안 메시아를 기다려 왔음에도 불구하고 정작 메시아가 오셨을 때에는 알아보지 못할 것이므로 비통했을 것입니다.

부당하게 대접받는 예수

그렇다면 대체 왜 세상 사람들은 우리 주 예수 그리스도를 알아보지 못하는 것일까요? 아니 단순히 알아보지 못하는 것이 아니라, 왜 싫어하고 미워하며 부당하게 대접하는 것일까요?

이것은 그들이 그분을 제대로 알지 못하기 때문이며, 자신을 구원받아야 할 필요가 있는 사람으로 여기지 않기 때문입니다. 하나님을 떠나 살면서 많은 상처를 받고 아픔을 겪지만, 그럼에도 그들은 그러한 모든 고통이 하나님과 불화하기 때문이라고 생각하지 않습니다. 그들은 절망할 뿐, 메시아 안에 있는 희망을 보지 못합니다.

예수 그리스도께서 오셨을 때 이스라엘 백성들이 그분을 멸시하고 박해하였던 이유는 다음과 같습니다. 첫째로 그분이 메시아임을 몰랐기 때문이고, 둘째로 그분의 가르침이 싫었기 때문입니다.

하나님을 떠나 악하게 살아가던 그들에게 예수 그리스도의 가르침은 어둠인 자신들을 정죄하는 빛이었습니다. 따라서 그들이 메시아를 멸시하고 박해하였던 것은 하나님 없이 어둠 가운데서 살고자 하는 악한 고집의 산물이었습니다.

지금도 사람들 안에는 여전히 이러한 악한 고집이 있습니다. 그래서 육체의 정욕과 욕심을 따라 살아가는 사람들은 복음에 대해 무관심할 뿐 아니라, 심각한 적대감을 갖습니다. 그러나 그런 그들에게도 내면 깊은 곳에는 하나님과의 평화를 갈망하는 목마름이 있습니다. 비록 그들은 그것이 무엇을 향한 목마름인지 모르지만 말입니다.

우리는 이사야 선지자의 이 비통한 예고 속에서 한 가지를 촉구하시는 하나님의 마음을 읽습니다. 그것은 바로 우리가 먼저 메시아가 누구이신지를 깨닫고, 그분이 어떤 분이신지 모르는 세상을 향해 그분을 알리는 것입니다. 이는 하나님께서 메시아에 대하여 당신 스스로가 아니라, 그분이 누구인지 먼저 안 우리를 통하여 증언하기로 작정하셨기 때문입니다.

세상 사람들은 메시아이신 예수 그리스도 없이도 아쉬운 것 없이 살아갑니다. 예수 그리스도께서 골고다 언덕에서 피 흘리시고 죽으신 이유가 죄인인 자신들을 구원하기 위함이었다는 사실을 들어도, 그들은 아랑곳하지 않습니다. 심지어 그렇게 자기를 위해 죽으신 예수 그리스도가 필요 없다고 가르치는 사상에 더 환호하며, 자기 좋을 대로 살아갑니다. 그러나 예수 그리스도 없이도 자신만만하게 살아가는 것, 그 자체가 바로 메시아로 오신 그분을 부당하게 대접하는 것입니다.

인간의 가장 고상하고 아름다운 의무는 창조주이신 하나님을 즐거워하고 영화롭게 하는 것입니다(시 5:11). 그것이 하나님의 형상대로 지음받은 피조물이라는 아름다운 지위에 어울리는 삶입니다.

그러나 세상 사람들은 자기 고집에 사로잡혀 살아갑니다. 한편으로는 하나님의 사랑에 목말라하면서도, 고삐 풀린 망아지처럼 하나님을 떠나 더 멀리 도망갑니다.

메시아이신 예수 그리스도께서는 그런 이들을 구원하여, 새로운 삶을 허락하시고자 이 땅에 오셨습니다. 그러나 사람들은 예수 그리스도에 대해 무관심하거나 적대적이었고, 결국은 십자가에 못 박아 죽였습니다. 그분은 생명을 주시기까지 사람들을 사랑하셨지만, 정작 자신은 아무런 아낌도 받지 못하신 채 십자가에 달리셔야 했습니다.

그런데 더 안타까운 사실은 메시아를 향한 멸시와 천대는 십자가 죽음이 끝이 아니라는 것입니다. 지금도 메시아에 대한 무관심과 모욕은 계속되고 있습니다. 심지어 구원받은 무리들의 연합인 교회 속에서도 말입니다. 물론 교회 안에는 공개적으로 예수 그리스도를 부인하거나 싫어하는 사람이 없습니다. 그러나 현재적인 구원의 감격 없이 살아가는 것 자체가 이미 메시아에 대한 모욕입니다.

우리가 그분의 참사랑을 알았다면 단지 그분을 멸시하지 않는 것만으로는 만족할 수 없습니다. 쓰레기같이 더럽고 쓸모없는 존재였던 우리에게 먼저 찾아와 손 내밀어 주신 그분을 어찌 열렬히 사랑하지 않을 수 있겠습니까? 한걸음 더 나아가, 아직도 메시아를 통해서 보여주신 하나님의 사랑을 모르는 사람들이 메시아로 오신 예수 그리스도를 멸시하고 모욕함으로써 하나님께서 창조하신 세상을 더럽히는 것을 어찌 두고만 볼 수 있겠습니까?

메시아의 대속의 공로에 감격할 줄 모르는 신앙생활이야말로 예수 그리스도를 멸시하는 생활입니다. 그러나 안타깝게도 오늘날 교회 속에는 그러한 신앙생활이 만연해져 있습니다.

메시아가 오셔서 십자가에 못 박혀 죽으시고 사흘 만에 부활하심으로 악한 권세에 대한 영원한 승리를 확증하셨음에도, 이 세상이 여전히 예수 그리스도를 멸시하고 복음을 전하는 자들을 박해하는 것은 교회가 먼저 메시아의 대속에 대한 감격을 잃었기 때문입니다.

우리 안에는 그리스도인이라고 고백하면서도 삶의 기반을 그리스도에게 두지 않은 사람들이 너무나 많습니다. 지금도 많은 그리스도인들이 세상에 두고 온 지푸라기와 같은 것들을 교회 안에서 여전히 자랑하는 것은, 그들이 아직 우리 주 예수 그리스도를 아는 지식이 가장 고상함을 모르기 때문입니다(빌 3:8).

그리스도인이 이제껏 자기가 살아온 섬김의 삶에 자부심을 느끼고, 알량한 도덕적 생활에 긍지를 갖는 것은 서글픈 일입니다. 그리스도인이 되었음에도 불구하고 자기의(自己義)에 빠져서 자신이 얼마나 비참한 죄인인지를 모르는 채 살아가는 것은 또 다른 방식으로 그리스도를 멸시하는 것이기 때문입니다.

오늘날 거룩한 삶이 그리스도인들에게 낯선 개념이 된 것도 따지고 보면 우리를 위하여 세상에서 멸시를 당하고 죽으신 메시아를 모르기 때문입니다. 그리스도의 고난의 의미를 제대로 안다면, 그리스도인은 결코 그렇게 살 수 없습니다.

아픔과 슬픔을 아는 예수

이어서 성경은 "그는……간고를 많이 겪었으며 질고를 아는 자라"라고 말합니다. 여기서 '간고'로 번역된 히브리어의 원뜻은 '아픔들, 고통들'입니다.[18] 그리고 '질고'로 번역된 히브리어의 원뜻은 '질병, 연약함'입니다.

이 구절이 보여주듯, 메시아의 지상 생애는 고난의 연속이었습니다. 그분은 전능하신 하나님 자신이셨지만, 우리를 구원하시기 위하여 온갖 고난을 받아들이셨습니다. 뿐만 아니라 당신 앞에 나아오는 영혼들을 이해하며 품어주기 위하여 온갖 고난을 스스로 당하시며 인간의 슬픔과 아픔에 자신을 복속시키셨습니다.

죄인들을 사랑하시는 하나님의 진심은 이렇게 아무도 예상하지 못한 방식으로 나타났습니다. 메시아로 오신 예수 그리스도께서는 연약한 인간들이 당하는 질병과 고통을 아십니다. 죄의 고통과 가난의 슬픔도 아십니다. 그때나 지금이나 주님에게로 나아오는 무리 가운데 병자들과 죄인들이 많은 것은, 그분이 병자들과 죄인들 곁에 계셔 주셨기 때문입니다.

예수 그리스도는 우리 가운데 계셨으며, 우리의 질고를 아셨고, 우리가 육체 가운데 있는 동안에 당하는 질병과 고통을 몸소 경험하셨습니다. 죄와 사망에 짓눌려 종노릇하며 살아가야 하는 비참함도 아셨습니다.

그러므로 예수 그리스도께서는 하늘 위에 계신 분이지만, 단지 하늘의 하나님이 아니십니다. 자기를 비워 종의 형체를 가지사 사람들과 같이 되어, 죽기까지 복종하셨던 분이십니다(빌 2:7-8). 하나님께로 돌아오는 죄인들이 그

---

18) 이는 원래 동사 카아브(כָּאַב)의 분사 형태로 된 명사이다. 이 동사는 '고통을 주다.', '상처를 내다.'의 의미가 있다. 명사형 마코브(מַכְאוֹב)는 '(육체적인) 상처', '(정신적인) 고통'의 뜻으로 쓰였다(출 3:7, 욥 33:19, 시 32:10, 렘 45:3 등). 이는 메시아의 생애가 고난으로 이어질 생애임을 보여준다. 특별히 본문에서 이 단어가 복수 형태인 마코봇(מַכְאֹבוֹת)으로 사용된 것은 메시아의 지상 생애의 고난이 매우 많고 클 것임을 보여주는 대목이다. Francis Brown, Samuel Rolles Driver, Charles Augustus Briggs, *The Brown-Driver-Briggs Hebrew and English Lexicon* (Peabody: Hendrickson Publishers, 2003), 456.

분의 인격 안에서 쉼을 누리는 것은 그분이 우리의 질고와 슬픔을 아시기 때문입니다.

우리가 고통 가운데 신음할 때, 누군가 공감만 해주어도 마음이 물같이 녹곤 합니다. 심방을 받으면서 혹은 상담을 하면서 자신의 고충을 털어놓다가, 문득 상대는 나보다 더 큰 고충을 지고서 살아왔음을 깨달은 적이 있지 않습니까? 예수 그리스도께 나아갈 때 우리가 깨닫는 사실이 바로 이것입니다. 가난의 고통, 육신의 연약함으로 인한 좌절, 믿었던 사람들로부터 당하는 뼈아픈 배신 등을 그분은 모두 아십니다. 그리고 간고를 많이 겪고 질고를 아는 그 경험으로, 그분은 우리를 긍휼히 여기십니다. 그리스도께서 십자가에서 자기의 몸을 대속 제물로 바치신 것은 이러한 간고와 질고의 궁극적인 원인을 제거하사 인간을 자유케 하시기 위함이었습니다.

멸시를 당하는 예수

그러나 이어지는 이사야의 예언은 더욱 참담합니다. 이사야 선지자는 메시아가 이 땅에서 받게 될 대우에 대해 이렇게 예언합니다. "그는……마치 사람들이 그에게서 얼굴을 가리는 것같이 멸시를 당하였고 우리도 그를 귀히 여기지 아니하였도다."

죄가 없으신 그분이 질고를 아시게 된 것은 바로 우리를 위해서였습니다. 그런데 그런 그분을 사람들은 외면하고 멸시했습니다. 이 예언 앞부분의 히브리어 원문은 다음과 같은 의미를 담고 있습니다. '우리는 (쳐다보지 않으려고) 우리의 얼굴을 가리는 (취급을 하여 그에게) 멸시를 주었다.'[19]

---

[19] 이 부분의 히브리어 본문은 다음과 같다. "וּכְמַסְתֵּר פָּנִים מִמֶּנּוּ נִבְזֶה וְלֹא חֲשַׁבְנֻהוּ" 이를 직역하면 "사람들이 (쳐다보지 않으려고) 얼굴을 그로부터 가려 버리는 자같이 멸시를 받았으며 그리고 우리는 그를 생각하지 않았다."이다. 여기서 번역상 논란이 되는 부분은 우케마스테르 파님 밈멘누(וּכְמַסְתֵּר פָּנִים מִמֶּנּוּ)인데, 영(Edward J. Young)의 견해에 따르면 이는 영어로 두 가지 해석이 가능하다고 한다. (1) '메시아가

우리의 눈은 가려져 있습니다. 그때도 그랬지만, 지금도 그리스도 예수 안에 있는 참된 구속의 비밀은 감추어져 있습니다. 누가 예수 그리스도께서 누우셨던 말구유를 만져 보고 그분을 메시아라고 고백할 수 있겠습니까? 잠시 누우셨던 아리마대 요셉의 무덤을 들여다보거나 골고다 언덕을 걸어 올라가 보는 것으로는 그 놀라운 구속의 신비를 알 수 없습니다. 그것은 오직 믿음의 눈으로서만 파악될 수 있습니다.

우리는 믿음의 눈으로 고난받으신 그리스도를 볼 때, 비로소 그분이 누구신지 알게 됩니다. 그분이 이 세상에서 하신 일이 우리에게 왜 그토록 중요한지 알게 됩니다. 이처럼 믿음은 우리가 육신의 눈으로는 볼 수 없었고 느낄 수 없었던 그리스도를 깨닫게 합니다.

그분의 거룩한 인격을 경험하고 그분이 왜 영광을 버리고 멸시받는 생애를 사셨는지 알게 될 때, 우리는 간고를 겪으시는 그리스도의 모습 속에서 하나님의 위엄을 보고, 질고를 당하시는 그리스도의 모습 속에서 하나님의 영광을 볼 것입니다.

우리도 그를 귀히 여기지 않았다

마지막으로 성경은 "우리도 그를 귀히 여기지 아니하였도다"라고 말합니다. 여기에서 '우리'는 좁게는 선지자 자신을 포함한 그 시대의 이스라엘 백성들을 의미하지만, 넓게는 시대를 초월하여 모든 하나님의 백성들을 가리킵니다.

우리를 향하여 얼굴을 가리는 것'(and as a hiding of faces from us)을 가리킬 수도 있고, (2) '우리가 메시아를 향하여 얼굴을 가리는 것'(and as a hiding of faces from him)을 가리킬 수도 있다. 영은 후자가 타당한 해석이라고 주장하면서, 이러한 해석이 메시아를 향한 인간들의 태도를 말하고 있는 본문의 문맥에 어울린다고 말한다. Edward J. Young, *The Book of Isaiah*, vol. 3 (Grand Rapids: Wm. B. Eerdmans Publishing Company, 1996), 344.

이러한 표현은 성경 문학상 '예언적 과거'(prophetic past)라는 것으로, 아직 발생하지 않은 일을 이미 일어난 일처럼 표현함으로써 예언의 현실감을 더하는 수사법입니다. 쉽게 말해 메시아의 십자가 사건에 대하여 이사야 선지자가 잠시 하나님의 시각으로 돌아가 표현한 것입니다. 하나님께서는 과거나 현재, 미래가 없이 모든 사물을 한 번에 보신다는 사실을 생각할 때, 이것은 조금도 이상할 것이 없는 표현입니다.

앞서 언급된 멸시와 천대, 질고에 비하면 귀히 여기지 않는 것은 아무것도 아닌 일 같습니다. 그러나 오히려 이 예언이 더 우리의 마음에 아프게 다가옵니다. 멸시와 천대, 질고를 주는 주체가 세상에 속한 사람들이라면, "우리도 그를 귀히 여기지 아니하였도다"라는 구절의 주체는 하나님의 소유 된 백성들이기 때문입니다.

누구보다도 간절히 메시아를 기다렸던, 그래서 누구보다도 먼저 메시아를 알아보아야 할 하나님의 백성들이 그분에게 무관심하였습니다. 아마도 예수 그리스도께서는 당신의 백성들로부터 받은 이러한 무관심이 육체의 고난보다 더 아프셨을 것입니다.

믿음의 눈으로 보아야 하는 그리스도

여러분은 메시아이신 예수 그리스도를 바르게 보고 바르게 알고 있습니까? 여러분의 신앙은 확고하게 그리스도를 아는 지식에 기초하고 있습니까? 진실로 예수 그리스도만이 여러분의 삶과 신앙 가운데 그 무엇과도 대체할 수 없는 소중한 분이십니까? 여러분에게 주 없이 살 수 없다는 고백이 있습니까? 십자가 앞에서 세상에 있는 사랑과 자랑들이 헛됨을 깨닫고 있습니까?

세상의 안목으로는 알 수도 없고 믿을 수도 없는 주님을 믿음의 눈은 보게 합니다. 오직 믿음을 통해서 우리는 예수 그리스도가 메시아이심과 그분이 죽으심으로 우리가 구원을 받게 되는 하나님의 지혜와 비밀을 깨닫게 됩니다.

그러므로 우리는 메시아의 복음을 선포하면서 끊임없이 하나님께 사람들에게 믿음을 주시기를 구하여야 합니다. 성령께서 저들의 마음의 눈을 밝히사 그리스도가 누구이시며 그분의 인격과 삶이 자신들과 어떤 관계가 있는지를 직접 보게 해 달라고 간구해야 합니다.

우리가 복음을 전파할 때, 그 복음을 듣는 이들에게 구원 얻을 믿음의 눈을 열어 주시는 분이 성령이십니다(고전 2:13).

믿음의 눈은, 연한 순과 같고 마른 땅에서 나온 뿌리와 같아서 고운 모양도 없고 풍채도 없는 메시아를 구세주로 고백하게 합니다. 그리고 죄인들의 유일한 소망이 바로 그분 앞에 무릎을 꿇는 것임을 알게 합니다. 그렇게 믿음의 눈으로 그리스도를 바라보고 영접하는 자들만이 찬란한 영광으로 빛나는 예수 그리스도의 얼굴을 볼 수 있습니다.

우리가 구원받은 하나님의 자녀임에도 불구하고 육신을 따라 살며 불순종과 반항의 삶을 계속하는 이유는 십자가의 영광의 빛 아래서 예수 그리스도를 대면하는 영적 생활을 잃어버렸기 때문입니다. 믿음의 눈으로 보지 못하면, 세상에 대한 집착도 끊을 수 없습니다.

아무리 놀라운 구원의 은혜를 경험하였어도, 넘치도록 그분의 사랑이 부어졌어도, 단회적인 경험만으로는 하나님의 자녀답게 살 수 없습니다. 믿음의 눈으로 예수 그리스도를 바라보는 것은 구원받는 순간 단 한 번이면 족한 일이 아닙니다. 아침마다 새롭고 늘 새로운 십자가의 감격을 누리며 살아가기 위해서는 예수 그리스도가 누구신지 바르게 보고 그분의 십자가 앞에서 자신이 누구인지를 올바로 깨닫는 일이 매일 반복되어야 합니다. 그리할 때 우리는 십자가의 감격에 힘입어, 예수 그리스도를 십자가에 못 박히게 하였던 우리의 죄와 불순종을 미워하며 살 수 있습니다.

여전히 많은 사람들은 스스로 눈을 가리고 예수 그리스도에게 무관심한 채 살아갑니다. 그들은 자신이 죄인임을 인정하지 않고, 예수 그리스도만이 우리 삶의 유일한 소망임을 알지 못합니다. 항상 인생에 대하여 고뇌하지만, 메시아를 아는 지식이 없으므로 그 고뇌는 고뇌로 그칠 뿐 자기의 인생을 고치지 못합니다. 예수 그리스도를 메시아로 인정하지 않으면 불행한 삶을 숙명처럼 이어갈 수밖에 없습니다.

인생의 참된 행복은 예수 그리스도를 깊이 알아가고, 그리하여 그분을 더욱 사랑하는 데 있습니다(벧후 3:18). 그분을 사랑하기에 그분을 기쁘시게 하고 싶고, 그분을 기쁘시게 하기 위해 날마다 더욱 거룩해져 가는 것이 바로 믿음으로 사는 삶입니다.

홀로 감당해야 할 십자가

예수 그리스도를 사랑하며 믿음으로 살아가는 사람들에게는 저마다 홀로 감당해야 할 십자가가 있습니다. 교회를 보면 그 안에서 모든 성도들이 함께 어울려 신앙생활을 해 나가는 것 같습니다. 그러나 저마다 스스로 감당하지 않으면 안 되는 십자가가 있고, 그 십자가는 오롯이 자기가 져야 합니다. 멸시를 받고 버림받으시면서도 당신이 감당하셔야 했던 질고와 간고를 오롯이 홀로 감당하셨던 예수 그리스도처럼 말입니다.

하나님께서 우리에게 이처럼 우리 홀로 감당하지 않으면 안 되는 십자가를 지게 하신 것은 우리로 하여금 하나님 한 분만을 앙망하게 하시기 위함이었습니다.

그러나 오늘날 우리 시대의 교회는 십자가를 감당하는 삶으로부터 너무나 멀어져 있습니다. 어쩌면 우리는 세상을 위해 울기 전에 먼저 교회를 위해 울어야 하고, 세상이 변한 것 때문에 놀라기 전에 먼저 교회가 변한 것 때문에 놀라야 하는지도 모르겠습니다.

우리는 지금 그리스도의 십자가는 간 곳이 없고 오직 자신의 번영과 행복이 우상이 되고 자아의 실현이 최고의 가치가 된 시대를 살아가고 있습니다. 너무나 많은 그리스도인들이 인간이 행복하도록 돕는 한도 안에서만 하나님도 경배를 받으실 수 있는 인간 중심의 기독교를 당연하게 생각하고 따라가고 있습니다. 그러나 참된 기독교 신앙은 결코 그런 것이 아닙니다.

예수 그리스도가 누구이신지 바르게 알고 있습니까? 과거에 알았던 것이 아니라, 지금 예수 그리스도가 왜 이 땅에 오셨는지, 우리를 위해 무슨 일을 하셨는지 가슴 저리게 깨닫고 있습니까?

예수 그리스도의 십자가 사랑 앞에서 감격하며 흘리는 눈물이 신자의 눈에서 마를 때, 그는 하나님을 등진 채 세상을 향하여 달려갈 수밖에 없게 됩니다.

예수를 안 사람으로 살자

아무리 그럴 듯해 보이는 신앙생활을 하고 있어도, 아무리 오래 교회 생활을 이어가고 있어도 그것으로는 충분하지 않습니다. 헌신적인 삶을 신앙의 자랑으로 삼아도 신앙의 중심에 그리스도가 없는 한, 그의 존재는 잎만 무성할 뿐 열매는 없는 가지와 같이 공허할 뿐입니다. 그러한 형식뿐인 삶으로는 결코 그리스도 안에 있는 행복을 소유할 수 없습니다.

그리스도인은 그리스도께 매여서 살아가는 사람입니다. 그런데 그리스도의 십자가 사건에 대한 현재적인 경험 없이 그 누가 그분에게 매였다고 말할 수 있겠습니까? 신앙의 중심에 메시아에 대한 경험이 자리하고 있지 않다면, 신앙생활의 그 어떤 덕성도 우리를 하나님 가까이 다가가게 이끌지 못합니다.

십자가의 경험 없이도 도덕적으로 살아갈 수 있습니다. 그렇지만 그 귀결은 자기의(自己義)에 빠지는 것뿐입니다. 그러한 위선의 삶이 지속되면 지속될수록, 공고히 쌓아 온 자기의를 허물기가 어려워 더 그리스도를 만나기 힘들게 됩니다.

　그리스도가 아닌 다른 것으로 스스로 만족을 느끼고, 그것 때문에 심령의 가난함을 잃어버려 결국은 천국을 소유하지 못하는 사람들이 되고 싶으십니까? 훌륭한 삶을 사는 것보다 더 중요한 것은 그렇게 살아갈 수밖에 없는 이유를 갖는 것입니다. 그리스도인의 삶은 선행이나 도덕을 위한 것이 아닙니다. 그저 그리스도 때문에 살고 그리스도 때문에 죽는 것이 그리스도인의 삶입니다(롬 1:6).

　그러면 우리가 어떻게 해야 예수 그리스도만이 전부인 그리스도인으로 변화될 수 있을까요? 그 변화는 예수 그리스도가 누구신지를 가르치는 하나님의 말씀에 귀를 기울이는 것에서 시작됩니다(롬 10:17).

　여러분의 마음을 그 말씀 속에 젖게 하십시오. 믿음의 눈을 열어 주사, 그 말씀 속에서 참된 그리스도의 모습을 뵐 수 있게 되기를 구하십시오. 이제껏 그리스도에 대한 경험 없이 이어온 신앙생활의 허함을 인정하고, 더 이상 그러한 신앙생활을 계속할 수 없다고 결단하십시오. 정직하게 복음 앞에 서서, 지금껏 단 한 번도 가져 보지 못한 진지함으로 예수님이 누구신지 배우십시오.

　성경은 예수 그리스도에 대한 증언으로 가득 차 있지만, 모든 사람이 성경을 통해 그분을 깊이 만나지는 않습니다. 간절한 마음으로 정직하게 말씀 앞에 서는 사람만이 그리스도를 만납니다. 그러므로 모든 그리스도인의 참된 소망은 그리스도가 누구신지를 가르쳐 주는 하나님의 말씀 앞에 정직하게 서는 것입니다. 그리고 그 말씀을 진심으로 깨달아 거기서 메시아이신 예수 그리스도를 직접 만나는 것입니다.

우리의 모든 곤고함은 그리스도가 누구신지 모르는 무지에서 비롯됩니다. 얼핏 비관적으로 보이는 선지자의 고백을 다시 생각해 보십시오. "우리도 그를 귀히 여기지 아니하였도다." 이 탄식은 역설적으로 메시아는 하나님의 백성들에게만큼은 존귀하게 여김을 받으셔야 할 분임을 보여줍니다.

세상은 무지로 말미암아 그리스도를 그릇 대할 수 있습니다. 세상은 그리스도를 외모로 판단하며 멸시할 수 있습니다. 그러나 우리는 그렇게 해서는 안 됩니다. 예수 그리스도께서는 적어도 그분이 구속하신 하나님의 자녀들 가운데서는 세세토록 존귀와 영광과 찬양을 받으셔야 합니다.

여러분을 구원하신 예수 그리스도를 높이는 것이 여러분의 삶의 이유가 되고 있습니까? 그리스도를 사랑하며 그분의 뒤를 따르는 자들에게 그리스도께서 메시아로서 이 세상에서 받으신 것과 유사한 대접이 따른다 할지라도 그 길을 가실 작정이 서셨습니까?

그리스도인으로 산다는 것은 이 세상에서 진리 때문에 부당한 대우를 받는 것쯤은 개의치 않겠다는 것입니다(행 20:24). 이것은 자신의 인생을 하찮게 여기거나 포기해서가 아닙니다. 세상에서 대접받고 사는 것보다 더 중요한 가치에 눈떴기 때문입니다.

바로 일평생 메시아로 오신 예수 그리스도를 더 깊이 알아가고 그분을 더 많이 사랑하며 살아가고자 하는 열망에 사로잡혔기 때문입니다.

이스라엘 백성들은 메시아에 관한 하나님의 말씀보다 자신들의 생각을 더 많이 신뢰하였습니다. 그래서 우리의 죄 때문에 당하신 메시아의 고난을 하나님의 징계와 저주 때문에 당한 것이라고 오해했습니다. 오늘날 우리도 그들처럼 불변하시는 하나님의 말씀보다는 이 시대의 정신에 더 많은 영향을 받고 있습니다.

제3장
그리스도를 오해하는 사람들

"그는 실로 우리의 질고를 지고 우리의 슬픔을 당하였거늘 우리는 생각하기를 그는 징벌을 받아 하나님께 맞으며 고난을 당한다 하였노라"(사 53:4).

우리를 위한 고난

예수 그리스도께서는 우리에게 영원한 생명을 주기 위해 오셨습니다. 그런데 그런 그분을 사람들은 핍박했습니다. 이것은 하나님의 구원 방법이 그들이 가졌던 기대와는 너무나 달랐기 때문이었습니다.

이 같은 상황에 대해 이사야 선지자는 이렇게 예언합니다. "그는 실로 우리의 질고를 지고 우리의 슬픔을 당하였거늘 우리는 생각하기를 그는 징벌을 받아 하나님께 맞으며 고난을 당한다 하였노라"(사 53:4).[20]

---

20) 이사야 53장 4절의 히브리어 원문은 'אָכֵן חֳלָיֵנוּ הוּא נָשָׂא וּמַכְאֹבֵינוּ סְבָלָם וַאֲנַחְנוּ חֲשַׁבְנֻהוּ נָגוּעַ מֻכֵּה אֱלֹהִים וּמְעֻנֶּה:'로 되어 있는데, 이것을 직역하면 다음과 같다. "진실로 그는 우리의 질병들을 짊어졌고, 그리고 우리의 슬픔들을 담당했다. 그러나 우리는 그가 하나님으로 말미암아 매를 맞고 상(傷)하며 괴로움을 당한다고 생각하였다." 우리말 개역개정 성경에서 '실로'라고 번역된 히브리어 아켄(אָכֵן)은 두 가지의 의미로 사용되는데, '긍정적으로(affirmatively) 확신하는 것'을 나타내거나 '반의적으로(adversatively) 단정하는 것'을 뜻한다. 델리취(Franz Delitzsch)는 긍정적 확신의 의미로 받아들였다. "4절 말씀은 독립적인 두 대명사 후(הוּא, he), 아나흐누(אֲנַחְנוּ, we)를 사용하여 대구를 이루는 두 절로 구성되어 있으며 서로에 대해 답하고 있는 관계이다. 곧 메시아를 거부하는 사람들의 잘못된 생각과 올바른 판단을 대조시키고 있다." C. F. Keil, F. Delitzsch, *The Prophecies of Isaiah*, vol. 2, in *Commentary on the Old Testament*, vol. 7, trans. James Martin (Grand Rapids: Wm. B. Eerdmans Publishing Company, 1982), 315. 한편 반즈(Albert Barnes)는 이 단어가 이끄는 4절의 중요성을 다음과 같이 말한다. "이것은 매우 중요한 구절이다. 신약성경에서 이 구절을 인용함에 있어서부터 상당한 어려움을 동반한 구절 중 하나이다. 이 단어의 히브리어적 의미는 전혀 어려울 것이 없다. 의미에 있어서 바로 앞 구절과 연결이 된다. 메시아를 멸시하고 거절한 사람들은 그분의 고난당하심과 낮아지심 때문에 그분을 멸시함으로써 크게 잘못했다. ……우리는 그분이 자신의 커다란 죄 때문에 고난을 받는다고 생각했다. 그러나 바로 그 점에 있어서 우리는 잘못하였다. 그분이 당하신 고난과 낮아지심은 자신의 죄 때문이 아니라 우리의 죄 때문이다. 그분이 하나님께 맞으신 것은 그분 자신의 죄 때문이 아니라……우리 죄를 담당하신 것이고 그 때문에 당하신 고난이었다. 우리가 가슴 아픈 것은 우리가 바로 그러한 낮

선지사가 말하는 요지는 이것입니다. 그리스도의 고난은 우리의 질고를 대신 지고 우리의 슬픔을 대신 당한 고난이었는데,[21] 우리는 그리스도의 그 고

아시심과 고난 때문에 그분에게서 얼굴을 돌이킨 것이다." 그는 아켄을 '확실히, 정말로, 틀림없는 사실로' (surely, truly, of a certain truth, 창 28:16, 출 2:14, 렘 8:8) 혹은 '그러나, 다만'(but yet, 시 31:23, 사 49:4)의 의미를 가진 것으로 보고 본문의 용례는 마지막 용례를 따른 것으로 보았다. Albert Barnes, *Notes on the Old Testament: Isaiah*, vol. 2, in *Barnes' Notes*, vol. 6 (Grand Rapids: Baker Book House, 1996), 264.

21) 우리말 개역가정 성경에서 '우리의 질고'라고 번역된 히브리어 원어 호라예누(חֳלָיֵנוּ)는 문자적으로 '우리의 질고들'이라는 뜻인데, 여기서 '질고'라고 번역된 홀리(חֳלִי)는 일반적으로 '질병'을 의미하는 말이다(신 7:15, 28:61, 사 1:5 등). 전도서 등에서는 '고통'(affliction)이나 '슬픔'(sadness) 등을 의미하는 말로 사용되기도 하였고(전 5:16), '악'(evil) 혹은 '재난'(calamity) 등의 뜻으로 쓰이기도 하였다(전 6:2). Wilhelm Gesenius, *Gesenius' Hebrew-Chaldee Lexicon to the Old Testament*, trans. Samuel Prideaux Tregelles (Grand Rapids: Baker Book House, 1979), 280. 울프(Herbert M. Wolf)는 이 단어는 '육체적인 질병'을 언급하는 것이지만 이사야서의 문맥으로 볼 때에 곧 '죄와 관련된 질병'을 가리킨다고 보았다. 이사야 선지자는 이기 자기의 예언서 초반부에서부터 하나님께 징벌을 받아 '죄로 말미암아 상한 이스라엘의 영적 상태'를 도사하였는데, 이러한 시각은 예수 그리스도의 병 고치시는 사역에 대한 마태의 이해를 통해서 잘 나타난다고 설명한다. "이는 선지자 이사야를 통하여 하신 말씀에 우리의 연약한 것을 친히 담당하시고 병을 짊어지셨도다 함을 이루려 하심이더라"(마 8:17). 마태는 예수님의 치유 사역이 이사야 선지자의 예언에 대한 성취라고 보았던 것이다. Herbert M. Wolf, *Interpreting Isaiah: The Suffering and Glory of the Messiah* (Grand Rapids: Zondervan Publishing House, 1985), 216-217. 청교도인 맨턴(Thomas Manton)도 '질고'라고 번역된 말의 의미를 '죄가 곧 영혼의 질병'(soul-sickness)이라는 사실을 지적하는 가운데 밝혔다. 그는 요한 사도의 서신에 나오는 "사랑하는 자여 네 영혼이 잘됨같이 네가 범사에 잘되고 강건하기를 내가 간구하노라"(요삼 1:2)라는 문구를 인용하면서, 가이오는 질병 중에 있으면서도 건강한 영혼을 소유하였다는 사실을 예증으로 삼았다. Thomas Manton, *A Practical Exposition upon the Fifty-Third Chapter of Isaiah*, in *The Works of Thomas Manton*, vol. 3 (London: The Banner of Truth Trust, 1993), 266.

난이 메시아 자신의 죄로 말미암아 하나님께 당하는 징벌이라고 오해했다는 것입니다.

여기서 우리는 한 가지 평범한 사실을 깨닫게 됩니다. 바로 그리스도가 누구이신지 바르게 알지 못하면, 그분의 고난의 의미도 바르게 알 수 없다는 것입니다.

흠 없는 하나님의 어린양으로서 우리의 죄를 위하여 자기를 버리신 것이 오히려 그분에게 욕이 되었고, 목숨을 주시기까지 우리를 사랑하신 것이 오히려 그분에게 수치가 되었습니다. 예수 그리스도가 누구신지에 대한 참된 이해가 없기에, 그분이 행하신 일들에 대해서도 바르게 이해할 수 없었던 것입니다.

예수 그리스도가 누구신지 아는 것과 그분이 하신 일이 어떤 의미가 있는지를 아는 것은 하나입니다. 그분이 누구신지를 정확히 앎으로써 그분의 행하신 일과 말씀하신 교훈이 새로운 의미를 가지게 되는 것입니다. 그분이 누구신지를 분명히 알 때, 우리는 그분의 병 고침이 이 세상 의사의 고침과 어떻게 다른지 깨닫게 됩니다. 그분이 누구신지를 정확히 알 때, 파도를 명하여 잔잔케 하신 능력이 무엇을 위한 것인지 알게 됩니다. 그러므로 그리스도께서 이 세상에서 행하신 일들을 연구하기 위해서는 먼저 그리스도께서 인간의 구원을 위하여 이 세상에 오신 유일한 구주이심을 깨달아야 합니다.

예수 그리스도께서는 메시아로 이 땅에 내려오셨습니다. 이 땅에서 그분은 고난으로 점철된 생애를 사셨습니다. 죄로 물든 세상을 다시 하나님의 생명으로 충만하게 하시기 위해 하늘 보좌를 버리고 이 땅에 오셨는데, 세상은 그분을 환영하지도 존귀하게 여기지도 않았습니다. 오히려 그분을 오해하고 멸시하였습니다.

태어나시던 날 별이 빛나는 그 밤으로부터 시작해서, 온 땅에 어둠이 가득했던 운명하시던 날 "아버지 내 영혼을 아버지 손에 부탁하나이다"(눅 23:46)라고 탄원하시며 숨을 거두시는 그 순간까지, 그분에게 휴식이란 없었습니다. 주님 자신의 고백처럼 그분은 머리 둘 곳 없는 생애를 사셨습니다(마 8:18-20). 그러나 그러한 헌신에도 불구하고 세상은 그분을 칭송하고 환대하는 대신 끊임없이 핍박하였습니다.

한때는 수천 명이나 되는 청중들에게 둘러싸여 주목을 받으시던 때도 있었지만, 그들은 곧 그리스도께 실망을 느끼고 "그를 십자가에 못 박으라."라고 고함치는 무리들로 변하였습니다(마 27:23).

왜 이런 일들이 일어났습니까? 모두 그들의 무지 때문이었습니다. 자신들이 죄인임을 몰랐고, 자신들에게 가장 필요한 일이 죄의 사슬에서 풀려나는 것임을 몰랐기 때문이었습니다. 예수 그리스도가 누구신지, 왜 이 세상에 오셨는지 몰랐기 때문이었습니다. 그분으로 하여금 우리를 대신하여 질고와 슬픔을 당하게 하심으로써 우리를 구원하시려는 하나님의 구원 계획을 몰랐기 때문이었습니다.

희망은 바른 이해로부터 나온다

예수 그리스도께서는 철저히 오해를 받고, 무시를 당하셨습니다. 그분의 생애는 고난에 싸여 있었고, 그래서 그분을 아는 것은 곧 그분의 고난을 이해하는 것입니다. 우리가 그리스도의 고난의 깊이를 이해하지 못한다면, 우리는 영원히 우리 자신이 누구인지를 모르게 될 것입니다.

그리스도를 닮아가기 위해 핍박을 받아 본 적이 없는 사람들, 그리스도의 거룩한 삶을 따라가기 위해 슬픔을 당해 보지 않은 사람들은 아직 그리스도가 누구신지 모르는 사람들입니다. 우리는 그리스도를 위하여 고난을 받을수록 그분이 누구신지, 무엇을 하셨는지에 대해 보다 깊은 이해를 갖게 되기 때문입니다.

예수 그리스도께서는 고난으로 얼룩진 생애를 사셨습니다. 그런데 이사야 선지자는 그분의 고난에 대해 '우리의 질고를 지고 우리의 슬픔을 당한 것'[22]이라 선언합니다. 예수 그리스도의 고난은 메시아 자신의 죄와 허물로 말미암은 것이 아니라 우리의 질고와 슬픔을 대신 짊어지신 것이었음을 분명히 밝히고 있는 것입니다.

이 말씀 속에서 우리는 우리 자신의 모습을 봅니다. 여기서 마주하게 되는 우리 자신의 모습은 하나님을 떠난 채, 자기의 죄로 인하여 질고를 지고 슬픔을 당하는 모습입니다. 비록 성경에 귀를 기울이지 않는 사람이라도 지혜로운 사람이라면 인생의 참모습이 질고와 슬픔임을 압니다. 인간이 하나님을 버리고 타락한 이래로, 인간은 끊임없이 하나님 없이 행복해지기를 추구하였습니다. 그렇지만 하나님 없이 맛보는 보람과 기쁨은 잠시만 효력이 있는 마취제에 불과했습니다. 인간은 행복해지고자 자신의 방식대로 몸부림치면 칠수록, 더 깊은 질고와 슬픔을 겪게 되었습니다.

---

[22] 여기서 우리는 메시아가 고난을 통하여 우리에게 주시는 구원의 전인적 성격을 보게 된다. 이 예언을 따라 우리에게 오신 그리스도의 사역은 인간의 영혼을 고칠 뿐 아니라 그 육신까지도 치료하시는 사역이었다. 이를 통하여 사람들은 그분이 메시아이심과 자기들을 전인적으로 사랑하시는 하나님이심을 알아야 했다. 따라서 예수 그리스도의 병 고치심의 사역은 이중적인 목적을 가졌다. 하나는 고통당하는 이들에 대한 하나님의 연민을 보여주는 것이고, 또 하나는 그러한 이적적인 사역을 통하여 초라한 인간의 모양으로 오신 그분의 모습 속에서 메시아를 보게 하시기 위함이었다. 이사야 53장 4절의 "그는 실로 우리의 질고를 지고 우리의 슬픔을 당하였거늘"에 해당하는 히브리어 원문은 '지다.'와 '당하다.'라는 거의 동일한 두 동작을 나사(נָשָׂא)와 사발(סָבַל)로 표기하였다. 마태는 이 부분을 다음과 같이 풀어서 옮겼다(마 8:17). "αὐτὸς τὰς ἀσθενείας ἡμῶν ἔλαβεν καὶ τὰς νόσους ἐβάστασεν." 마태는 나사를 람바노(λαμβάνω)로, 사발을 바스타조(βαστάζω)로 번역하였는데, 의미상 전자는 '짊어지는 것'을 의미하고 후자는 '무엇인가 고통스러운 것을 참는 것'을 뜻한다. 이 두 가지 뉘앙스가 합쳐져서 '짐을 지는 것과 고통을 견디는 아픔'을 동시에 묘사하고 있다. 이는 우리의 죄가 심히 크다는 사실과 메시아가 우리의 죄로 말미암아 당하시는 고통의 정도를 잘 보여준다. 특히 델리취(Franz Delitzsch)에 따르면, 나사는 70인역에서 라베인 하마르티안(λαβεῖν ἁμαρτίαν) 혹은 아나페레인(ἀναφέρειν)으로 번역되었는데 이는 '대속적 견딤'(expiatory bearing)이라는 의미를 번역에 새긴 것으로 의미 있는 대목이라고 한다(레 10:17, 겔 4:4-8). 70인역 번역자들에게 나사가 제사를 묘사하는 데 사용된 것으로 이해되었다는 것은 이미 그 단어 자체 안에 '대속(代贖) 혹은 '속상'(贖償)의 의미가 담긴 것으로 이해되었음을 보여주고 있는 것이다. C. F. Keil, F. Delitzsch, *The Prophecies of Isaiah*, vol. 2, in *Commentary on the Old Testament*, vol. 7, trans. James Martin (Grand Rapids: Wm. B. Eerdmans Publishing Company, 1982), 315-316.

인생의 진정한 희망은 질고와 슬픔 속에서 메시아로 오신 예수 그리스도를 바라보는 것입니다. 예수 그리스도가 누구이신지를 깨달을 때, 우리는 인간의 모든 육체는 다만 풀이요 그의 모든 아름다움은 잠시 피었다 지는 들의 꽃과 같음을 알게 됩니다(사 40:6). 그래서 세상에 대한 사랑을 버리고 예수 그리스도를 바라보게 됩니다.

예수 그리스도가 누구신지 안 사람들은 질고와 슬픔으로 가득 찬 세상에 살면서도, 저 너머에 있는 흔들리지 아니하는 영원한 세계를 바라봅니다. 그리고 메시아를 통하여 우리가 누리게 될 참된 기쁨과 영원한 희락을 사모합니다.

이 모든 행복과 안식을 우리에게 주시기 위하여, 예수 그리스도께서는 고난을 당하셨습니다. 그래서 성경은 그분의 생애를 '우리의 질고를 지고 우리의 슬픔을 대신 당하신 생애'라고 말하고 있습니다.

그분은 우리를 위한 제사장으로, 선지자로, 왕으로 오셨습니다. 그 시대의 대제사장들은 백성들에게 얼마나 후한 대접을 받았습니까? 그 시대의 율법사와 서기관들은 백성들에게 얼마나 융숭한 대접을 받았습니까? 그 시대의 왕들은 또 어떻습니까?

그러나 대제사장 중의 대제사장이요 선지자 중의 선지자요 모든 왕들 중 뛰어난 왕이신 그분은 질고와 슬픔을 당하는 생애를 사셔야 했습니다. 그리고 이는 모두 우리를 사랑하셨기 때문이었습니다. 경건한 성도들이 예수 그리스도의 십자가에 매인 삶을 살았던 것은 십자가의 이런 의미를 알았기 때문이었습니다. 그 십자가의 의미를 알자, 거기에 깊이 사로잡혔고 자신을 그 십자가에 함께 못 박게 되었습니다.

십자가 앞에서 우리가 입을 다물지 못하며 감격하게 되는 것은 거기서 하나님의 사랑을 보기 때문입니다(요일 4:9). 그리스도가 누구신지 안다는 것은 십자가가 무엇인지 안다는 것입니다(요일 4:10).

우리는 이미 그 십자가의 사랑을 받은 사람들입니다. 그러므로 우리는 생각 없이 살아가서는 안 됩니다.

날마다 우리를 위하여 당하신 그리스도의 고난을 묵상하고, 용서받은 죄인에 불과한 우리에게 임한 하나님의 긍휼에 감격해야 합니다. 그리고 예수 그리스도께서 흘리신 피로 말미암아 새롭게 열린 하나님과의 거룩한 교제를 누리며, 우리에게는 영원히 갚아도 갚지 못할 사랑의 빚이 있음을 기억하는 신령한 부채 의식 속에서 살아가야 합니다(롬 1:14).

그리할 때 우리는 우리를 위해서 우리의 질고를 지고 대신 슬픔을 당하신 예수 그리스도처럼 살아갈 수 있습니다. 그리할 때 하나님 없이 살아가며 질고와 슬픔으로 신음하는 이 세상과 하나님 사이에서 화목을 가져오는 존재로 살 수 있습니다.

메시아에 대한 오해

이어서 이사야 선지자는 메시아의 구속 사역에 대한 우리의 오해를 언급합니다. 메시아는 우리를 위해서 질고를 지고 슬픔을 당하셨는데 우리는 '그는 징벌을 받아 하나님께 맞으며 고난을 당한다.'라고 생각한다는 것입니다.

대체 왜 하나님의 백성들이 메시아에 대하여 이런 오해를 하게 되었을까요? 성경은 이 끔찍한 오해의 주체를 '우리의 생각'으로 규정합니다. "우리는 생각하기를." 이 말 속에서 우리는 이 판단이 하나님의 말씀과 약속에 근거한 추론이 아니라 자신의 편견과 집착에 기초한 것임을 알 수 있습니다.

이스라엘 백성들 중 어떤 사람들은 성경을 읽고 연구하는 일에 열심이 있었습니다. 그러나 그들은 메시아에 관하여서는 하나님께서 성경을 통해 들려주신 수많은 예언보다 자신들의 생각을 더 신뢰하였습니다. 이것은 그들이 불변하시는 하나님의 말씀보다는 그 시대의 정신에 더 많은 영향을 받고 있음을 보여줍니다.

한 시대 안에는 항상 그 시대의 정신이 흐릅니다. 그래서 누구든지 그 시대에 태어나면, 특별히 그 시대의 정신을 거스르고자 애쓰지 않는 한 그 시대의 아들이 되어 살아갑니다.

메시아가 오신 때는 이스라엘 백성들이 로마의 정치적인 압제 아래 살아가던 시기였습니다. 로마의 폭압과 경제적인 착취에 시달렸던 이스라엘 백성들의 가장 큰 열망은 '죄로부터의 구원'이 아니라 '정치적인 압제로부터의 해방'이었습니다(행 1:6).

그래서 그들은 성경에서 말하고 있는 '구원'도 자신들의 생각과 열망에 부응하는 것이어야 한다고 생각했습니다. 말구유에서 나시고 나사렛에서 자라신 예수 그리스도가 그들이 마음에 그리고 있는 메시아상(像)과는 도저히 어울릴 수 없었던 이유가 바로 구원에 관한 그들의 이러한 생각 때문이었습니다.

그 시대의 상황과 그 시대가 낳은 정신은 그들로 하여금 하나님의 구원에 대해 자신들의 희망을 투영한 그림을 갖게 하였습니다. 그래서 그들은 성경이 증언하고 있는 대속 제물로서의 메시아 대신 자신들이 꿈꾸는 강력한 능력을 가진 초인적 메시아를 기다렸습니다.

만약 그들이 당시의 시대정신보다 구약성경이 증거하는 메시아의 예언에 귀를 기울이고 있었다면, 예수님께서 오셨을 때 그분을 메시아로 알아보았을 것입니다. 그러나 그들은 하나님의 말씀의 증언보다는 시대의 정신에 더 충실하였고, 그 결과 하나님의 백성이기보다는 시대의 아들에 훨씬 더 가까웠습니다.

물론 예수님 시대의 사람들이 갖고 있던 메시아 대망 사상은 단순히 그 시대정신만의 산물만은 아니었습니다. 그들의 메시아 신앙에는 역사적인 근거가 있었는데, 그것은 후기 유대교의 메시아 대망 사상이었습니다. 이 사상은 구약의 외경인 '솔로몬의 시편'(Psalms of Solomon) 등에 기초한 것으로,[23] 그 핵심은 다윗의 자손으로서 강력한 왕으로 등장하실 메시아를 기다리는 것이었습니다. 당시 이스라엘 백성들은 이러한 메시아를 기대하며, 하나님을 믿지 않는 자들을 단숨에 멸망시키는 것이 메시아가 수행할 과업이라 믿었습니다. 그래서 메시아가 오시면 당연히 로마인들을 비롯해 이방인들을 예루살렘에서 깨끗이 쓸어 낼 것이라 생각했습니다.

그들이 꿈꾸었던 메시아는 이방인들을 몰아내고 이스라엘을 거룩한 하나님의 백성의 나라로 굳게 세우실 분이었습니다. 바벨론 포로 시대 이후로 흩어진 유대인들은 손에 손을 잡고 영광을 회복한 그 나라로 돌아올 것이며, 그 나라에서 메시아는 공평하고 지혜로우며 강한 왕으로 통치를 펼쳐 갈 것이었습니다. 이것이 바로 당시 이스라엘 백성들이 꿈꾸었던 메시아 대망 사상, 곧 다윗 왕국의 재건이었습니다.

그들은 이러한 자신들의 기대에 맞춰 구약의 여러 구절들을 확대 해석하였습니다. 그래서 그 기대 속에 그려진 메시아적 왕(Messianic King)은 때때로 온갖 종류의 예언적 특징과 초인적인 능력을 가진 사람으로 나타났습니다. 예수 그리스도께서 물고기와 보리떡으로 많은 사람들을 먹이시고 죽은 자를 살리는 이적을 행하실 때 '혹시 이분이 우리가 기다리고 있는 그 메시아일지도 모른다.'라는 마음으로 그분을 주목하였던 것은 바로 이러한 그들의 메시아 사상 때문이었습니다.[24]

이처럼 당시 이스라엘 백성들이 가졌던 메시아 대망 사상은 보다 현세적이고 민족주의적이며 정치적인 희망과 관련되어 있었습니다. 이런 메시아를 기

---

23) 구약 외경 솔로몬의 시편 17:21-25, 26-29, 30-31, 32 이하, 18:6-9.
24) 오병이어의 사건을 경험한 무리의 반응 가운데서 이러한 메시아 사상을 엿볼 수 있다. "이에 거두니 보리떡 다섯 개로 먹고 남은 조각이 열두 바구니에 찼더라 그 사람들이 예수께서 행하신 이 표적을 보고 말하되 이는 참으로 세상에 오실 그 선지자라 하더라 그러므로 예수께서 그들이 와서 자기를 억지로 붙들어 임금으로 삼으려는 줄 아시고 다시 혼자 산으로 떠나가시니라"(요 6:13-15).

다렸기에, 그들에게 메시아는 고난을 받아도 그것을 이기고 승리하는 분이지 고난당하고 죽는 분이 아니었습니다.[25]

예수 그리스도께서 나귀를 타시고 예루살렘에 입성하시던 순간을 떠올려 보십시오. "나귀와 나귀 새끼를 끌고 와서 자기들의 겉옷을 그 위에 얹으매 예수께서 그 위에 타시니 무리의 대다수는 그들의 겉옷을 길에 펴고 다른 이들은 나뭇가지를 베어 길에 펴고 앞에서 가고 뒤에서 따르는 무리가 소리 높여 이르되 호산나 다윗의 자손이여 찬송하리로다 주의 이름으로 오시는 이여 가장 높은 곳에서 호산나 하더라"(마 21:7-9).

이때만 해도 이스라엘 백성들은 예수님께서 바로 자신들이 기대하는 구원자, 정치적인 메시아이실 것이라 믿었습니다. 그들이 예수님께 보여준 열광적인 환영은 그들의 그러한 희망에서 비롯된 것이었습니다. 그러나 그리스도께서 힘없이 체포되어 빌라도의 법정에 서게 되자, 그들의 태도는 돌변했습니다. "그들은 소리 질러 이르되 그를 십자가에 못 박게 하소서 십자가에 못 박게 하소서 하는지라"(눅 23:21). 그들이 이렇게 외친 것은 메시아에 대한 자신들의 기대를 저버린 예수님에 대한 실망에서 비롯된 것이었습니다.

예수 그리스도께서 십자가에 못 박히셨을 때에 유대인들이 "저가 남을 구원하였으니 만일 하나님이 택하신 자 그리스도이면 자신도 구원할지어다"

---

[25] 그러나 메시아가 죽는다고 보는 사상이 일부 외경들에서 발견되기도 한다. "메시아가 다스리는 통치 기간을 지복기(至福期)로 보고 그때가 끝나면, 메시아는 죽었다가 자기 백성들과 함께 새로운 세상에서 부활하는 것으로 보았다." E. Jenni, "Messiah," in *The Interpreter's Dictionary of the Bible*, vol.3, ed. George A. Buttrick (Nashville: Abingdon Press, 1962), 364-365; W. W. Gasque, "Apocalyptic Literature," in *The Zondervan Pictorial Encyclopedia of the Bible*, vol. 1, ed. Merrill C. Tenney, Steven Barabas (Grand Rapids: Zondervan Publishing House, 1980), 200-203. "비록 후기 유대교의 메시아 사상에서 메시아의 죽음에 대한 기록들을 볼 수는 있지만, 그것은 결코 이사야 선지자가 말하는 고난받는 종으로서의 죽음이 아니라 영광스러운 메시아적 왕권을 가진 자로서의 부활을 위한 죽음이라는 점에서 성경의 메시아 사상과 부합할 수 없다. 이스라엘 백성들이 예수 그리스도의 죽음 속에서 메시아의 죽음을 발견할 수 없었던 것도 바로 이 때문이다. 에스드라2서에서는 메시아가 400년 동안 기쁨을 가져올 것이며 그 후에 그리스도가 다른 인간들처럼 죽게 될 것을 말한다." Jacob M. Myers, *I and II Esdras*, in *The Anchor Bible*, vol. 42 (Garden City: Doubleday & Company, Inc., 1985), 208.

(눅 23:35)라고 말한 것과 "네가 만일 유대인의 왕이면 네가 너를 구원하라"(눅 23:37)라고 외친 것도 메시아로 오신 예수 그리스도의 죽으심이 자기들의 신앙으로는 도저히 이해할 수 없는 것이었기 때문이었습니다. 아니, 이해할 수 없었다기보다는 그들의 메시아 신앙에서 볼 때 예수 그리스도께서 그렇게 죽으시는 것 자체가 그분이 메시아가 아님을 입증하는 것이었습니다.[26]

이처럼 그들은 자신들이 가진 현세적 희망을 메시아에게 투영한 나머지 구약성경에 계시된 명백하고도 분명한 메시아에 대한 예언을 바르게 보지 못했습니다. 자기들의 시대라는 정황에 충실한 나머지 성경을 바르게 볼 수 없었던 것입니다. 이러한 그들의 어리석음은 하나님의 백성들 안에 일반화되어 지금까지 이어져 오고 있습니다.

---

[26] 따라서 예수님 당시 유대인들의 입장에서는 이사야 53장의 예언을 문자적으로 받아들이는 것이 힘들었을 것이다. 이사야 선지자가 그 위대한 장에서 예고하고 있는 메시아의 고난에 대한 예언은 적실할 뿐 아니라 강렬한 것이어서 고난의 예고 속에 이미 죽음이 암시되고 있었다. 예를 들어 '그가 찔림은'이라는 묘사에서 '찔림'은 원어적으로 볼 때, 창 같은 것에 의해 꿰뚫림(transpiercing)을 당하는 것과 같은 찔림을 의미하는 것이었다. 더욱이 메시아의 죽음을 분명하게 예고하는 예언(9절) 등은 더더욱 받아들이기 힘들었을 것이다. 그들의 이러한 고민은 구약 히브리어 성경에 대한 해석적 성격이 가미된 번역본인 아람어 탈굼(Targum)에 잘 나타나 있다. 거기에서는 이사야 53장을 다음과 같이 변형하여 번역하고 있다. "그때에 모든 나라의 영광은 멸시를 받으며 끝나게 되리라. 그들은 간고를 많이 겪은 자처럼, 병에 걸리도록 운명 지어져 있는 자처럼 약하고 아플 것이며, 하나님의 영광 곧 쉐키나(שְׁכִינָה)가 우리에게서 물러나셨을 때와 같이 멸시를 받으며 귀히 여김을 받지 못하리라. 그때 비록 우리가 주 앞에서 맞으며 징벌을 받고 고난을 당하는 줄로 생각될지라도, 그는 우리 허물을 위하여 기도할 것이며 우리 죄악은 그로 인하여 사함을 받으리라. 그러나 그는 우리 허물로 인하여 더럽혀지고 우리 죄악 때문에 버림받은 성소를 지으리라. 그의 가르치심으로 그의 평강이 우리에게 많이 더해질 것이며 우리는 그의 말씀에 헌신함으로 우리 죄의 사함을 얻으리라……그는 기도하고 있었고 응답을 받았도다. 그는 입을 열기 전에 열납되었도다. 그는 민족들의 강한 자들을 마치 도수장으로 끌려가는 어린양과 털 깎는 자 앞에 잠잠한 양같이 내어 주시니 그 앞에서 입을 열거나 한마디의 말을 하는 자 아무도 없으리라……그는 악인을 지옥으로 넘길 것이며 강포로 그 소유를 얻어 부자가 된 자들도 멸망의 죽음을 당하게 하리니 이는 죄를 범하는 자들로 서지 못하게 하며 그 입에 궤사를 말하지 못하게 하려 함이라"(사 53:3-5, 7, 9). E. Jenni, "Jewish," in *The Interpreter's Dictionary of the Bible*, vol.3, ed. George A. Buttrick (Nashville: Abingdon Press, 1962), 365. 이 메시아 사상은 극단적인 유대 민족주의와 맞물려서 '용사 내지는 정복자'로서의 여호와를 메시아로 변형시키는 결과를 가져왔다(희년서 23:30, 에녹1서 38:2 이하, 에스드라2서 13:10 이하 등). 마카비 시대에 메시아 사상이 체제에 대한 반역과 도전하는 지도자에 대한 기대로 이어진 것도 바로 이러한 이유 때문이었다. O. A. Piper, "Messiah," in *The International Standard Bible Encyclopedia*, vol. 3, ed. Geoffrey W. Bromiley (Grand Rapids: Wm. B. Eerdmans Publishing Company, 1986), 333.

우리 시대의 오해

예수님 당시의 사람들이 자기들이 기대한 구원 방법과 하나님의 구원 방법이 너무나 달랐기에 그분을 메시아로 믿을 수 없었다면, 오늘날의 사람들은 과학을 만능이라고 생각하는 어리석은 신념 때문에 메시아이신 예수님을 믿지 않습니다. 심지어 교회 안에도 인간의 자율과 미래 세계에 나타날 과학의 진보를 낙관한 나머지 죄인 된 인간의 절망적인 상태를 인정하지 않는 사람들이 존재합니다.

예수님 시대의 사람들이 그러했듯이, 지금도 사람들은 명백한 하나님의 말씀의 증언보다는 시대의 상황과 시대의 정신에 더 귀를 기울이고 자신의 생각을 더 신뢰하는 것입니다. 그래서 너무나 많은 사람들이 구원받을 수 있는 소중한 기회를 스스로 걷어차 버리고 하나님의 진노 아래 살아가고 있습니다.

하나님께서는 아담과 하와가 타락한 이후로부터 한순간도 쉬지 않고 당신의 백성들을 다시 거룩하게 회복하실 경륜을 말씀하셨습니다. 그러나 사람들은 그때나 지금이나 여전히 하나님의 음성보다는 자기의 생각을 신뢰합니다. 그래서 하나님의 말씀 속에서 예수 그리스도를 발견하는 대신 자기의 편견을 따라 메시아로 오신 예수 그리스도를 배척합니다. 지금도 얼마나 많은 사람들이 그리스도가 누구신지를 가르치는 성경의 증언에 귀를 기울이는 대신 자기의 편견과 오해로 주님을 배척하고 있습니까?

이제는 교회 안에서조차 이런 갈망을 가지고 나아오는 성도를 만나기가 힘이 듭니다. "부디, 나에게 그리스도가 누구신지 가르쳐 주십시오. 내게 그분을 아는 지식이 없어서, 내 영혼에 참된 위로와 평안이 없습니다."

그리스도 예수가 누구신지를 알기 원하는 가난한 마음 대신에 우리는 저마다 자기의 아집으로 살아갑니다. 그래서 그리스도께서 오셨음에도 불구하고 아직도 빛 가운데 살지 못하고, 메시아가 질고와 슬픔을 대신 당하셨는데도 여전히 풍성한 삶을 살지 못합니다.

그리스도에 대한 무지는 우리 영혼을 끊임없이 어둠 속에서 방황하게 만듭니다. 이 모두 하나님의 약속보다 자기의 생각을 의지한 결과입니다.

아담의 범죄 이후, 인간의 생각은 철저히 어둠의 세력들의 지배를 받고 있습니다. 그래서 하나님을 떠난 부패한 인간의 생각은 진리를 바로 보지 못하게 하고 도무지 하나님의 뜻을 알 수 없게 합니다. 그러므로 죄인의 유일한 희망은 자기의 생각을 버리고 메시아에 대한 성경의 증언에 귀를 기울이는 것입니다.

예수 그리스도께서 하늘의 영광을 버리고 우리를 구원하려고 이 땅에 내려오셨을 때에 천사들보다 먼저 달려 나가 노래하고 나팔을 불고 그분의 오심을 환영했어야 했을 이스라엘 백성들이 그분을 몰라본 것은 "우리는 생각하기를"이라는 이사야의 예언대로 자기의 생각대로 메시아를 판단했기 때문입니다.

그러므로 끊임없이 생각하되, 말씀을 의지하고 성령을 의존하여 생각하십시오. 우리에게는 우리의 생각이 아니라 하나님의 생각이 필요합니다. 하나님의 말씀 앞에서 우리의 생각을 버리고 약속을 붙드는 믿음이 필요합니다.

하나님의 생각을 가르쳐 줄 사람

그리스도인들은 하나님의 진리 앞에서 메시아에 대한 육에 속한 자기의 생각을 버리고 성경의 증언을 받아들인 사람들입니다.

그리스도인이 누구입니까? 구원받은 하나님의 자녀가 누구입니까? 그들은 바로 그리스도가 메시아이심을 안 사람들입니다.

그들도 한때는 시대의 정신과 자기의 생각에 눈멀어 예수 그리스도가 메시아이심을 알지 못했습니다. 명백한 하나님의 말씀의 판단보다는 희미한 자신의 선입견을 신뢰하여 자기들을 죄에서 구원하기 위하여 이 세상에 오신 좋으신 메시아 우리 주 예수 그리스도를 보지 못했습니다.

그러나 이제는 하나님의 은혜로 눈뜨게 되었습니다. 그래서 지금은 자기의 생각을 하나님의 말씀의 증언보다 신뢰함으로 메시아를 보지 못하는 예전의 자신들과 같은 사람들을 눈뜨게 하기 위해 살아 있는 사람들이 바로 그리스도인들입니다.

죄로 말미암아 고통받는 이 세상의 궁극적인 희망은 메시아이신 예수 그리스도뿐이십니다.

아직도 자기의 생각에 매여 하나님의 구원을 받아들이지 못하고 고통 가운데 있는 수많은 사람들을 생각해 보십시오. 누가 그들의 감은 눈을 뜨게 할 것이며 어두운 귀를 들리게 하여 우리와 함께 구원에 이르게 할 것입니까?

세상으로 하여금 자기의 생각을 벗고 메시아에 대한 하나님의 생각을 알게 할 사람, 우리가 나무에 달아 죽인 예수님이 바로 우리의 구주이심을 증언할 사람은 먼저 그것을 깨달은 바로 당신입니다.

그리스도의 대속적인 죽음이 궁극적으로 기대하였던 것은 우리와 하나님 사이의 평화였습니다. 그 평화는 한 번에 이루어지는 평화이지만, 지속적으로 유지되어야 할 축복이기도 합니다. 즉, 그리스도께서 우리를 위하여 십자가에서 돌아가신 것은 단지 일회적으로 하나님과의 평화를 누리게 하시기 위함이 아니라, 지속적으로 우리를 그분과의 평화 속에서 살게 하시기 위함입니다.

제4장

우리를 위해 형벌을 받으신 그리스도

"그가 찔림은 우리의 허물 때문이요 그가 상함은 우리의 죄악 때문이라 그가 징계를 받으므로 우리는 평화를 누리고 그가 채찍에 맞으므로 우리는 나음을 받았도다"(사 53:5).

인간으로 살아가는 것

사람들은 인간으로 사는 것이 얼마나 두렵고 떨리는 일인지 잘 모릅니다. 하나님의 형상을 따라 지은 바 되었음에도 불구하고 하나님과 불화한 가운데 살아가는 것이 얼마나 힘들고 고통스러운 일인지도 정작 그렇게 살고 있을 때에는 알지 못합니다.

구원받은 후에도 인간으로 사는 일은 쉽지 않습니다. 그리스도 없이 살 수 없다는 신앙의 고백이 있음에도 불구하고 그리스도만으로 만족하지 못하는 자기 모순을 직시하며 살아야 하기 때문입니다. 하나님의 자녀가 되었어도 은혜의 지배 아래가 아니라 죄의 지배 아래 살아가기도 합니다. 그리고 그렇게 살아가는 한, 그리스도인이라 할지라도 하나님과 화목할 수 없습니다.

그리스도인들이 진지하게 영원에 대하여 인식하고 자기의 영혼의 상태와 운명에 관해서 눈뜰 때, 그들에게는 이런 질문이 생겨납니다. "어떻게 해야 하나님과 화목한 관계 가운데 살 수 있을까?"

인생의 많은 문제는 죽음으로 해결됩니다. 그래서 독일의 작가 헤르만 헤세(Hermann Hesse)는 자신의 책 『황야의 이리』(*Der Steppenwolf*)에서 '자살은 인간이 절망의 순간에 택할 수 있는 비상구'라고 말했습니다.[27]

---

27) 헤르만 헤세, 『황야의 이리』, 김누리 역 (서울: 민음사, 2005), 68-72.

악성 채무에 시달리던 사람도 죽어 버리면 누구에게도 빚 독촉에 시달리지 않습니다. 커다란 죄를 저지르고 먼 나라로 도망을 다니던 사람도 죽으면 숨어 다니지 않아도 됩니다. 인생의 마지막까지 따라다니던 사랑받아야 할 사람들로부터 받은 상처도 죽고 나면 더 이상 그를 괴롭히지 못합니다.

그러나 하나님과의 관계라는 문제는 그 죽음이라는 문을 열고 도망쳐도 끝나지 않습니다. 아니, 오히려 본격적으로 시작됩니다. 이처럼 인간은 어떤 식으로든지 하나님을 외면하고는 살 수 없는 존재입니다.

대속은 무엇인가 : 하나님의 구원 방법

이 대목을 묵상할 때 우리는 메시아만이 우리 인생의 문제에 유일한 해답이 되심을 알게 됩니다. 우리는 선한 결심이나 어떠한 의지로도 우리 영혼의 운명을 돌이킬 수 없습니다. 우리 스스로의 힘으로는 하나님을 찾아갈 수도 없고, 용서받을 수도 없는 것입니다.

예수 그리스도의 대속은 이렇게 자기의 힘으로 어찌할 수 없는 인간들을 위한 하나님의 구원 방법입니다. 이 대속의 교리를 깊이 이해하고 경험하여야 하는 것은 이 교리를 통해서 우리는 우리가 누구인지 알기 때문입니다.

아담과 하와가 범죄하였을 때 하나님께서는 즉시 구원을 약속하셨습니다(창 3:15)[28]. 그러나 그 약속이 완전히 성취되기까지는 실로 긴 시간이 흘러야 했습니다. 그 기나긴 역사 가운데 하나님께서는 제사 제도를 주사 하나님의 백성들이 하나님의 구원의 약속을 잊지 않게 하셨습니다.

제사 제도는 하나님의 구원 방법인 대속의 개념을 이스라엘 백성들에게 보여주기 위해 하나님께서 택하신 도구였습니다. 구약의 제사 제도를 이해하지 않고는 예수 그리스도의 대속을 풍부하게 이해할 수 없습니다. 제사 제도는 그리스도께서 왜 이 땅에 오셨고, 무엇을 행하셨으며, 그분의 죽음을 통해 우리가 어떠한 유익을 얻게 되었는지를 인식할 수 있는 틀을 제공합니다.

이스라엘 백성들은 제물로 바쳐져 죽임당하는 짐승을 보며 두 가지 사실을 함께 깨달았습니다. 그것은 죄의 심각성과 대속의 은혜였습니다. 그들은 그들 앞에서 피 뿌리며 비참하게 죽어 간 짐승들의 피범벅 된 모습 속에서 죄가 얼마나 무서운 하나님의 진노의 심판을 불러오는지를 배웠습니다. 그리고 죄는 자신들이 지었는데, 그 죗값은 짐승들이 대신 치르고 죽어 가는 광경을 바

---

[28] 이것은 오래전부터 '원복음'(原福音, proto-gospel) 혹은 '모약속'(母約束, maternal promise)이라고 불린 것이다. 이는 명백히 인간의 타락으로 인하여 뱀을 도구로 사용한 사단과 인간이 적대 관계가 될 것을 예고하였다. 그리고 타락한 인간들의 구원을 위하여 이 세상에 오실 메시아와 사단의 싸움을 예고하였다. 특별히 이 예언의 뒷부분인 "네 후손도 여자의 후손과 원수가 되게 하리니 여자의 후손은 네 머리를 상하게 할 것이요(ראש יְשׁוּפְךָ) 너는 그의 발꿈치를 상하게 할 것이니라(עָקֵב תְּשׁוּפֶנּוּ) 하시고"(창 3:15)에서 '여자의 후손'은 곧 마리아에게서 태어나실 메시아이신 예수 그리스도를 가리킨다. 그리고 '상하게 하다.'라는 뜻의 동사 슈프(שׁוּף)가 여자의 후손에 대하여 예슈페카(יְשׁוּפְךָ)로 뱀에 대하여 테슈펜누(תְּשׁוּפֶנּוּ)로 변형되어 사용되었는데, 이는 운(韻)을 맞추기 위한 반복(euphonious repetition)일 뿐이다. 메시아가 사단을 쳐서 상하게 하는 것은 머리이고 따라서 이는 치명적이고 결정적인 공격이며, 사단이 메시아를 공격하는 것은 단지 발꿈치를 상하게 할 뿐이므로 이는 치명적이 아니라는 사실을 또 다른 대격(對格) 곧 '머리'(ראש)와 '발꿈치'(עָקֵב)라는 표현으로써 상술(詳述)하고 있다. 이는 곧 메시아가 고난을 당하여 죽임을 당하시나 부활을 통하여 결정적으로 마귀의 권세를 꺾고 승리하실 것을 예고하는 것이다. 이 같은 사상은 바울의 신학에서도 잘 나타난다. "우리를 거스르고 불리하게 하는 법조문으로 쓴 증서를 지우시고 제하여 버리사 십자가에 못 박으시고 통치자들과 권세들을 무력화하여 드러내어 구경거리로 삼으시고 십자가로 그들을 이기셨느니라"(골 2:14-15). Gerhard Charles Alders, *Bible Student's Commentary: Genesis*, vol. 1, trans. William Heynen (Grand Rapids: Regency Reference Library, 1981), 105-106.

라보며 대속의 은혜를 배웠습니다.

무엇보다 그들이 제사 제도를 통해 가슴에 새긴 것은 메시아가 오셔서 자기들의 죄를 대속하셔야 할 필요였습니다. 자기를 위하여 드리는 그 제사의 현장에서 죄인이 할 수 있는 일은 오직, 대속의 은혜를 베푸실 하나님의 처분만을 바라는 것밖에 없었습니다.

만약 하나님의 진노가 우리 인간들을 향해 직접 쏟아 부어졌다면 이 세상은 피 묻은 돌멩이와 시체만 즐비했을 것입니다.

아담과 하와가 전능하신 하나님과의 언약을 어기고 선악과를 따 먹은 사건은 단순한 절도가 아니라 하나님의 왕권에 대한 반역이었습니다. 그리고 그렇게 전능하신 하나님의 왕권에 정면으로 도전한 인간들이 받아야 할 마땅한 보응은 영혼과 육체의 영원한 죽음이었습니다.

그러나 하나님께서는 죽어 마땅한 인간들을 그대로 영원한 죽음에 떨어뜨리지 않으셨습니다. 인간들에게 다시 창조 시의 목적대로 살아갈 수 있는 길을 열어 주셨는데, 그것이 바로 예수 그리스도의 대속입니다. 즉, 메시아이신 그리스도에게 우리의 죄에 대한 형벌을 대신 당하게 하심으로써 당신의 공의로운 요구를 만족시키시고, 그 공로를 의지하여 그분을 믿는 자의 죄와 허물을 간과하시는 것입니다(롬 3:25).

바로 이 일을 위하여 예수 그리스도께서는 하나님의 약속을 따라 이 세상에 오셨습니다. 그러나 그분이 이 세상에서 받으신 것은 환영과 감사가 아니라 멸시와 천대였습니다.

물론 예수 그리스도께서는 자신에 대한 인간들의 이러한 태도로 인해 조금도 낙심하거나 상처받지 않으셨습니다. 왜냐하면 이 세상에 오신 메시아의 희망은 이 세상에서 섬김을 받는 것이 아니라 섬기는 것, 곧 죄 때문에 하나님과 절망적으로 불화하게 된 인간들을 위하여 대속의 제물로 자기를 드리시는 것이었기 때문입니다.

이사야 선지자는 메시아로 오신 예수 그리스도에 대하여 이렇게 말합니다. "그가 찔림은 우리의 허물 때문이요 그가 상함은 우리의 죄악 때문이라"(사 53:5上).[29] 짧은 과거 시제로 된 이 예언 속에서 우리는 날카롭게 대조되는 두 그림을 봅니다. 고난당하고 죽으신 메시아와, 그분이 대속하셔야 했던 많은 사람의 죄와 허물이 바로 그것입니다.

왜 그리스도께서 그렇게 죽으셔야 했습니까? 그것은 당신이 그렇게 우리의 죄를 대속하시는 것이 우리를 구원하시는 하나님의 유일한 구원 방법이었기 때문입니다. 그 이외에는 다른 방법이 없습니다. 복음이 우리에게 기쁜 소식이 되기까지 우리를 대속하기 위한 메시아의 슬픈 고난이 있어야 했습니다. 그러므로 대속의 실현은 독생자를 내어 주실지언정 우리를 버리지 않으신 하나님의 가슴 저미는 사랑에서 비롯된 사건입니다.

그래서 우리는 이사야 선지자의 슬픈 예언, "그가 찔림은 우리의 허물 때문이요 그가 상함은 우리의 죄악 때문이라"라는 말씀을 들으며 하나님의 사랑을 찬송하지 않을 수 없습니다.

하나님을 떠나 죄의 형벌을 받을 수밖에 없게 된 인간들에게 필요한 것은 죄의 지배와 범죄함으로 말미암는 비참함으로부터 실제로 구출받는 것입니다. 메시아는 대속적 죽음으로 우리를 죄에서 구하셨습니다. 그리고 우리와

---

[29] 이 부분의 히브리어 원문은 다음과 같다. "וְהוּא מְחֹלָל מִפְּשָׁעֵנוּ מְדֻכָּא מֵעֲוֹנֹתֵינוּ" 이것을 직역하면, "그러나 그는 우리의 반역들로 인하여 찔림을 당하였고, 우리의 불의들로 인하여 깨뜨려지셨도다." 가 된다. 콕세이우스(Johannes Cocceius)는 우리말 개역개정 성경에서 '찔림은'이라고 번역된 메홀랄(מְחֹלָל)이 사실은 '고통으로 몸부림치다.'(writhe with pain)의 의미를 가진 히브리어 동사 훌(חוּל)에서 온 것이라고 주장한다. 그렇다면 이것은 '그러나 그는 우리의 반역들로 인하여 (고통 가운데) 몸부림쳐야 했고……'가 된다. 그러나 알렉산더(Joseph A. Alexander)를 비롯한 많은 사람들은 이 단어가 '꿰뚫어 고정하다.'(transfix), '찌르다.'(pierce)의 의미를 가진 할랄(חָלַל)이라는 동사에서 왔다고 본다. 이 말은 엄밀하게는 '찔림을 당하고 상처를 받는 것'을 의미하지만, '폭력에 의하여 죽임을 당하는 사람들'에게까지 적용되고, 특별히 '전투에서 찔려 죽임을 당하는 것'을 의미하는 말로 자주 사용되었다. 비트링가(Campegius Vitringa)와 헨더슨(Bernard W. Henderson)은 이 말이 메시아가 당하실 십자가에 못 박혀 죽으심을 암시하는 말이라고 생각한다. 헹스텐베르크(Ernst W. Hengstenberg)는 이 단어가 극한 고난에 대한 은유적인 표현으로 널리 사용되었음을 지적한다. Joseph Addison Alexander, *Commentary on the Prophecies of Isaiah*, vol. 2 (Grand Rapids: Zondervan Publishing House, 1976), 295.

하나님과의 평화를 다시 회복하시고 우리를 고치셨습니다.

그러므로 이 모든 일에 있어서 찬송받으실 분은 오직 삼위일체 하나님이십니다. "깊도다 하나님의 지혜와 지식의 풍성함이여, 그의 판단은 헤아리지 못할 것이며 그의 길은 찾지 못할 것이로다"(롬 11:33).

누가 대속하셨나 : 메시아

이사야 선지자는 찔림을 받은 사람을 '그'라는 단수로 지칭합니다. 고난당하신 분은 메시아, 오직 한 분이셨습니다.

이스라엘 역사 속에서 수많은 선지자들이 이스라엘 민족의 회개와 각성을 위해 고난을 당했습니다. 그러나 그들은 '그'가 아니었습니다.

구약의 족장들의 역사를 보십시오. 그들은 아직까지도 실현되지 않은 하나님의 나라에 대한 기대 속에서 그 약속을 바라보며 즐거워하다가 죽어 갔습니다. 그들 중 어떤 사람들은 불꽃과 같은 헌신과 타오르는 사랑으로 하나님을 위해 살았습니다. 하지만 그들 중 누구도 '그'는 아니었습니다.

여기서 우리는 이런 질문을 하게 됩니다. 이스라엘의 역사 가운데 수많은 사람들이 하나님을 믿기 때문에 고난당했고 수많은 사람들이 하나님의 이름 때문에 죽임을 당했는데, 왜 그들의 희생은 대속 제물이 될 수 없고 유독 예수 그리스도의 죽음만이 대속 제물이 될 수 있었을까?

우리는 이 질문의 답을 구약의 제사 제도에서 바쳐질 제물에 대해 '흠 없는'이라는 조건을 달았던 것에서 찾아야 합니다. "다음 날에는 흠 없는 숫염소 한 마리를 속죄 제물로 삼아 드려서 그 제단을 정결하게 하기를 수송아지로 정결하게 함과 같이 하고"(겔 43:22).

예수 그리스도의 십자가 사건의 진정한 의미는 예수 그리스도께서 인류의 범죄의 속죄 제물이 되어 하나님께 올리신 영원한 효력을 가진 속죄입니다.

그래서 히브리서는 이 일에 대해 이렇게 기록합니다. "그러므로 하늘에 있는 것들의 모형은 이런 것들로써 정결하게 할 필요가 있었으나 하늘에 있는 그것들은 이런 것들보다 더 좋은 제물로 할지니라 그리스도께서는 참것의 그림자인 손으로 만든 성소에 들어가지 아니하시고 바로 그 하늘에 들어가사 이제 우리를 위하여 하나님 앞에 나타나시고 대제사장이 해마다 다른 것의 피로써 성소에 들어가는 것같이 자주 자기를 드리려고 아니하실지니 그리하면 그가 세상을 창조한 때부터 자주 고난을 받았어야 할 것이로되 이제 자기를 단번에 제물로 드려 죄를 없이하시려고 세상 끝에 나타나셨느니라 한 번 죽는 것은 사람에게 정해진 것이요 그 후에는 심판이 있으리니 이와 같이 그리스도도 많은 사람의 죄를 담당하시려고 단번에 드리신 바 되셨고 구원에 이르게 하기 위하여 죄와 상관없이 자기를 바라는 자들에게 두 번째 나타나시리라"(히 9:23-28).

아담이 범죄한 이후, 모든 인간은 죄 가운데 잉태되어 죄의 지배 아래 태어나게 되었습니다. 그리하여 인간 가운데에서는 '흠 없는' 제물을 찾을 수 없었습니다. 그래서 하나님의 아들이신 예수 그리스도께서 참사람이나 죄는 없으신 상태로 이 세상에 오셨습니다. "우리에게 있는 대제사장은 우리의 연약함을 동정하지 못하실 이가 아니요 모든 일에 우리와 똑같이 시험을 받으신 이로되 죄는 없으시니라"(히 4:15). "하물며 영원하신 성령으로 말미암아 흠 없는 자기를 하나님께 드린 그리스도의 피가 어찌 너희 양심을 죽은 행실에서 깨끗하게 하고 살아 계신 하나님을 섬기게 하지 못하겠느냐"(히 9:14).

오직 그리스도만이 흠 없으신 '그'로서 우리를 위한 대속의 메시아가 되실 수 있습니다. 우리가 예수 그리스도를 성경의 중심이라고 말하는 것도, 그분의 십자가가 우리 신앙의 중심이 되어야 하는 것도, 구속받은 우리가 살아도 그리스도를 위하여 살고 죽어도 그리스도를 위하여 죽어야 하는 것도 모두 이 때문입니다.

오직 그분만이 죄로 말미암아 절망적인 상태가 된 인간들을 구원해 주실 유일한 '그'이시기 때문입니다.

무엇을 대속하셨나 : 반역과 죄

메시아가 찔리시고 상하셔야 했던 것은 우리의 허물과 죄악 때문이었습니다. "그가 찔림은 우리의 허물 때문이요 그가 상함은 우리의 죄악 때문이라 그가 징계를 받으므로 우리는 평화를 누리고 그가 채찍에 맞으므로 우리는 나음을 받았도다"(사 53:5).

이사야 선지자는 메시아의 찔림이 우리의 '허물' 때문이라고 말하는데, 여기서 '허물'보다 더 정확한 번역은 '반역'입니다.[30] 아담이 선악과를 따 먹은 사건은 하나님의 영광을 넘보는 도전이자, 하나님의 질서보다 자신의 질서를 앞세운 반역이었습니다. 반역의 결과, 인간에게는 죽음이 찾아왔습니다. 죽음은 하나님께 범죄한 인간이 지불할 수 있는 최종적인 책임입니다.

우리가 하나님께 반역하지 않았다면, 메시아는 이 세상에 오셔서 찔리고 상하시지 않았을 것입니다. 낮고 천한 이 세상에 내려와 고난받으실 필요 없이 하늘 보좌에서 존귀와 영광을 세세토록 받으셨을 것입니다.

---

30) 여기서 '우리의 허물'이라고 번역된 구절은 히브리어 원문에서 밉페샤예누(מִפְּשָׁעֵנוּ)인데, 이것은 '반역'(rebellion), '반란'(revolt), '침범'(transgression) 등의 의미를 가진 페샤(פֶּשַׁע)의 복수 형태인 페샤임(פְּשָׁעִים)에 1인칭 남성 복수 소유격 인칭 접미사가 붙은 것이다. 따라서 이는 그리스도께서 대신 담당하셔야 했던 우리의 적극적인 반역이 질적으로 악하고 양적으로 많음을 보여주는 것이다. Ludwig Koehler, Walter Baumgartner, *Lexicon in Veteris Testamenti Libros* (Leiden: E. J. Brill. 1958), 785. 이사야 선지자가 "그가 찔림은 우리의 허물 때문이요"라고 한 것은 곧 화자(話者)인 이사야 자신을 포함시킨 것이다. 즉 오실 메시아가 인간들에게 오해를 받으시고 적대감 속에서 죽임을 당하실 것은 곧 선지자 자신을 포함한 모든 인간들의 반역과 죄악 때문임을 밝힘으로써, 그리스도의 형벌 안에 있는 인간들의 범죄의 연대적 성격을 강조한다. 헹스텐베르크(Ernst W. Hengstenberg)에 따르면 이는 "단지 문학적인 기법이 아니라 선지자가 자신의 죄악과 구원의 절대적인 필요성을 의식한 데서 온 표현이다." Ernst W. Hengstenberg, *Christology of the Old Testament and a Commentary on the Messianic Predictions* (Grand Rapids: Kregel Publications, 1976), 235-236.

하나님께서 우리를 사랑하시는 것이 사실이지만, 그러나 하나님께는 우리보다 더 사랑하시는 것이 있습니다. 그것은 바로 당신 자신의 영광입니다(사 42:8, 48:11).³¹⁾ 당신 자신의 명예와 영광을 위한 하나님의 열망은 우리를 향한 하나님의 사랑에 비할 수 없이 크고 격렬합니다.

하나님께서 도말되어야 마땅할 인간을 구원하시고 사랑하시는 것도 궁극적으로는 그렇게 하시는 것이 창조주 하나님이신 당신 자신에게 영광이 되기 때문입니다. 하나님께서 당신의 사랑하는 외아들을 십자가에서 못 박아 죽게 하신 것도 단지 우리에게 감동을 주시기 위함이 아니라, 창조 세계에서 당신 자신의 영광을 증진하시기 위함이었습니다(사 66:19).

이어서 이사야 선지자는 메시아의 상함이 우리의 '죄악' 때문이라고 말합니다. 여기서 '죄악'은 원어적으로 볼 때, 구약성경에서 매우 깊은 의미로 사용된 단어입니다. 이것은 개인적, 국가적, 사회적인 범법 행위를 통틀어 의미하는 것으로, 단순히 범법 행위 자체만이 아니라 그러한 범법들을 행하게 하는 내면의 죄성(罪性)까지 아울러 가리킵니다.³²⁾

성경은 하나님의 법을 거스르는 인간의 모든 사악한 범법 행위는 모두 그들 내면에 있는 '죄악'의 강력한 영향력으로부터 나온다고 보았습니다. 그리고 이러한 인간의 '죄악'이 하나님의 심판을 피할 수 있는 유일한 길은 하나님

---

31) 하나님의 영광에 대한 갈망은 곧 하나님의 이름의 영광에 대한 갈망이다. 그리고 이것은 하나님을 향한 인간의 경외심의 핵심이다. 이러한 갈망이 부흥과 어떻게 연관되는지를 알려면 저자의 다음 책을 참조하라. 김남준, 『거룩한 부흥』(서울: 생명의말씀사, 2012), 123-170.

32) 히브리어 원문에서 '우리의 죄악 때문이라'는 메아오노테누(מֵעֲוֺנֹתֵינוּ)로 되어 있는데, 이는 원인이나 출처를 나타내는 전치사 민(מִן)이 아오노테누(עֲוֺנֹתֵינוּ)에 붙은 형태이다. 아오노테누(עֲוֺנֹתֵינוּ)는 '죄'를 의미하는 단어 아온(עָוֹן)의 복수형에 1인칭 복수 소유격 접미사가 첨가된 형태로 '우리의 죄악들'(our sins, our iniquities)이란 뜻이다. 원래 이 단어는 '집합적인 의미'로 사용된다. 그 좋은 용례가 아모리 사람들의 불법과 죄악에 대하여 언급하시는 하나님의 말씀 가운데 잘 나타난다. "네 자손은 사대 만에 이 땅으로 돌아오리니 이는 아모리 족속의 죄악(עֲוֺן הָאֱמֹרִי)이 아직 가득 차지 아니함이니라 하시더니"(창 15:16). 메시아의 고난에 관한 예언에서 이 단어가 복수로 쓰인 것은 우리의 죄악의 심각성과 그로 말미암아 메시아가 담당하여야 할 죄책이 막중함을 암시하는 것이다. 이 단어의 의미를 더 살펴보려면 다음 책을 참조하라. R. Laird Harris, Gleason L. Archer, Jr., Bruce K. Waltke eds., *Theological Wordbook of the Old Testament*, vol. 2 (Chicago: Moody Press, 1980), 650-651.

께서 인간들 안에서 그 '죄악'을 제하여 버리시는 것이라 믿었습니다. "여호와여 나의 죄악이 크오니 주의 이름으로 말미암아 사하소서"(시 25:11). "나의 죄악을 말갛게 씻으시며 나의 죄를 깨끗이 제하소서"(시 51:2).

예수 그리스도의 대속은 우리의 죄악을 우리 안에서 도말해 주시기 위함이었습니다. 이사야 선지자는 "그가 상함은 우리의 죄악 때문이라"라고 말합니다. 여기서 '상함'으로 번역된 히브리어를 직역하면 '부서뜨려지다.'(to be crushed)입니다.[33] 이것은 큰 쇳덩어리 사이에 무엇인가 깨어지는 물체를 넣으면 큰 쇳덩어리의 강한 압력에 의해 사이에 끼인 것이 으스러지는 것을 의미합니다. 그리스도의 몸은 이렇게 으스러지듯이 부서지셨습니다. 바로 우리의 죄악 때문이었습니다.

예수 그리스도의 몸이 십자가 위에서 어떻게 부서졌는지 떠올려 보십시오. 그분의 몸을 파고 들어간 못은 그분의 살을 찢고 뼈를 상하게 했고, 사람들이 던진 돌멩이는 그분의 몸을 상처로 얼룩지게 했습니다.

하나님을 찾지도 않고, 평화를 기다리지도 않는 인간들을 위해서 그분은 자신의 몸을 주셨습니다. 그분의 몸은 처참하게 부서졌습니다. 그분이 치르신 고난을 보며, 우리는 우리의 죄악이 얼마나 큰 것인지를 봅니다.

대속은 죄를 향한 하나님의 진노와 비참한 죄인들을 향한 하나님의 사랑을 만나게 해주는 유일한 구원 방법입니다. 따라서 십자가는 죄에 대하여 진노하시는 하나님의 공의로운 성품과 죄인들을 불쌍히 여기시는 사랑의 성품이 만난 곳입니다(시 85:10).

---

[33] 히브리어 원문에는 다카(דָּכָא)로 되어 있다. 이 단어는 철자가 다른 다카(דָּכָה)와 거의 같은 의미이다. 본문은 강의형(强意形) 피엘(piel) 분사 남성 단수형이다. '산산이 부수다.'(욥 6:9, 19:2, 시 72:4, 89:11) 혹은 '짓밟다.'(잠 22:22, 사 3:15, 애 3:34) 등의 뜻으로 사용되었는데, 여기서는 수동의 의미(to be crushed, to be broken in pieces)로 사용되었다. Wilhelm Gesenius, *Gesenius' Hebrew-Chaldee Lexicon to the Old Testament*, trans. Samuel Prideaux Tregelles (Grand Rapids: Baker Book House, 1979), 198.

대속의 결과 1 : 하나님과의 평화

메시아의 십자가 고난은 분명 하나님의 징계였습니다. 그러나 그것은 메시아 자신의 허물과 죄악에 대한 징계가 아니라 우리의 허물과 죄악에 대한 징계였습니다.

예수 그리스도께서 우리를 대신하여 징계를 받으심으로 대속을 성취하셨기에, 우리는 아무 공로 없이 죄와 사망의 법에서 풀려나 자유와 생명을 누릴 수 있게 되었습니다. "한 사람의 범죄로 말미암아 사망이 그 한 사람을 통하여 왕 노릇 하였은즉 더욱 은혜와 의의 선물을 넘치게 받는 자들은 한 분 예수 그리스도를 통하여 생명 안에서 왕 노릇 하리로다"(롬 5:17).

예수 그리스도의 대속은 그것을 믿음으로 받아들인 사람들에게 다음과 같은 두 가지 은혜로운 결과를 즉각적으로 가져옵니다.

첫째로, 하나님과의 평화(平和)입니다.

인간의 모든 고통은 하나님과의 영적인 단절에서 기인합니다. 그리고 인간이 하나님과의 영적 교제를 상실하게 된 이유는 바로 죄 때문이었습니다. 그런데 하나님을 떠난 채 자기도 어찌할 수 없는 반역의 경향성을 지니고 살아가는 삶을 숙명처럼 받아들였던 인간들에게 이제 그 죄의 멍에를 벗고 다시 하나님을 기뻐하며 살 수 있는 길이 열렸습니다. 너무나 거룩하신 하나님과 지극히 더러운 죄인 사이에 새로운 교제의 통로가 생긴 것입니다.

우리는 예수 그리스도의 대속의 공로를 힘입어 하나님과의 평화를 누리게 됩니다. 우리가 예수 그리스도의 십자가를 '평화의 십자가'라고 부르는 것은 인류가 그토록 그리워했던 하나님과의 '평화'가 십자가 사건을 통해 이루어졌기 때문입니다. "그의 십자가의 피로 화평을 이루사 만물 곧 땅에 있는 것들이나 하늘에 있는 것들이 그로 말미암아 자기와 화목하게 되기를 기뻐하심이라"(골 1:20).

그리스도의 대속적인 죽음이 궁극적으로 기대하였던 것은 우리가 하나님과의 평화를 누리며 사는 것이었습니다. 그 평화는 한 번에 이루어지는 평화이지만, 동시에 지속적으로 유지되어야 할 축복이기도 합니다. 그리스도께서 우리를 위하여 십자가를 지신 것은 단지 일회적으로 하나님과의 평화를 누리고 구원을 받게 하시기 위함이 아닙니다. 우리를 지속적으로 그분과의 평화 속에서 살게 하시기 위함입니다.

우리가 날마다 그리스도의 십자가를 묵상하며 허물과 죄악을 멀리하는 삶을 살아야 할 이유가 여기에 있습니다. 구원받은 하나님의 자녀들이 날마다 믿음과 회개로 살아갈 때, 우리는 하나님과의 평화를 누릴 수 있습니다.

이제 우리 앞에는 하나님과 완전한 평화 속에서 살 수 있는 길이 열렸습니다. 그런데도 여전히 하나님을 등지고 어둠 속에서 살고 있다면, 그것은 변명할 여지없이 자신의 잘못입니다. 아무리 구원의 은혜를 강력하게 누렸어도 현재적으로 그 은혜를 유지하고자 끊임없이 분투하지 않는다면, 필연적으로 부패한 본성과의 싸움에서 질 수밖에 없습니다.

그러므로 구원받은 우리에게도 회개가 필요합니다. 매 순간 진실한 회개로 자신의 부패성을 죽이고 하나님과의 평화를 회복해야 합니다. 날마다 새롭게 대속하신 그리스도의 은혜에 감격해야 하고, 그분이 보여주신 성품을 사모해야 합니다. 그렇지 않으면 메시아의 대속이 이미 이루어졌음에도 불구하고, 우리는 그 대속과 상관없는 삶을 살아갈 수밖에 없습니다.

대속의 결과 2 : 질병의 치유

둘째로, 절망적인 질병으로부터의 치유(治癒)입니다.

이사야 선지자는 이렇게 선언합니다. "그가 채찍에 맞으므로 우리는 나음을 받았도다." 여기서 '나음을 받았도다.'라는 말은 절망적인 질병으로부터의 완쾌를 의미합니다. 여기에 쓰인 히브리어 동사는 의사가 질병을 고치는 치료 행위를 가리키는 단어입니다.34)

구약 시대에 가장 절망적인 질병은 아마도 나병일 것입니다. 온몸에 고름이 흐르고, 손가락과 발가락이 떨어져 나가고, 귀와 코가 문드러지고 입술이 뒤틀리는 모습을 생각해 보십시오. 그 절망적인 상태는 무엇으로도 고칠 수 없습니다. 따라서 나병 환자는 오직 하나님의 기적적인 치유를 기대할 수밖에 없습니다.

예수 그리스도를 만나기 전, 우리의 처지가 바로 그런 나병 환자와 같았습니다. 절망적인 질병 상태에서 고통을 숙명처럼 받아들이며 살아가고 있었던 것입니다. 그런데 어느 날 예수 그리스도께서 우리에게 찾아오셨고 우리를 그 절망적인 질병 상태에서 고쳐 주셨습니다.

예수님께서 메시아로서 공생애 사역을 시작하실 때, 그 자라신 곳 나사렛을 찾아 설교하신 본문이 무엇이었는지 아십니까? 바로 이사야 선지자가 기록한 메시아에 대한 예언이었습니다. "선지자 이사야의 글을 드리거늘 책을 펴서 이렇게 기록된 데를 찾으시니 곧 주의 성령이 내게 임하셨으니 이는 가난한 자에게 복음을 전하게 하시려고 내게 기름을 부으시고 나를 보내사 포로 된 자에게 자유를, 눈먼 자에게 다시 보게 함을 전파하며 눌린 자를 자유롭게 하고 주의 은혜의 해를 전파하게 하려 하심이라 하였더라"(눅 4:17–19).

---

34) 히브리어로 '치료하다.'라는 동사는 라파(רָפָא)인데, 이것이 분사 형태가 되면 로페(רֹפֵא)라는 명사가 되며, 이는 '의사'를 가리킨다. 따라서 출애굽기 15장 26절 등에 나오는 야웨 라파(יְהוָה רָפָא)라는 표현은 문자적으로 '하나님께서 치료하신다.'라는 의미이다. 구약성경에서 라파는 일반적으로 '질병을 치료하다.'라는 의미로 사용되었으나, 때로는 '민족적인 상처를 치유하거나 나아가서 그런 치료를 통하여 호의를 회복하는 것'을 의미하기도 하였다(호 6:1, 11:3). 이 경우 치료의 대상을 나타내는 목적어로 '땅' 혹은 '거민들'을 나타내는 히브리어 에레츠(אֶרֶץ)가 사용되기도 하였다(대하 7:14 등). 때로는 개인적인 고통이나 질병으로부터의 치유를 의미하기도 하였다(렘 17:14, 시 41:5, 신 28:27 등). 이처럼 구약성경에서 이 단어는 풍부한 신학적인 의미를 가지고, 단지 질병의 치유만이 아니라 개인의 영혼의 아픔을 비롯하여 고통스러운 상황으로부터의 구원, 국가적으로 안녕(安寧)하지 못한 상태 등을 치유하는 것을 의미하였다. Francis Brown, Samuel Rolles Driver, Charles Augustus Briggs, *The Brown-Driver-Briggs Hebrew and English Lexicon* (Peabody: Hendrickson Publishers, 2003), 950–951.

예수 그리스도께서는 메시아로서 당신이 감당하실 사역이 가난하고 아픈 사람들에게 다가가 그들을 치료함으로써 죄인들을 사랑하시는 하나님의 은혜를 전하는 것이라고 밝히셨습니다. 이것은 메시아로 오신 예수님께서 공생애 기간 동안 하실 일이 목자 잃은 양같이 유리하고 고생하는 영혼들의 비참한 상태를 어루만져 주고 질병으로 고통받는 사람들의 아픈 몸을 고쳐 주는 것임을 알리기 위해서이기도 했지만, 궁극적으로 이 말씀을 하신 의도는 메시아로 말미암아 도래한 은혜의 시대를 알리는 것이었습니다.

예수 그리스도께서 공생애 기간 동안 보여주신 수많은 치유의 기적은 사실 대속 이후에 펼쳐질 큰 은혜의 맛보기에 지나지 않았습니다. 그러므로 그들은 육신의 절망적인 질병을 고치는 메시아의 치료 행위를 바라보며, 마땅히 육신보다 더 비참한 질병 상태에서 고통받고 있는 자신들의 영혼을 생각해야 했습니다. 하나님을 거스르는 반역과 하나님을 마음에 두기 싫어하는 죄악으로 인하여 병든 영혼을 고쳐 주실 치유를 기대하여야 했던 것입니다.

메시아가 오신 궁극적인 이유는 망가진 영혼들을 고쳐서 변화된 내면의 세계를 갖게 하고, 그리하여 이전과는 질적으로 다른 새 삶을 살게 하기 위함이었습니다. 메시아의 대속하시는 은혜를 입기 전, 우리의 영혼은 절망적인 질병의 상태였으며 나을 수 있는 그 어떤 희망을 찾을 수 없었습니다. 그리스도를 모른 채 대속의 은혜와 상관없이 살던 때의 우리의 영혼의 절망적인 상태에 대하여 성경은 이렇게 말합니다. "그는 허물과 죄로 죽었던 너희를 살리셨도다 그때에 너희는 그 가운데서 행하여 이 세상 풍조를 따르고 공중의 권세 잡은 자를 따랐으니 곧 지금 불순종의 아들들 가운데서 역사하는 영이라 전에는 우리도 다 그 가운데서 우리 육체의 욕심을 따라 지내며 육체와 마음의 원하는 것을 하여 다른 이들과 같이 본질상 진노의 자녀이었더니"(엡 2:1-3).

그런데 그런 우리의 절망적인 영혼을 예수 그리스도께서 고치셨습니다. 우리를 위해 자기 몸을 대속 제물로 바치심으로써 말입니다. 그분이 채찍에 맞으므로, 우리는 굽었던 손을 다시 펴서 하나님을 향해 들 수 있게 되었고, 굳어 있던 혀와 입술을 움직여 하나님을 찬양할 수 있게 되었습니다. 이 모든 일은 메시아가 우리를 대신하여 고난을 받으심으로 이루어졌습니다.

어디서 대속하셨나 : 십자가

공의와 사랑이 어느 한쪽도 일그러지지 않은 가운데 한 지점에서 만나는 것은 쉬운 일이 아닙니다.

예를 들자면 이렇습니다. 매우 공명정대한 판사가 있었습니다. 그에게는 너무나 사랑하는 아들이 있었는데, 어느 날 그 아들이 심각한 죄를 짓고 판사 앞에 섰습니다. 정의롭게 법대로 구형하면 아들에게 사형을 언도해야 마땅합니다. 그런데 아들은 실수였다고, 한 번만 용서해 주면 다시는 나쁜 길에 빠지지 않고 착하게 살겠다고 애원합니다. 아들을 향한 사랑은 아들을 한 번 더 믿어 보자고 하고, 판사로서의 정의감은 아들에게 사형을 언도하라고 합니다. 아들에게 용서의 기회를 주면 사랑은 완성되지만 정의는 훼손되고, 아들에게 사형을 언도하면 정의는 완성되지만 사랑은 훼손됩니다. 이럴 때 어떻게 해야 사랑도 정의도 훼손되지 않는 완전한 판결을 내릴 수 있을까요?

십자가는 하나님의 공의와 하나님의 사랑이 그 어느 쪽도 훼손되지 않는 채 완벽하게 드러나게 하신 하나님의 놀라운 지혜입니다. "이 지혜는 이 세대의 통치자들이 한 사람도 알지 못하였나니 만일 알았더라면 영광의 주를 십자가에 못 박지 아니하였으리라"(고전 2:8).

대속은 하나님의 놀라운 지혜 가운데 십자가에서 성취되었습니다. 인간은 이 일에 아무것도 공로가 없습니다. 그래서 구원받은 우리는 오직 우리를 대속하신 하나님의 은혜만을 자랑하지 않을 수 없습니다. "너희는 그 은혜에 의하여 믿음으로 말미암아 구원을 받았으니 이것은 너희에게서 난 것이 아니요 하나님의 선물이라 행위에서 난 것이 아니니 이는 누구든지 자랑하지 못하게 함이라"(엡 2:8-9).

그래서 십자가를 경험한 사람들은 자기의 의를 자랑하지 않습니다. 자기의 지혜도 자랑할 수 없습니다. 십자가는 우리가 죄인인 것과 그럼에도 불구하고 하나님께서 우리를 사랑하셨다는 사실에 대한 확증입니다. 그러므로 십자가를 경험한다는 것은 그 십자가에서 우리를 대신하여 못 박히신 예수 그리스도를 만나고, 그 사랑에 감격하여 그분이 걸으신 핏길을 따르는 것입니다.

십자가를 통하여 대속하신 메시아를 인격적으로 만나셨습니까? 그리스도의 십자가가 주는 대속의 의미에 인격적으로 감화를 받으셨습니까? 십자가를 경험한다는 것은 십자가를 통하여 하나님과 자기 자신에 대해 알고, 그 감화를 그리스도인으로서의 삶의 원동력으로 삼아 살아간다는 것입니다. 따라서 십자가를 안다는 것은 대속의 교리를 안다는 것이며, 십자가를 경험한다고 하는 말은 곧 하나님의 대속하시는 사랑에 압도되는 것을 의미합니다.

이사야 선지자는 외쳤습니다. "그가 찔림은 우리의 허물 때문이요 그가 상함은 우리의 죄악 때문이라 그가 징계를 받으므로 우리는 평화를 누리고 그가 채찍에 맞으므로 우리는 나음을 받았도다"(사 53:5). 그러나 메시아의 도래와 그로 인해 펼쳐질 놀라운 은혜의 시대를 알리는 이 감격스러운 예언은 그 시대 백성들의 마음에 전혀 다가가지 못했습니다. 전승에 의하면, 이 위대한 예언을 기록한 이사야 선지자는 이스라엘 백성들의 핍박을 받아 톱으로 켬을 당해 두 동강 난 채 순교했다고 합니다.

예수 그리스도의 십자가 대속은 하나님의 능력이요, 지혜요, 비밀입니다(고전 1:24, 골 1:27). 아무리 분명하게 외쳐도 듣지 못하는 자는 끝까지 듣지 못하고, 믿지 못하는 자는 끝까지 믿지 못합니다(눅 16:29-31). 이사야 선지자가 마치 예수 그리스도의 생애와 죽으심을 눈앞에서 보고 있기라도 한 듯 선명하게 예언하였지만, 그 시대의 백성들은 귀 기울이지 않았습니다.

그러므로 십자가의 대속도 말할 수 없는 은혜이지만, 더욱 놀라운 은혜는 이것입니다. 바로 그 십자가 대속이 우리에게는 믿어졌다는 사실입니다.

왜 대속하셨나 : 하나님의 사랑

예수 그리스도께도 십자가 고난은 피할 수만 있다면 피하고 싶은 쓴 잔이었습니다. 그래서 그분은 잡히시기 전날 밤 감람산에서 이렇게 기도하셨습니다. "아버지여 만일 아버지의 뜻이거든 이 잔을 내게서 옮기시옵소서 그러나 내 원대로 마시옵고 아버지의 원대로 되기를 원하나이다"(눅 22:42).

그러면 대체 예수 그리스도께서는 왜 원치 않는 십자가 고난을 기꺼이 받으셨을까요? 그분이 십자가 위에서 자기의 옥체를 깨뜨려 제물로 드리실 수밖에 없었던 것은 우리를 사랑하셨기 때문입니다. 그 방법 외에는 우리의 반역과 죄악을 해결할 길이 없으셨기에, 그분은 기꺼이 십자가에서 죽으셨습니다.

범죄는 우리가 하였는데 고난은 메시아가 당하시고, 용서는 다시 우리에게 주어졌습니다. 이것이 바로 대속의 사랑입니다. 성경은 말합니다. "우리가 아직 죄인 되었을 때에 그리스도께서 우리를 위하여 죽으심으로 하나님께서 우리에 대한 자기의 사랑을 확증하셨느니라"(롬 5:8).

우리가 십자가 앞에 설 때마다 마음에 찔림을 받는 이유는 무엇입니까? 우리가 무엇 때문에 예수님을 죽인 것을 날마다 우리의 몸에 짊어지고 살아야 합니까? 우리가 왜 그리스도의 십자가 앞에서 세상에 속한 욕심과 자랑을 헛된 줄 알고 버립니까?

우리를 그렇게 만드는 것은 오직 하나, 하나님의 사랑입니다. 우리가 사랑받을 만한 존재여서 사랑하신 거라면 이렇게 십자가 앞에서 고개를 떨구지 않았을 것입니다. 그러나 하나님께서는 허물과 죄악뿐인 상태의 우리를 사랑해 주셨습니다. 비참한 질병 상태에 놓여 아무 희망 없이 고통에 몸부림치던 우리에게 먼저 손을 내밀어 주셨습니다.

그래서 메시아를 보내셨고, 그분에게 모든 인류의 죄를 담당하게 하셨습니다. 그러므로 십자가에 못 박히신 메시아의 형상을 뵐 때마다 우리는 그 찔림과 상함이 마땅히 우리가 당해야 할 것임을 기억해야 합니다. 사실은 그 십자가에서 그리스도께서는 내려오시고 우리가 거기 그렇게 달려야 함을 기억해야 합니다.

내 눈을 밝히 떠서 저 십자가 볼 때
날 위해 고난당하신 주 예수 보인다.
그 형상 볼 때 내 맘에 큰 찔림 받아서
그 사랑 감당 못하여 눈물만 흘리네.

대속에 대한 반응 : 은혜와 감격

우리 시대의 그리스도인들은 대속의 교리를 깊이 묵상하려 하지 않습니다. 교리 자체를 별로 중요하게 생각하지 않는 그리스도인들이 늘어가고 있으니, 어쩌면 당연한 귀결인지도 모릅니다.

그러나 대속의 고리는 성경 66권의 뼈대이며, 기독교 진리의 핵심입니다. 우리의 기독교 신앙이 믿는 바를 최대한으로 요약한다면, 마지막으로 남는 것이 바로 대속의 교리일 것입니다. 이처럼 대속의 교리는 그리스도인에게 생명적으로 중요한 진리입니다. 사도 바울이 다음과 같이 고백한 것도 바로 이 때문입니다. "그러나 내게는 우리 주 예수 그리스도의 십자가 외에 결코 자랑할 것이 없으니 그리스도로 말미암아 세상이 나를 대하여 십자가에 못 박히고 내가 또한 세상을 대하여 그러하니라"(갈 6:14).

하나님의 구원의 은혜가 무엇인지를 알았던 성도들은 모두 이 대속의 교리를 굳게 믿었습니다. 하나님께 범죄한 자는 결코 그분의 진노를 피할 수 없고 그래서 메시아가 오셔서 우리를 대신하여 속죄를 이루셨음을 자신이 알아야 할 가장 중요한 지식으로 여겼던 것입니다.

대속의 교리에 대한 분명한 이해는 우리 자신을 단지 '용서받은 죄인'일 뿐으로 인식하게 합니다(딤전 1:15). 따라서 대속의 사랑을 아는 사람들은 자신을 신뢰하지 않습니다. 대속의 사랑을 알게 된 사람들에게 꿈이 있다면, 그것은 자신에게 대속의 은혜를 베푸신 하나님의 놀라운 구원 계획에 합당한 삶을 사는 것일 것입니다. 그러므로 형식적인 신앙생활은 결코 대속의 은혜를 경험한 사람들이 살 수 있는 삶이 아닙니다.

그러나 우리의 현실은 어떠합니까? 십자가에 대한 감격을 누려 보았음에도 불구하고 그것은 모두 과거의 이야기일 뿐, 현재는 냉랭한 마음으로 예배 출석하기에만 급급한 교회 생활을 이어가고 있는 그리스도인이 대다수입니다. 도대체 무엇 때문에 이렇게 되었을까요? 한때는 놀라운 대속의 은혜에 감격했지만, 왜 이제는 마치 함께 살기 싫지만 자식들 때문에 헤어지지 못하는 부부처럼 하나님과 형식적인 관계만 유지한 채 살고 있을까요?

이것은 십자가의 진리를 지속적으로 묵상하지 않기 때문입니다. 성경을 읽으며 우리를 구원하시는 하나님의 대속의 진리와 그 진리를 통해서 나타난 하나님의 마음을 전수받는 대신, 현실적인 문제들에 답을 얻는 데만 급급하기 때문입니다. 언젠가부터 터무니없는 자기 중심적인 사고방식이 많은 그리스도인들의 신앙생활의 토대가 되었습니다. 구원의 교리를 배우고 하나님의 경륜에 눈을 뜨게 됨으로써 신앙의 토대를 세우는, 진리를 사랑하는 구도자의 자세가 결핍되어 있기 때문입니다.

하나님께서 땅에 있는 성도들을 존귀하게 보시는 것은, 그들이 대속의 은혜로 속죄함을 받은 백성들이기 때문입니다. 즉 성도들 한 사람 한 사람이 당신의 아들의 생명을 값 주고 사신 존재들이기 때문입니다.

우리의 구원이 우리에게는 거저 주어진 것이지만, 하나님께는 자기의 아들을 죽게 하셔서 이루신 것입니다. 구원받은 성도들이 대속의 감격을 잊고 살아가는 것이 하나님께 배은망덕한 일이라고 아니할 수 없는 것도 바로 이 때문입니다. 그분이 찔리고 상하심으로 우리가 구원을 얻었는데, 어떻게 우리를 대속하신 하나님의 사랑과 그리스도의 희생을 잊을 수 있겠습니까?

그러므로 우리는 그리스도 예수의 대속의 은혜에 압도된 마음으로 살아가야 합니다. 쓸모없는 죄인들을 구원하신 대속의 은혜에 대한 감격이 우리의 삶의 정신을 다스리게 하여야 합니다. 그래서 우리의 자아를 허물고 주님을 세우는 삶이 우리의 생애 마지막 날까지 계속되게 하여야 합니다.

오늘날 영적으로 말라깽이와 같이 되어 버린 그리스도인의 실패한 신앙 한복판에는 대속하신 하나님의 사랑에 대해 감격을 잃어버린 냉담함이 있습니다. 그러므로 십자가에 대한 감격은 우선 교회 안에 가득해야 하고, 먼저 하나님의 자녀들이 대속의 은혜에 대한 감격 속에서 살아가야 합니다. 복음은 그렇게 감격한 사람들에 의하여 생명력을 가진 진리로서 이 세상에 전파되기 때문입니다.

이제 하나님께서 더 이상 우리에게 아무것도 해주시지 않는다고 할지라도 우리는 그분을 기뻐하고 찬양할 수밖에 없습니다. 이미 받은 사랑이 너무나 크기 때문입니다.

하나님께서는 우리를 구원하시되 우리의 의로운 행위로 하지 아니하시고 메시아를 보내사 대속하시는 고난으로 우리를 고치셨습니다. 그러므로 이렇게 나음을 받은 우리가 하나님 앞에서 할 수 있는 일은 우리를 구원하신 하나님만을 의지하며 사는 것입니다. 그래서 우리의 온 삶으로 우리를 대속하신 그리스도와 거룩하신 하나님과 우리에게 믿음을 주신 성령에 대한 찬송이 되게 하는 것입니다.

이사야 선지자는 메시아가 대속하셔야 했던 것이 '우리 모두의 죄악'이라고 말합니다. '우리 모두'는 복수인데, '죄악'은 단수입니다. 우리는 여기서 죄는 결국 하나임을 알 수 있습니다. 모양은 여러 가지이나 본질적으로 죄는 하나로 귀결됩니다. 바로 하나님을 향한 적대감입니다. 인류가 범한 각양각색의 악들은 그 본질적인 죄로부터 맺히는 수많은 열매들입니다.

제5장
세상의 죄를 짊어지신 그리스도

"우리는 다 양 같아서 그릇 행하여 각기 제 길로 갔거늘 여호와께서는 우리 모두의 죄악을 그에게 담당시키셨도다"(사 53:6).

대속의 계획자 : 하나님

이사야 53장 1절부터 5절까지의 본문이 대속 제물이 되실 메시아가 받을 고난과 메시아의 결백함에 관한 일반적인 예언이라면, 6절은 보다 입체적인 관점에서 대속을 조망합니다. 대속을 계획한 주체가 누구인지, 대속해야 할 죄의 실체는 무엇인지 드러내고 있는 것입니다. "우리는 다 양 같아서 그릇 행하여 각기 제 길로 갔거늘 여호와께서는 우리 모두의 죄악을 그에게 담당시키셨도다"(사 53:6).[35]

이 구절은 이사야 53장 가운데에서도 가장 널리 알려진 구절입니다. 이 구절에서 우리가 주목해야 할 단어는 중간에 등장하는 '여호와께서는'입니다.

---

[35] 이 부분을 히브리어 원문은 이렇게 적고 있다. "כֻּלָּנוּ כַּצֹּאן תָּעִינוּ אִישׁ לְדַרְכּוֹ פָּנִינוּ וַיהוָה הִפְגִּיעַ בּוֹ אֵת עֲוֹן כֻּלָּנוּ׃" 이것을 직역하면 다음과 같다. "우리는 모두 그 양 무리와 같이 제각기 길을 잃어버리도록 다녔으며 자기의 길을 향하여 돌이켰는데, 여호와께서는 우리 모두의 죄악을 그(메시아)에게 얹어 놓으셨다." 에드워드 영(Edward J. Young)은 히브리어로 '우리 모두'(כֻּלָּנוּ)로 시작해서 '우리 모두'(כֻּלָּנוּ)로 마치고 있는 이 구절을 통해 "메시아가 왜 고난을 당하여야 하는지에 대하여 새로운 설명을 덧붙이고 있다."라고 설명한다. 목자를 잃은 양 무리와 같이 우리 모두가 길 잃은 자들이 되었음을 보여주는 대목으로서 "전반부는 메시아가 고난당하시는 이유를, 후반부는 하나님 자신이 우리 모두에게 속한 죄를 그에게 담당시키셨다는 단언을 보여준다."라고 말하고 있다. 우리말 개역개정 성경에서 '담당시키셨도다.'라고 번역된 히브리어는 히프기아(הִפְגִּיעַ)인데 이는 '(누군가를) 만나다.', '(적대감을 가지고 누군가에게) 돌진하다.', '탄원을 가지고 누군가를 괴롭히다.' 등의 뜻을 가진 히브리어 파가(פָּגַע)의 히필(hiphil) 완결 3인칭 남성 단수로서 시킴꼴의 의미를 가짐으로써 대속을 계획하시는 주도자가 하나님이심을 강조한다. Edward J. Young, *The Book of Isaiah*, vol. 3 (Grand Rapids: Wm. B. Eerdmans Publishing Company, 1996), 349; Wilhelm Gesenius, *Gesenius' Hebrew-Chaldee Lexicon to the Old Testament*, trans. Samuel Prideaux Tregelles (Grand Rapids: Baker Book House, 1979), 666.

대속을 계획하신 주체가 '여호와'이시라고 분명하게 명시하고 있습니다.

대속의 교리에 있어서 성부 하나님께서는 처벌에 연연하시는 분으로, 성자 하나님께서는 사랑에 사로잡혀 인간을 하나님의 진노로부터 보호하고자 애쓰시는 분으로 잘못 가르쳐지는 경우가 있습니다.

이런 가르침을 접하면 사람들은 처벌하시려는 성부 하나님과 용서하시려는 성자 하나님 사이에 갈등이 있었고, 성부 하나님의 진노를 해결하기 위해 성자 하나님께서 십자가에 못 박히셨다고 오해하게 됩니다. 그래서 인간의 죄를 대속하심에 있어서 모든 영광은 성자 하나님께서 받으셔야 한다고 생각하는데, 이것은 전적으로 잘못된 견해입니다.

본문의 말씀이 그것을 증명해 주고 있습니다. 하나님께서는 인간의 죄악을 메시아에게 담당시키시는 것을 기뻐하셨습니다.[36] 형벌은 그분에게 담당하

---

[36] 헹스텐베르크(Ernst W. Hengstenberg)에 따르면, 킴히(David Kimchi) 같은 학자들은 이것이 단지 우리의 죄악을 메시아에게 짐 지우는 정도가 아니라 원수들에게 형벌을 가하는 듯한 모습이라고 주장하여 "여호와께서 우리의 죄악을 마치 원수에게 하듯 그에게 퍼부으셨다."라는 뜻으로 해석한다고 한다. 하지만 좀 더 일반적인 의미로 "여호와께서 우리가 우리의 죄 때문에 스스로 받았어야 할 그 고난의 형벌을 그로 하여금 홀로 당하게 하셨다."라고 해석하기도 한다고 설명한다. 왜냐하면 히브리 사유 방식을 따라 "'죄악'이란 말에는 '죄악에 대한 형벌'이라는 의미도 포함되기" 때문이다. Ernst W. Hengstenberg, *Christology of the Old Testament and a Commentary on the Messianic Predictions* (Grand Rapids: Kregel Publications, 1976), 236–237.

게 하시고, 용서와 은혜는 우리에게 베푸시기를 즐거워하셨던 것입니다. 그리하여 우리를 위해서 대신 고난을 당하신 메시아의 대속은 삼위일체 하나님께서 모두 찬양받으실 일입니다.

그러면 여기서 이런 의문이 생깁니다. 여호와 하나님께서 왜 인간의 죄를 대속하시는 일에 이렇게 적극적으로 개입하셨을까요? 여호와 하나님께 우리의 죄악에 대한 책임이 있는 것도 아닌데, 왜 주도적으로 모든 것을 계획하시며 친히 우리 무리의 죄악을 메시아에게 담당시키셨을까요?

대답은 이것입니다. 누구도 하나님께 그런 의무를 부과하지 않았지만, 하나님의 신실한 사랑의 성품이 하나님으로 하여금 하나님께서 우리와 맺으신 언약에 충실하게 하였습니다. 비록 우리는 범죄함으로 하나님과 맺은 언약을 깨뜨렸지만, 하나님께서는 끝까지 우리에게 주신 약속을 지키시려고 대속의 길을 주도적으로 여셨습니다.

하나님께서 이렇게 하신 것은 당신의 신실하신 성품 때문이기도 했지만, 그렇게 함으로써만 다시 인간과의 화목을 회복할 수 있기 때문이었습니다. 인간이 다시 하나님과 화목한 관계로 나아와야 인간을 창조의 목적대로 살아가게 할 수 있고, 그래야 하나님의 창조 세계가 다시 의미를 찾을 수 있을 것이기 때문이었습니다.

첫 범죄 이후 인류의 죄악은 점점 더 번성하였습니다. 그러나 그럼에도 불구하고 인간을 구원하기 위한 하나님의 계획은 중단되지 않았습니다. 그리하여 하나님께서 정하신 때에 우리의 죄를 대신 담당하실 메시아를 이 땅에 보내셨습니다. 아무 죄도 없는 그분에게 우리의 죄악을 담당시켜서 징벌을 받게 하시고 우리를 용서하시는 대속은 모두 하나님께서 하신 일입니다. 그리고 그것은 인간의 범죄를 이기는 하나님의 은총의 승리를 보여줍니다.

사실 인류의 모든 역사는 언약에 신실하신 하나님께 반역하는 불순종의 역사입니다. 문제는 인간에게는 범죄할 능력만 있을 뿐, 그 죄의 결과를 감당할 능력은 없다는 데 있습니다. 그러나 하나님께서는 자기의 형상을 가진 인간들이 범죄함으로 고통을 당하며 살아가는 것을 차마 보실 수 없으셨습니다. 그래서 인간의 죄의 결과를 책임질 다른 방법을 강구하셨습니다. 우리 무리의 죄악을 메시아에게 옮기시는 대속의 지혜를 사용하신 것입니다.

성경은 대속의 원리에서 찾은 하나님의 사랑을 이렇게 설명합니다. "하나님이 세상을 이처럼 사랑하사 독생자를 주셨으니 이는 그를 믿는 자마다 멸망하지 않고 영생을 얻게 하려 하심이라"(요 3:16).

그러므로 하나님의 사랑을 안다는 것은 대속의 교리를 안다는 것과 동일합니다. 대속의 교리야말로 우리를 향한 하나님의 사랑을 극명하게 드러내 보여주는 진리이기 때문입니다.

대속의 이유 : 우리 모두의 죄악

그런데 이사야 선지자는 메시아가 대속하셔야 했던 것이 '우리 모두의 죄악'이라고 말합니다. 흥미롭게도 '우리 모두'는 복수형 명사인데, '죄악'은 단수형 명사입니다. 이것은 '죄악'이 집합적인 의미의 명사이기 때문이기도 하지만, 모든 죄는 결국 하나로 귀결되기 때문이기도 합니다.

수많은 사람들이 여러 모양의 죄를 짓지만, 그것은 모두 하나의 뿌리에 닿아 있습니다. 모양은 여러 가지이나 본질적으로는 하나입니다. 그 하나의 뿌리가 바로 하나님을 향한 적대감입니다. 인류가 범한 각양각색의 악들은 그 본질적인 죄로부터 맺히는 수많은 열매들입니다. 그런 점에서 이 '죄악'이라는 표현은 죄의 이러한 본질적인 뿌리와 열매를 동시에 지적하는 적절한 단어입니다.

메시아가 대속하셔야 했던 것은 '우리 모두의 죄악'이었습니다. 집 마당에 나무 한 그루가 있다고 가정해 봅시다. 그 나무를 그 자리에 두고 함께 살아가고자 할 때는 그 나무가 맺는 열매나 피우는 꽃이 중요한 고려 사항이 됩니다. 그러나 그 나무를 뽑아 버리기로 결정하고 나면, 그 나무에 있어서 가장 중요한 문제는 뿌리입니다. 열매를 하나도 남김없이 따서 없애 버리는 일은 뿌리째 파내 버리기로 한 이상 해도 그만 안 해도 그만인 일이지만, 뿌리는 완벽하게 제거하지 않으면 다시 그 자리에 그 나무를 자라게 할 것이기 때문입니다.

인간의 범죄로 말미암아 인간 내면에 스며든 죄의 문제도 마찬가지입니다. 열매일 뿐인 악 자체를 제거하는 것보다 중요한 일이 바로 그 뿌리를 도말하는 일입니다. 그 뿌리인 죄는 본질적으로 하나님을 마음에 두기 싫어하는 것으로, 그분에게 복종하고 섬기며 그분을 사랑하는 대신 그분을 거스르고 적극적으로 대적하려는 성향입니다. 이것이 우리의 영혼 깊은 곳에 뿌리를 박고 우리의 삶에 악이라는 열매를 맺고 있는 것입니다.

대속은 우리의 영혼 깊은 곳에 뿌리박고 우리의 생각과 사상은 물론 행동과 삶까지도 철저히 지배하려 하는 하나님을 향한 적대감을 하나님께서 친히 하나님의 지혜로 도말하신 사건입니다. 예수 그리스도의 대속의 공로는 단지 우리에게 죄의 심판을 면하게 해준 것이 아닙니다. 우리 안에서 죄의 뿌리를 근원적으로 도려내고 다시 하나님과 화목할 수 있는 새로운 원리를 심으셨는데, 이것이 거듭난 본성입니다(롬 8:2).

대속할 죄악 : 하나님을 떠남

예수 그리스도께서 하늘 영광을 버리고 이 땅에 내려오셔야만 했던, 그리고 십자가에서 비참하게 죽으셔야만 했던 이유는 우리의 죄악을 대속하셔야 했기 때문입니다. 이사야 선지자는 예수 그리스도께서 대속하셔야 할 우리의 죄악을 이사야 53장 6절 상반절에서 양의 비유로 설명합니다. "우리는 다 양 같아서 그릇 행하여 각기 제 길로 갔거늘."[37] 인간의 죄악은 하나님을 떠나 하나님 없이도 아무렇지 않게 자기의 소견에 옳은 대로 그냥 살아간 것입니다.

'죄'라고 하면 사람들은 살인과 간음, 사기와 절도 같은 것들을 떠올립니다. 그러나 이사야 선지자는 우리가 각기 제 길로 간 것이 바로 메시아가 대속하셔야 했던 죄악의 정체로 규정합니다.[38]

아이들은 놀이터에서 놀다가 그네가 싫증 나면 시소로 가고, 시소가 시들해지면 미끄럼틀을 타고, 그마저도 재미없어지면 집으로 가 버립니다. 마음 내키는 대로 해도 상관없습니다. 놀이터에서 마땅히 완수해야 할 사명이 없기 때문입니다. 그러나 전투에 나선 지휘관이 공격 명령을 내리다가 상황이 힘들다고 떠나면 어떻게 될까요? 오늘은 전투 지휘할 기분이 아니니 부하들에게 알아서 싸우라고 한다면 어떻게 될까요? 그는 자신에게 부여된 지위와 책임과 의무에 충실하지 않은 것에 대해 응분의 처벌을 받을 것입니다.

---

[37] 우리말 개역개정 성경에 '그릇 행하여 각기 제 길로 갔거늘'이라고 번역된 부분을 히브리어 원문은 타이누 이쉬 레다르코 파니누(תָּעִינוּ אִישׁ לְדַרְכּוֹ פָּנִינוּ)라고 기록하고 있는데, 이것을 직역하면 '우리는 제각기 길을 잃어버리도록 다녔으며 자기의 길을 향하여 돌이켰는데'가 된다. 이는 죄로 말미암아 하나님의 목양적 돌봄(pastoral care)을 받지 못하고 살아가는 인간의 무조력(無助力) 상태를 가리키는 것이다. 이는 인간이 스스로 죄로 말미암아 하나님을 떠났기 때문에 당하게 된 상황이다. 이에 대하여 헹스텐베르크(Ernst W. Hengstenberg)는 이렇게 지적한다. "마치 외로운 길손이 여러 위험에 노출된 상태로 외롭게 자기의 길을 홀로 걸어가듯이, 우리도 하나님의 인도하심도 없이, 형제들과의 사랑의 연합도 없이 홀로 인생길을 걸어가고 있다." Ernst W. Hengstenberg, *Christology of the Old Testament and a Commentary on the Messianic Predictions* (Grand Rapids: Kregel Publications, 1976), 237.

[38] 교리적으로 볼 때, 그리스도께서 대속하셔야 했던 인간의 죄는 크게 둘로 나누어진다. 하나는 아담의 타락과 함께 물려받은 원죄이고, 또 하나는 인간이 살아가면서 짓는 실행죄이다. 인간은 아담의 타락과 함께 원죄의 죄책과 죄악 된 부패성을 물려받았다. 그리고 이 원죄의 죄책은 아담이 개인으로서가 아니라 인류의 대표자로서 하나님과의 언약 관계를 파기하고 선악과를 먹은 데서 비롯된 것이며 인간은 이 죄에 대한 책임을 공유하는데, 이것은 그리스도를 믿을 때에 주어지는 칭의를 통하여 해결되고, 물려받은 부패성은 중생을 통해 우리 안에 심으시는 새 생명의 원리에 의하여 일생 동안 성화된다. 그러나 여기서 잊지 말아야 할 사실이 있는데, 중생은 단지 우리의 악하고 부패한 본성에 거스르는 생명의 원리만을 심는 것이 아니라 그 사람을 지배하던 죄의 통치와 법을 끊어 버리는 획기적인 사건이다. 이것을 통하여 신자 안에 있는 죄는 통치(dominion)가 끝나고 영향력(influence)으로만 남게 된다. 그러나 이 영향력은 가변적이다. 즉 경건한 생활과 풍부한 영적 생활에 의하여 거의 영향력을 상실할 수도 있고 또다시 강력한 영향력을 가질 수도 있다. 그러나 신자들에게 있어서 이제 죄의 영향력은 절망적으로 받아들일 수밖에 없는 것은 아니라는 점에서 중생한 신자와 그렇지 못한 사람들 사이의 차이는 현저하다.

인간도 마찬가지입니다. 하나님께서는 인간을 단지 이 세상에서 다른 피조물들처럼 살아 있게 하려고 창조하신 것이 아니었습니다. 하나님의 형상을 가진 인간을 이 세상에 창조하신 것은 인간과 교제하고, 그 교제를 누리며 살아가는 인간에 의해 피조 세계 전체가 날마다 더욱 아름다워져 가는 것을 기대하셨기 때문이었습니다.

그런데 어느 날 인간이 하나님께서 주신 영광스러운 지위와 책임과 의무를 내팽개치고 자기 좋을 대로 살기로 합니다. 그렇게 살다 간 수많은 인간들 중에는 착한 사람도 있었고 도덕적인 사람도 있었습니다. 그러나 그들의 삶이 선행으로 가득 찼건 악으로 점철됐건 상관없이 그들은 모두 대속을 필요로 하는 존재들이었습니다. 왜냐하면 그들의 삶은 모두 인간을 창조하신 하나님의 계획으로부터 멀어져 있었기 때문입니다.

양의 비유

모든 삶의 동기가 하나님을 사랑하는 데서 비롯되게 하시려고, 하나님께서는 인간을 당신과 교통할 수 있는 존재로 지으셨습니다. 그런데 인간은 죄를 범했고, 그러한 삶의 가능성은 완전히 사라졌습니다. 아담의 범죄 이후, 인간들의 삶은 하나님과의 창조의 목적과는 상관없이 그냥 살아 있으니 살아가는 삶이 되고 말았습니다.

그러나 하나님께서는 그런 비참한 처지에 놓인 인간들을 그냥 버려 두지 않으셨습니다. 구약의 역사는 하나님께서 인간들 가운데 한 민족을 선택하시고 그들과 관계를 맺으시며 그들을 인도해 오셨음을 보여줍니다.

이사야 선지자는 이스라엘 백성들을 인도해 오신 하나님을 생각하며 양 떼를 돌보는 목자를 연상하였습니다. 그래서 그는 범죄한 인간들을 양 떼에 비유하여 설명합니다. 그런데 이 비유를 보다 정확하게 이해하기 위해서는 이사야 선지가가 이 예언을 기록하던 당시의 문화에서 양이 어떠한 동물로 인식되고 있었는지를 먼저 살펴야 합니다.

사실 우리가 일반적으로 생각하는 양은 순하고, 사람의 말을 잘 듣고, 다른 가축들과 다툴 줄 모르는 착한 짐승입니다. 그러나 이것은 푸른 풀밭에서 한가로이 뛰노는 양을 그림으로만 보았기에 갖게 된 연상입니다. 정작 양을 많이 기르는 중동 지방 사람들의 양에 대한 인식은 우리와 전혀 다릅니다. 이란과 이라크 같은 중동 지방에서 통용되는 가장 상스러운 욕 중의 하나가 무엇인지 아십니까? 그것은 뜻밖에도 '양 같은 놈'이라는 말입니다.

양이 힘이 없고 연약하다고 생각하는 것도 우리의 선입견일 따름입니다. 덩치가 큰 양은 대단히 힘이 세서 고집을 부리며 앞발을 뻗어 버티고 있으면 좀처럼 끌고 가기 어렵다고 합니다. 그래서 양을 가까이 지켜본 사람들은 양을 자기를 지킬 능력도 없으면서 고집만 센 어리석은 동물이라고 말합니다.

실제로 양은 시력이 매우 나쁩니다. 성경에서 양을 길을 잘 잃어버리는 동물의 대명사로 거론하는 것도 양의 이런 특성 때문일 것입니다. 더구나 양은 강력한 이빨이나 날카로운 뿔, 빠른 발 같은 효과적인 방어용 무기를 가진 동물도 아닙니다.

이러한 양의 특성을 종합하면, 우리가 얻게 되는 결론은 이것입니다. "양은 혼자 살아갈 수 없는 동물이다."[39] 즉, 누군가의 도움을 절대적으로 필요로 하며 그 돌봄의 그늘 아래서 살아가도록 창조된 존재라는 것입니다.

---

39) 이사야 선지자가 하나님께 범죄하여 메시아에 의해 대속받아야 할 존재로서 이스라엘을 '각기 제 길로 간 양에 비유한 것은 양이 가지고 있는 허물과 죄를 지음에 있어서의 소극적인 단점 즉 연약함 같은 것보다는 적극적인 단점 즉 무지와 완고함을 지적하고자 한 것이다. 선지자는 이 같은 지적을 통하여 그리스도께서 대신 담당하셔야 했던 선택된 백성들의 죄악이 단지 연약함이나 상처의 결과였다기보다는 하나님의 뜻을 알지 못하고 또 알려고 하지 않는 무지와 그릇된 길인데도 그 길을 돌이키지 아니하고 자기의 길 가기를 계속한 고집의 결과라는 사실을 부각하고자 한 것이다. 더욱이 이스라엘 백성들의 자상한 돌봄에 의하여서만 목축이 가능하던 대표적인 짐승을 비유로 듦으로써 인간들이 하나님을 떠나서는 살 수 없는 존재들임을 말하고자 한 것이다. 양에 대한 이 설명은 다음 책을 참조하라. 김남준, 『김남준 목사의 시편 23편 강해』(서울: 생명의말씀사, 2007), 30-34.

이사야 선지자는 인간이 하나님 앞에서 이러한 양과 같은 존재임을 깨달았습니다. 그러므로 그의 이 비유는 목자이신 하나님을 간절히 의지하는 위대한 신앙 고백이기도 합니다.

참된 신앙은 하나님 없이는 살 수 없음을 고백하는 신앙입니다. 스스로의 힘으로 넉넉히 잘 살아 낼 수 있을 것 같으십니까? 그 자만심이 바로 예수 그리스도를 십자가에서 죽으시게 한 우리의 죄악입니다.

우리는 다 양같이 어리석었고 고집만 셌습니다. 그래서 그릇 행하였고 그릇 행하면서도 그릇된 줄을 몰랐습니다. 하나님께서 우리에게 말씀하시는 것보다 우리 자신의 생각을 더 믿었고, 홀로 잘 살아 낼 수 있는 아무 능력도 없는 주제에 홀로 잘 살 수 있으리라 믿었습니다.

이러한 무지가 죄를 죄로 알지 못하게 하였고, 우리의 죄를 위하여 십자가를 지신 메시아를 알아보지 못하게 하였습니다. 그분이 왜 십자가를 지셔야 했는지, 그 십자가가 우리에게 무슨 의미가 있는지에 대하여 도무지 생각할 줄 모르는 사람들이 되게 하였습니다.

무지 위에 악한 고집을 더했습니다. 그래서 악한 길을 가면서도 그 길이 잘못된 길임을 생각하려고 하지 않았습니다. 성경의 무수한 경고와 가르침을 짓밟으면서도 그것을 옳은 길이라고 확신하며 살아갔습니다.

그러나 이제는 우리도 알게 되었습니다. 그리스도의 십자가를 통해 인간의 무지와 고집으로 빚어진 반역의 결과가 얼마나 무서운지를 보았기 때문입니다. 그 십자가를 볼 때마다 단지 우리의 소견에 옳은 대로 무지와 완고함 속에서 걸어간 결과가 얼마나 무서운 것이었는지를 깨닫습니다.[40]

---

[40] 십자가의 진리에 대한 깨달음은 하나님뿐 아니라 우리 자신을 보게 한다. 십자가에 못 박히신 그리스도를 보면서 우리는 우리의 무지와 고집이 빚어낸 하나님을 향한 반역과 범죄의 결과가 얼마나 큰지를 본다. 세상 사람의 눈에 어리석어 보이는 도(道), 십자가가 구원을 얻은 우리에게는 하나님의 지혜가 되는 것은 이 때문이다. 이 점에 대하여 사도 바울은 이렇게 말한다. "십자가의 도가 멸망하는 자들에게는 미련한 것이요 구원을 받는 우리에게는 하나님의 능력이라 기록된 바 내가 지혜 있는 자들의 지혜를 멸하고 총명한 자

대속하시는 사랑

한 사람의 삶은 십자가의 사랑을 아는 것에 좌우됩니다. 다시 말해 우리는 십자가의 사랑을 경험하는 것만큼 사랑의 삶을 살아갈 수 있습니다. "하나님이 우리를 사랑하시는 사랑을 우리가 알고 믿었노니 하나님은 사랑이시라 사랑 안에 거하는 자는 하나님 안에 거하고 하나님도 그의 안에 거하시느니라"(요일 4:16).

그릇된 길로 간 양과 같은 우리 무리의 죄악을 대속해 주시는 일은 여호와 하나님께서 직접 계획하셨습니다. 즉, 인류를 위한 대속의 계획은 인간들이 여호와께 구원을 호소하고 용서를 빎으로써 시작된 것이 아니라 인간을 불쌍히 여기시는 하나님의 사랑에 의하여 주도된 것입니다.

하나님께서 이 가치 없는 인간들을 대속해 주셔야 할 이유가 어디에 있습니까? 우리는 그 이유를 우리를 불쌍히 여기시는 하나님의 사랑 밖에서는 찾을 수가 없습니다.

인간을 위하여 대속의 길을 여실 의무가 하나님께는 없었습니다. 그러나 하나님께서는 창조의 목적을 떠나 비참하게 된 인간들을 불쌍히 여기신 사랑으로 대속의 길을 여셨습니다. "사랑은 여기 있으니 우리가 하나님을 사랑한 것이 아니요 하나님이 우리를 사랑하사 우리 죄를 속하기 위하여 화목 제물로 그 아들을 보내셨음이라"(요일 4:10). 그러므로 우리는 그리스도의 십자가를 볼 때마다 죄를 미워하시는 하나님의 엄위로우시고 거룩하신 성품을 봅니다. 또한 가치 없는 죄인들을 긍휼히 여기시는 하나님의 사랑의 성품도 함께 만납니다. 우리가 하나님의 공의와 사랑이 십자가에서 만났다고 말하는 이유가 바로 여기에 있습니다.

들의 총명을 폐하리라 하였으니"(고전 1:18-19). 그러므로 기독교 신앙의 수준과 깊이는 그리스도의 십자가의 의미를 아는 것이 달려 있다.

자신의 무가치함을 아는가

예수 그리스도께서 왜 십자가에 못 박히셔야 했습니까? 무엇 때문에 그 존귀하신 분이 미천한 우리의 죄를 짊어지셔야 했습니까? 완전한 사랑과 교제 속에서 하나님과 함께 계셨던 그분이 아버지께 버림받는 일이 왜 일어나야 했습니까?

우리가 다 양 같아서 그릇 행하여 각기 제 길로 갔기 때문입니다. 우리의 무지와 악한 고집이 우리의 눈을 가려, 우리가 얼마나 무가치하고 연약한 존재인지 몰랐기 때문입니다.

그리스도인은 자기가 하나님 앞에서 얼마나 무가치한지를 안 사람들입니다. 한 교회의 신앙적인 성숙은 그들 자신이 하나님 앞에서 얼마나 무가치한지를 깨닫는 정도와 비례합니다. 이 세상의 모임과 단체는 각기 자기가 쓸모 있다고 생각하는 사람들로 가득하지만, 교회는 자기가 쓸모 있다고 생각하는 사람이 가장 쓸모없는 곳입니다. 왜냐하면 교회는 자신은 하나님 아니면 안 된다고 생각하는 사람들이 모이는 곳이기 때문입니다.

인간은 자신의 무가치함을 인식하는 만큼만 하나님을 의지합니다. 대속의 교리가 그리스도인으로 하여금 믿음의 삶을 살아가도록 붙들어 주는 것은 이 교리만큼 우리 자신의 무가치함을 잘 보여주는 진리가 없기 때문입니다. 하나님께서 보실 때에 우리에게 가치 있는 것이 있다면, 그것은 모두 하나님 때문에 값지게 된 것이지 원래 우리에게 있었던 것이 아닙니다.

하나님께서 대속의 길을 여시고 그리스도께서 우리를 위하여 대신 죽으시지 아니하였다면 우리는 여전히 죄 가운데서 하나님을 대적하며 살았을 것입니다. 그러므로 우리는 살아 있는 날 동안 다만 그리스도의 대속의 은혜에 빚진 사람들입니다. 우리는 이제 우리의 것이 아니라 주님의 것입니다. 하나님께서 메시아를 주시고 우리를 사셨기 때문입니다.

행복은 하나님과의 화목이다

예수 그리스도께서 우리의 죄를 대속해 주신 것은 단지 우리를 정죄 받지 않게 하시기 위해서가 아닙니다. 세상 사람들은 그리스도인들이 신앙을 갖고 교회에 다니는 이유를 죽어서 천국에 가기 위함인 것처럼 생각합니다. 그러나 죽어서 천국에 가는 것은 그리스도인의 삶의 자연스러운 결과이지 신앙의 목표는 아닙니다.

예수 그리스도께서 우리의 죄를 대속해 주신 이유는 죽은 다음을 위해서가 아닙니다. 사는 동안 정말 사는 것처럼 살게 해주시기 위해서입니다. 그래서 요한복음 17장에서 예수 그리스도께서는 이렇게 기도하십니다. "내가 비옵는 것은 그들을 세상에서 데려가시기를 위함이 아니요 다만 악에 빠지지 않게 보전하시기를 위함이니이다"(요 17:15).

죄의 용서는 우리의 삶에 놀라운 변화를 가져옵니다. 그중 가장 중요한 변화는 하나님과의 관계에서 하나님이 갑자기 가깝게 느껴지는 것입니다. 이것은 하나님과의 화목이 우리의 영적 생활에 투영된 결과입니다.

하나님과 화목한 관계 속에서 살아 보지 못한 사람들은 인간이 하나님 때문에 얼마나 행복해질 수 있는지 결코 알 수 없습니다. 오직 하나님과 화목한 관계를 누리며 영적 친교의 행복을 경험한 사람들만이 왜 『웨스트민스터 교리 문답』(*Westminster Catechism*)이 인생의 제일 되는 목적을 "하나님을 영화롭게 하고 그를 영원토록 즐거워하는 것"이라고 말하는지 이해합니다.

우리가 이 세상에서 누릴 수 있는 최상의 행복이 무엇일까요? 예수 그리스도께서 십자가를 통해 열어 주신 하나님과의 화목의 삶을 실제로 누리며 살아가는 것보다 더 행복한 일은 이 세상에 없습니다.

그러므로 우리는 피 묻은 그 십자가를 붙들고 이렇게 고백해야 합니다. "하나님과 화목한 삶을 사는 것보다 더 중요한 문제는 나에게 없습니다." 십자가 은혜로 말미암는 놀라운 회복은 그렇게 고백하며 나오는 사람들에게 임합니다. 인간이 누릴 수 있는 최상의 행복은 하나님께서 그리스도를 통해 이루신 대속을 성령 안에서 받아들이는 것입니다. 이로써 하나님과 단절된 상태에서 경험하는 결핍의 삶을 끝내는 것입니다. 대속을 통한 평화로 말미암아 공급되는 생명과 사랑을 풍성하게 누리며 사는 것입니다(요 10:10).

이제 우리는

아직도 하나님의 사랑을 믿지 못하는 분들에게 저는 이렇게 말하고 싶습니다. 이렇게 대속의 교리를 증거하는 제가 바로 하나님의 사랑의 증거입니다. 저처럼 쓸모없는 인생을 이렇게 살아 있게 하신 것은 아직 그 사랑을 깨닫지 못한 사람들을 섬기게 하기 위해서입니다.

그리스도의 십자가를 생각할 때마다 확신하는 것이 두 가지 있습니다. 하나는 우리가 얼마나 쓸모없고 더러운 죄인인가 하는 것이고, 또 하나는 그럼에도 불구하고 계속되는 하나님의 사랑이 얼마나 놀라운가 하는 것입니다.[41]

어찌 이것이 저만의 고백이겠습니까? 그리스도께서 우리 죄를 대속하신 하나님의 메시아이심을 경험한 모든 사람들에게는 동일하게 이러한 고백이 있습니다. 그래서 그들은 부족하지만, 언제나 하나님께 진 사랑의 빚을 생각하면서 하나님을 향해 살아갑니다.

---

41) 그리스도인이 성화와 헌신의 삶에 있어서 끊임없이 전진하기 위해서는 대속의 감격 속에 사는 영적 생활이 필요하다. 이것은 사도 바울의 다음과 같은 고백을 통해서도 사실로 입증된다. "미쁘다 모든 사람이 받을 만한 이 말이여 그리스도 예수께서 죄인을 구원하시려고 세상에 임하셨다 하였도다 죄인 중에 내가 괴수니라 그러나 내가 긍휼을 입은 까닭은 예수 그리스도께서 내게 먼저 일체 오래 참으심을 보이사 후에 주를 믿어 영생 얻는 자들에게 본이 되게 하려 하심이라"(딤전 1:15-16).

나 같은 죄인이 용서함받아서
주 앞에 옳다 함 얻음은
확실히 믿기는 어린양 예수의
그 피로 속죄함 얻었네.

이제 우리가 선택할 수 있는 또 다른 삶은 없습니다.

우리는 이미 하나님 없이 사는 삶이 얼마나 어둡고 추운지를 경험했으며, 이 세상을 한 마리의 길 잃은 양으로 사는 것이 얼마나 힘든지를 알았습니다. 우리의 소견대로 각기 제 길로 간 결과가 얼마나 기대와 다른지도 보았고, 우리가 받은 대속의 은혜가 얼마나 놀랍고 큰 것인지도 알았습니다. 그러므로 우리는 생명 있는 날 동안 그리스도의 대속의 은혜를 자랑하며, 오직 그리스도 한 분만을 의지하며 살아가야 할 사람들입니다.

예수 그리스도는 참하나님이신 동시에 참사람이셨습니다. 그분은 하나님이셨지만, 그분의 신성(神性)을 인성(人性) 아래 감추시고 연약한 한 인간으로서 우리의 죄를 위해 대신 하나님의 징벌을 받으셨습니다. 그리고 자신이 메시아이심을 알고 인류의 구원을 위해 무슨 일을 하셔야 할지도 아셨기에 곤욕을 당하여 괴로울 때에도 입을 열지 아니하시고 고요히 침묵하셨습니다.

제6장

침묵 속에 자신을 바치신 그리스도

"그가 곤욕을 당하여 괴로울 때에도 그의 입을 열지 아니하였음이여 마치 도수장으로 끌려가는 어린양과 털 깎는 자 앞에서 잠잠한 양같이 그의 입을 열지 아니하였도다"(사 53:7).

고난과 침묵

이사야 53장 6절이 대속의 계획이 하나님에 의해 수립되었음을 밝히고 있다면, 7절부터 9절까지의 말씀은 그 대속을 성취하기 위해 이 땅에 오셔서 고난당하실 메시아의 모습을 구체적으로 표현하고 있습니다. "그가 곤욕을 당하여 괴로울 때에도 그의 입을 열지 아니하였음이여 마치 도수장으로 끌려가는 어린양과 털 깎는 자 앞에서 잠잠한 양같이 그의 입을 열지 아니하였도다"(사 53:7).[42]

먼저 이사야 선지자는 메시아의 고난과 침묵을 언급합니다. 사실 대속을 위하여 메시아가 고난을 받게 될 것임은 이미 앞에서도 언급이 되었습니다. 여기서 다시 고난을 거론하는 것은 고난 자체를 강조하기 위해서가 아니라,

---

[42] 이사야 53장 7절의 히브리어 원문은 "נִגַּשׂ וְהוּא נַעֲנֶה וְלֹא יִפְתַּח־פִּיו כַּשֶּׂה לַטֶּבַח יוּבָל וּכְרָחֵל לִפְנֵי גֹזְזֶיהָ נֶאֱלָמָה וְלֹא יִפְתַּח פִּיו"로 되어 있는데, 이를 직역하면 다음과 같다. "그가 압제를 당하여 고통을 당하였으나, 그 도살자에게로 이끌려 온 어린양과 같이 그의 입을 열지 아니하였으며, 그의 털을 깎는 자의 면전에 있는 양같이 침묵하였으니 그의 입을 열지 아니하였다." 헹스텐베르크(Ernst W. Hengstenberg)는 이 구절에 대한 설명을 이렇게 열었다. "선지자는 2절에서 메시아의 고난에 대한 이야기를 시작했으나, 4–6절에서는 메시아의 고난의 이유에 대하여 설명하기 위하여 잠시 주제를 벗어났다. 이제 다시 메시아에 대한 묘사를 시작하였는데, 고난 가운데 있는 하나님의 위대한 종의 완전한 온유함과 인내를 우리 앞에 보여주고 있다." Ernst W. Hengstenberg, *Christology of the Old Testament and a Commentary on the Messianic Predictions* (Grand Rapids: Kregel Publications, 1976), 237. 칼빈(John Calvin)의 주장과 같이 '어린양'이라는 묘사는 우리로 하여금 율법에 따라 드려지던 제사에 바쳐진 어린양을 생각나게 한다. 그리고 그런 의미에서 메시아가 '어린양'으로 불리기도 하였다(요 1:29, 36). John Calvin, *Commentary on the Book of the Prophet Isaiah*, vol. 4, in *Calvin's Commentaries*, vol. 8, trans. William Pringle (Grand Rapids: Baker Book House, 1998), 119.

그 고난을 메시아가 어떤 방식으로 감당하시는지를 알리기 위해서입니다.

'그가 곤욕을 당하여'가 메시아의 육체적 고통을 가리키는 것이라면, '괴로울 때에도'는 그분의 내면적인 고통을 나타내는 말입니다. 예수 그리스도께서도 고난을 받는 것은 매우 고통스러운 일이었습니다.

예수 그리스도가 누구이신지에 대해 생각할 때 우리가 반드시 기억해야 할 사실이 있습니다. 그것은 그리스도의 양성(兩性) 교리로서, 예수 그리스도께서는 참하나님이신 동시에 참사람이셨다는 사실입니다. 인류의 죄를 대속하기 위하여 이 세상에 오셔서 우리의 허물을 인하여 찔림을 당하시고 우리의 죄악을 인하여 상함을 받으신 분은 참하나님이신 동시에 참사람이셨습니다.[43]

---

43) 기독교 신앙에 있어서 그리스도의 양성 교리를 가장 그림처럼 보여주는 다음 본문은 사도 바울의 신학의 핵심이라고 할 수 있는 기독론적 고백이다. "그는 근본 하나님의 본체시나 하나님과 동등됨을 취할 것으로 여기지 아니하시고 오히려 자기를 비워 종의 형체를 가지사 사람들과 같이 되셨고 사람의 모양으로 나타나사 자기를 낮추시고 죽기까지 복종하셨으니 곧 십자가에 죽으심이라 이러므로 하나님이 그를 지극히 높여 모든 이름 위에 뛰어난 이름을 주사 하늘에 있는 자들과 땅에 있는 자들과 땅 아래에 있는 자들로 모든 무릎을 예수의 이름에 꿇게 하시고 모든 입으로 예수 그리스도를 주라 시인하여 하나님 아버지께 영광을 돌리게 하셨느니라"(빌 2:6-11). 이 고백에 의하면 메시아는 하나님으로서 그분의 신성(神性)을 버리신 것이 아니라 인성(人性) 안에 감추신 것으로 나타난다. '자기를 비워 종의 형체를 가지사'라고 한 대목도 신성의 포기나 버림이 아니라, 하나님이신 그리스도께서 인간의 몸을 입으심으로 신성을 인성 아래 감추신 겸비함을 가리키는 것이다. 역사적으로 이 성경 구절을 '신성을 버린 것'으로 오해하여 케노시스 이단의 이론(Kenotic Theory)이 생겨나게 되었다. 이는 그리스도의 신성과 인성이 어떻게 육신을 입고 오신 그리스도 안에 함께 있을 수 있는지에 대해 무지하였기 때문에 비롯된 것이다.

그분은 하나님이셨지만, 인간을 대신하여 형벌을 당하실 때에는 그분의 신성(神性)을 인성(人性) 아래 감추셨습니다. 그분은 연약한 한 인간으로서 우리의 죄를 위해 하나님의 징벌을 받으셨습니다.

사실 죄가 없으신 그분이 하늘의 영광을 버리고 낮고 천한 이 세상에 내려오신 것부터가 그분에게는 고통이고 모욕이었습니다. 그러나 그분은 당신 자신이 메시아이심을 알고 계셨고 당신이 무슨 일을 하셔야 할지도 아셨습니다. 그래서 기꺼이 사람의 모양으로 나타나사 자기를 낮추시고 죽기까지 복종하셨습니다. "그는 근본 하나님의 본체시나 하나님과 동등됨을 취할 것으로 여기지 아니하시고 오히려 자기를 비워 종의 형체를 가지사 사람들과 같이 되셨고 사람의 모양으로 나타나사 자기를 낮추시고 죽기까지 복종하셨으니 곧 십자가에 죽으심이라"(빌 2:6-8).

하지만 그럼에도 불구하고 배신을 당하고 채찍에 맞고 십자가에 못 박히실 때, 그분도 슬프고 아프셨습니다. 그분은 하나님이셨지만 동시에 우리와 똑같이 연약한 사람이셨기 때문입니다. 그러므로 예수 그리스도께서 생애 마지막 주간에 당하셨던 극심한 고난, 즉 체포와 심문과 처형은 우리가 상상하는 그대로 그분에게도 말할 수 없이 큰 고통이었습니다.

예수님의 고난의 절정은 겟세마네에서 기도를 마치고 내려오셔서 유대인들에게 체포되시면서 시작됩니다. 그분이 대제사장의 뜰에서 죄인들에게 심문을 당하신 것은 의미심장한 일입니다(마 26:57). 대제사장이 예표하였던 실체이신 예수 그리스도께서 아무 죄가 없으심에도 불구하고 심문을 당하신 사건이기 때문입니다. 대제사장의 직무가 무엇입니까? 백성들의 죄를 위하여 아파하고 그들의 죄의 용서를 위하여 하나님께 탄원하는 것입니다. 그런데 그 대제사장의 뜰에 진짜 대제사장으로 오신 예수 그리스도가 서셨습니다. 한 사람의 죄인으로서 말입니다.

가야바의 뜰에서 빌라도에게로, 빌라도에게서 헤롯에게로, 다시 헤롯에게서 빌라도의 법정으로 끌려가 재판을 받으시기까지 예수님께서는 수없이 심문을 당하셨습니다. 복음서는 여러 지면을 할애하여 그분이 체포되고 심문당하시는 과정을 보도합니다.

그리고 그 보도 가운데에서 우리는 메시아가 고난을 침묵으로 견딜 것이라는 이사야의 예언이 이루어진 것을 보게 됩니다. 대제사장의 뜰에서 어처구니없는 종교 재판을 받으실 때, 예수 그리스도께서는 침묵하셨습니다. "대제사장이 가운데 일어서서 예수에게 물어 이르되 너는 아무 대답도 없느냐 이 사람들이 너를 치는 증거가 어떠하냐 하되 침묵하고 아무 대답도 아니하시거늘……"(막 14:60-61).

예수님의 침묵은 대제사장들이나 장로들과 같은 종교 지도자들을 향해서만이 아니었습니다. 빌라도에게 심문을 받으실 때에도 그분은 침묵하셨습니다. "예수께서 총독 앞에 섰으매 총독이 물어 이르되 네가 유대인의 왕이냐 예수께서 대답하시되 네 말이 옳도다 하시고 대제사장들과 장로들에게 고발을 당하되 아무 대답도 아니하시는지라 이에 빌라도가 이르되 그들이 너를 쳐서 얼마나 많은 것으로 증언하는지 듣지 못하느냐 하되 한마디도 대답하지 아니하시니 총독이 크게 놀라워하더라"(마 27:11-14).

헤롯에게 심문을 당하실 때에도 그리스도의 침묵은 이어졌습니다. "헤롯이 예수를 보고 매우 기뻐하니 이는 그의 소문을 들었으므로 보고자 한 지 오래였고 또한 무엇이나 이적 행하심을 볼까 바랐던 연고러라 여러 말로 물으나 아무 말도 대답하지 아니하시니"(눅 23:8-9).[44]

---

[44] 이러한 기록들은 사도 베드로의 진술과도 조화를 이룬다. "욕을 당하시되 맞대어 욕하지 아니하시고 고난을 당하시되 위협하지 아니하시고 오직 공의로 심판하시는 이에게 부탁하시며"(벧전 2:23). 십자가에 달려 계실 때에 그리스도께서 입을 열기는 하셨지만 그 누구도 비난하거나 위협하지 않으셨다. 오직 하나님의 영광을 위하여, 자신의 사랑의 증거를 감당하시기 위하여, 원수를 위해 기도하시기 위하여 입을 여신 것뿐이었다. 따라서 자기를 변호하거나 다른 이들을 위협하기 위한 발언에 있어서 그리스도는 고난 중에 철저히 침묵하신 것이다. Ernst W. Hengstenberg, *Christology of the Old Testament and a Commentary on the Messianic Predictions* (Grand Rapids: Kregel Publications, 1976), 237-238.

왜 그러셨을까요? 왜 가장 결정적으로 자기를 밝히셔야 할 시간에 침묵으로 일관하셨을까요? 입을 열기만 하시면 진리의 말씀을 폭포수처럼 쏟아 보내시던 분이 왜 이 결정적인 순간에는 아무 말씀도 하지 않으셨을까요? 당신이 그토록 사랑하는 사람들에게 보여주신 최고의 섬김은 진리를 가르쳐 자유케 하시는 일이었는데 왜 이 순간에는 침묵하셨을까요?

예수 그리스도께서 곤욕을 당하여 괴로울 때에도 입을 굳게 다무셨던 이유를 우리는 다음과 같이 세 가지로 생각해 볼 수 있습니다.

침묵의 이유 1 : 하나님의 지혜를 아심

그리스도께서 고난을 당하시면서도 침묵하신 첫 번째 이유는 인간의 구원을 위한 하나님의 지혜를 아셨기 때문입니다.

그 지혜는 바로 당신이 죽으셔야 한다는 것이었습니다. 그리스도께서 수많은 진리로 사람들을 가르치셨어도 그것으로 인류를 위한 구원의 계획이 완성되는 것은 아니었습니다.

그분의 생애는 자기를 아낌없이 내어 주신 생애였습니다. 그러나 약하고 병든 자들을 고치시고 주린 자들을 먹이셔도 그것으로 인간의 대속이 이루어지는 것은 아니었습니다. 목자 잃은 양같이 유리하고 고생하는 사람들을 위하여 헌신적으로 섬기셨지만, 그분은 결코 그것으로써 인간을 구원할 수 없음을 아셨습니다.

오직 당신이 그들을 대신하여 죽으심으로써만 인간의 구원을 위한 길은 열릴 수 있었습니다. 인간들을 대신하여 당신이 형벌받으심으로써 인간들에게 구원이 주어짐이 하나님의 지혜임을 알고 계셨기에, 그분은 하나님의 경륜을 따라 자신에게 다가오고 있는 죽음을 피하지 않으셨습니다. 오히려 기쁨으로 자신을 드리셨습니다. 그래서 그분은 침묵하셨습니다.

사람들이 보기에는 예수 그리스도께서 악한 자들의 사악한 꾀에 의하여 모함을 받고 죽으신 것처럼 보일지 모릅니다. 그러나 사실은 그 사람들도 하나님의 구원 계획을 실행에 옮기기 위하여 선택된 도구들이었습니다.[45]

그들은 예수님을 배신하였고 모함하였지만, 하나님의 지혜는 그 배신과 모함까지 도구로 사용하여 대속을 이루셨습니다. 그런 하나님의 지혜를 아셨기에, 예수 그리스도께서는 곤욕을 당하여 괴로울 때에도 입을 열지 아니하시고 고요히 침묵하실 수 있으셨습니다.

고난 그 자체는 선한 것도 아니며 아름다운 것도 아닙니다. 예수 그리스도의 생애가 고난으로 가득 찬 생애였던 것은 한 영혼이라도 더 구원하고자 하셨기 때문이지 고난을 찾아 사셨기 때문이 아닙니다.

예수 그리스도께서는 쓸데없는 고난을 취하지는 않으셨습니다. 오히려 예수님께서는 사람들이 박해하면 피하라고 가르치셨습니다. "이 동네에서 너희를 박해하거든 저 동네로 피하라 내가 진실로 너희에게 이르노니 이스라엘의 모든 동네를 다 다니지 못하여서 인자가 오리라"(마 10:23).

그런데 그랬던 그분이 십자가 죽음 앞에서는 더 이상 피하지 않으셨습니다. 말도 되지 않는 비난과 고소에 대하여 조금도 변명하지 않으시고, 당신에게 다가오고 있는 십자가의 고난을 조용히 기다리셨습니다.

사실 예수님의 생애의 모든 준비는 바로 이 시간을 위한 것이었다고 해도 과언이 아니었습니다. 스스로 우리의 대제사장이 되어 자기의 생명을 화목 제물로 드려 하나님과 우리 사이를 막은 죄의 담을 허시는 것이 그분이 이 땅에 오신 목적이었습니다(엡 2:14-15). 이제 그 목적을 이룰 시간이 다가왔음을 아셨기에, 예수 그리스도께서는 자기를 위해 변론하지 않으셨습니다.

---

[45] 그러나 그들은 결코 비인격적으로 선택된 도구들이 아니었다. 다시 말하면 그들은 하나님을 대항하고 메시아를 대적하는 것들이었기 때문에 도구로 택함을 받았다. 그러므로 이들이 하나님의 구원 계획을 위하여 예수님을 못 박아 죽이는 도구로 선택되었다고 하더라도 하나님을 비난할 수 없다.

침묵의 이유 2 : 하나님으로 말미암는 만족

메시아가 곤욕을 당하여 괴로울 때에도 입을 굳게 다무셨던 두 번째 이유는 그분이 하나님으로 말미암는 완전한 만족을 누리고 계셨기 때문입니다.

예수 그리스도의 생애 마지막 주간, 그분의 고난도 절정에 달합니다. 그러나 그 고난 가운데에서 보여주시는 예수 그리스도의 태도는 지극히 평화롭습니다. 그 평화의 비밀은 그분의 내면 세계 가득 하나님으로 말미암는 완전한 만족이 충만했기 때문입니다.

예수 그리스도께서 고난을 당하시면서도 입을 열지 않으신 것은 입을 열 필요가 없을 정도의 만족이 그분 안에 있었기 때문입니다. 그리고 그것은 하나님과의 완전한 평화가 가져다준 선물이었습니다. 예수 그리스도께서는 당신을 죽게 하심으로써 하나님 아버지께서 이루고자 하시는 대속의 결과를 기뻐하셨고, 하나님 아버지께서는 자신을 제물로 드려 자기의 백성들을 위하여 구원의 길을 여시려는 그리스도를 기뻐하셨습니다.

하나님과 누리는 완전한 평화가 가져다준 내면의 평정은 죽음의 고난을 앞에 두고서도 동요하지 않을 수 있게 하였습니다. 하나님과의 완전한 교제 가운데 있었기에 예수님께서는 아셨습니다. 지금 당신이 직면하고 있는 죽음은 오래전부터 하나님께서 준비하신 것이며, 당신은 바로 이때를 위하여 오신 것임을 말입니다(막 10:45).

비록 지금 모진 심문과 고통을 당하고 있지만 사람들의 그러한 악행은 하나님의 궁극적인 구원의 실현을 위한 도구임을 예수님께서는 아셨습니다. 그래서 사람들 앞에서 자신을 변호하기보다는 자신의 고난을 사용하여 대속의 길을 여시는 하나님의 역사를 바라보셨습니다.

모든 사람들로부터 버림을 받으시고 하나님이심에도 불구하고 범죄자 중 한 사람으로 취급당하시면서도 자신을 변호하기 위하여 입을 열지 않으신 예수 그리스도를 보며, 우리는 이러한 도전을 받습니다. 바로 신자의 행복은 하나님으로 말미암는 완전한 만족이 있느냐에 달린 것이라는 사실입니다.

비록 우리가 고난의 길을 걸어가며 많은 사람들로부터 멸시와 조롱을 받는다고 할지라도 그 길이 하나님께서 기뻐하시는 길이고 내가 그 길을 걸어 하나님께 기쁨이 되는 것이 즐겁다면, 우리는 묵묵히 그 길을 걸을 수 있습니다. 그때 누리는 신령한 만족을 통하여 우리는 고난 속에서도 침륜에 빠지지 아니하고 침묵과 인종(忍從)의 길을 걸어가셨던 그리스도의 마음을 배우게 될 것입니다.

그러므로 우리 인생에 있어서, 언제나 문제는 고난 자체가 아니라 하나님과의 관계입니다. 우리가 하나님과 어떤 관계 속에서 살아가고 있는지에 따라 고난은 우리의 발목을 잡는 인생의 무덤이 되기도 하고, 우리를 단련해 정금과 같이 빛나게 하는 인생의 기회가 되기도 합니다.

자신의 내면에 하나님으로부터 말미암는 완전한 만족이 없는 사람들은 어떤 고난이 왔을 때, 사람들에게 자신의 입장을 알리려고 애를 씁니다. 자신이 그러한 고난을 당해야 할 만큼 잘못한 것이 없음을 사람들에게 입증받고 싶어하는 것입니다. 그러나 자신의 내면에 하나님으로부터 말미암는 만족이 있는 사람들은 사람들의 동정이나 인정에 연연하지 않습니다. 이미 하나님께서 자기가 당하는 고난을 아시고 자기를 인정해 주셨기 때문입니다.

그러므로 우리는 한편으로는 우리 자신을 다 드려 주님을 섬기는 비결을 배워야 하지만, 다른 한편으로는 어떠한 어려움 속에서도 하나님으로 말미암는 완전한 만족을 잃지 않는 법을 배워야 합니다. 한 사람의 일꾼 됨과 신자 됨은 같이 가는 것입니다. 그렇기 때문에 어느 하나도 어느 하나를 위해 버려져서는 안 됩니다.

사명에는 반드시 고난이 따릅니다. 따라서 고난이 올 때, 사람들의 평판을 걱정하고 요동하는 사람은 자신의 사명을 이루며 살 수 없습니다. 고난에 직면해도 묵묵히 자기가 가야 할 길을 걸어가는 사람이 사명을 이루며 살 수 있는데, 그러려면 하나님과의 평화로 말미암는 만족이 필요합니다. 사명의 십자가는 맹목적인 열정으로 지는 것이 아니라 그 길을 가는 자신을 기뻐하시는 하나님에 대한 확신으로 지는 것입니다. 하나님으로 인해 만족하며 사는 것이 열렬한 헌신의 삶의 진정한 토대입니다.

하나님께서 나를 옳게 여기신다는 믿음에서 오는 내적 만족이야말로 우리로 하여금 고난의 길도 기쁘게 걷게 하는 자원입니다. 그리고 고난의 길을 걷는 가운데 예수 그리스도의 고난을 묵상하는 것은 그리스도를 아는 지식의 정수입니다.[46]

그러므로 그리스도를 위하여 고난받는 삶이 별로 없는 사람들은 그리스도에 대하여 아는 것도 별로 없는 사람들입니다. 그리스도를 아는 지식의 빛 안에서 자유와 평화를 누리면서 살았던 사람들은 모두 고난도 많이 받았던 사람들이었습니다. 그러나 그들은 고난에 개의치 않고, 하나님으로 말미암는 진정한 만족에 즐거워하며 살았던 사람들이었습니다. 하나님으로 말미암는 완전한 만족이 있기에, 하나님을 위하여 살면서 만나는 수많은 고난과 맞닥뜨리면서도 굴복하지 않는 삶을 살 수 있었습니다.

오늘날 그리스도인들의 신앙은 너무나 안일합니다. 그리스도의 고난을 통하여 구원받았음에도 불구하고 고난 없이 편안하게 사는 삶만을 꿈꾼다면 어떻게 하나님 나라의 백성이라 생각할 수 있겠습니까?

---

[46] 이러한 사실은 사도 바울의 위대한 고백 속에서 입증된다. "그러나 무엇이든지 내게 유익하던 것을 내가 그리스도를 위하여 다 해로 여길 뿐더러 또한 모든 것을 해로 여김은 내 주 그리스도 예수를 아는 지식이 가장 고상하기 때문이라 내가 그를 위하여 모든 것을 잃어버리고 배설물로 여김은 그리스도를 얻고 그 안에서 발견되려 함이니 내가 가진 의는 율법에서 난 것이 아니요 오직 그리스도를 믿음으로 말미암은 것이니 곧 믿음으로 하나님께로부터 난 의라 내가 그리스도와 그 부활의 권능과 그 고난에 참여함을 알고자 하여 그의 죽으심을 본받아 어떻게 해서든지 죽은 자 가운데서 부활에 이르려 하노니 내가 이미 얻었다 함도 아니요 온전히 이루었다 함도 아니라 오직 내가 그리스도 예수께 잡힌 바 된 그것을 잡으려고 달려가노라"(빌 3:7-12).

"그가 곤욕을 당하여 괴로울 때에도 그의 입을 열지 아니하였음이여 마치 도수장으로 끌려가는 어린양과 털 깎는 자 앞에서 잠잠한 양같이 그의 입을 열지 아니하였도다"(사 53:7). 이것은 그때 그리스도께서 우리를 위하여 십자가를 감당하신 태도인 동시에 지금 우리가 그리스도를 위하여 살아갈 때 견지해야 할 태도입니다.

우리가 예수 그리스도를 우리의 메시아라고 고백하는 것은 세상에 있는 다른 사람들은 어떠하든지 우리는 그들과 달리 그리스도를 위하여 고난받는 것을 가장 가치 있는 일로 여기겠다는 서약입니다.

하나님으로 말미암는 만족이 그분으로 하여금 침묵 속에서 십자가를 지게 하였습니다. 그러므로 십자가를 지는 지사충성(至死忠誠)의 삶을 위해 우리에게 필요한 것도 바로 이것, 하나님으로 말미암는 만족입니다.

그러나 우리는 하나님께로부터 오는 완전하고 신령한 만족보다는 세상에서 오는 불완전하고 속된 만족에 길들여져 있습니다. 우리에게는 하나님보다 사랑하는 것이 너무나 많습니다. 그래서 하늘을 향해 훨훨 날아가야 할 우리들이 땅에 떨어진 과자 부스러기를 먹다 몸이 살쪄 날지 못하게 된 새들처럼 바닥을 걸어 다니며 살고 있습니다.

메시아로 오신 예수 그리스도를 보십시오. 아무것도 자기의 것 없이 사신 그분의 생애를 보십시오. 우리의 허물과 죄악을 인하여 찔리고 상하시면서도 자기를 고난으로 부르신 하나님으로 말미암는 완전한 만족 속에서 십자가를 감당하신 그분을 기억해 보십시오.

그분의 침묵은 우리에게 우리가 어떻게 하나님께서 우리에게 주신 사명을 감당해야 하는지를 가르쳐 줍니다. 하나님으로 말미암는 완전한 만족 안에서 예수 그리스도처럼 침묵과 인종으로 사명을 따라 살아가시기를 바랍니다.

침묵의 이유 3 : 목표에 대한 인식

메시아가 곤욕을 당하여 괴로울 때에도 입을 굳게 다무셨던 세 번째 이유는 목표에 대한 분명한 인식이 있었기 때문입니다. 그 목표에 시선을 집중하셨기에 예수 그리스도께서는 주위의 시선이나 판단에 연연하지 않으셨습니다.

예수 그리스도께서 공생애에 들어서며 처음 하신 일은 죄인인 요한에게 세례를 받으시는 일이었습니다. 그분은 아무 죄도 없고 흠도 없는 분이시기에 세례를 받을 필요가 없었습니다. 그럼에도 불구하고 그분은 모든 죄인들이 세례를 받는 그 자리에서 다른 죄인들과 섞여 세례를 받으셨습니다.[47]

심지어 세례 요한도 자신이 그분에게 세례를 주는 것이 가당치 않다고 생각했습니다. "이때에 예수께서 갈릴리로부터 요단강에 이르러 요한에게 세례를 받으려 하시니 요한이 말려 이르되 내가 당신에게서 세례를 받아야 할 터인데 당신이 내게로 오시나이까"(마 3:13-14).

세례 요한의 말의 요지는 죄인인 자신이 어떻게 죄 없으신 하나님의 어린 양에게 세례를 줄 수 있겠냐는 것이었습니다. 그 말을 듣고 예수님께서는 이

---

[47] 구원 역사에 있어서, 예수님의 세례받으심은 단지 낮아지심 이상의 깊은 신학적인 의미가 있다. 쿨만(Oscar Cullmann)은 예수님의 수세(受洗) 사건과 구약 예언에서 자주 언급되는 '여호와의 종'(עֶבֶד יְהוָה)의 개념을 연관 짓는다. "예수님의 수세의 의미는 자신이 하신 두 말씀, 즉 마가복음 10장 38절과 누가복음 12장 50절에 언급된 밥티스데나이(βαπτισθῆναι, to be baptized)에 의하여 확증된다. 예수님께 있어서 '세례 받는 것'은 곧 '죽는 것'을 의미하였다. 이는 예수 그리스도께서 세례 요한과 별도로 사역을 시작하신 후로는 더 이상 물세례를 받으실 필요가 없었기 때문이다. 하늘로부터 하나님의 음성이 들린 후로는 이제 그분에게는 오직 하나의 세례밖에는 남은 것이 없었다. 그분의 죽음이었다. 이러한 해석에 대한 확고한 지지는 예수님의 수세를 보도하는, 요한복음에 나오는 세례 요한 자신의 증언을 통해서 잘 나타나 있다. 요한복음 1장 29절 이하에서 우리는 예수님의 수세 사건에 대한 가장 오래된 주석이라고 할 수 있는 내용을 접하게 된다. 의심할 수 없는 사실은 제4복음서의 기자는 하늘로부터 들리는 음성이 곧 예수님을 '여호와의 종으로서의 섬김'에로 부르시는 것으로 이해하였다는 것이다. 이것이 바로 '보라 세상 죄를 지고 가는 하나님의 어린양이로다'(요 1:29, 36)라고 한 세례 요한의 증언을 이해하는 길이다." Oscar Cullmann, *The Christology of the New Testament*, trans. Shirley C. Guthrie, Charles A. M. Hall (Philadelphia: The Westminster Press, 1989), 67.

렇게 대답하십니다. "이제 허락하라 우리가 이와 같이 하여 모든 의를 이루는 것이 합당하니라"(마 3:15).[48]

우리가 이 구절을 읽으며 확인하게 되는 것은 예수 그리스도께서는 당신을 이 세상에 보내신 하나님의 뜻이 무엇이고 당신이 성취하셔야 했던 하나님의 의가 무엇인지 아셨다는 사실입니다.

예수 그리스도께서는 하나님께서 영광과 권세와 존귀를 누리게 하시려고 당신을 이 세상에 보내신 것이 아님을 아셨습니다. 오히려 죄인들과 함께 이 땅에 거하며 그들과 한 가족이 되게 하셔서 그들을 하나님께로 돌아오게 하시려고 보내신 것임을 아셨습니다.

예수님께는 당신의 낮아지심으로 성취하여야 할 목표에 대한 분명한 인식이 있었고, 이 때문에 고난 중에도 침묵하실 수 있었습니다. 비록 당신은 무죄하시고 순결하시지만 하나님의 백성들의 허물과 죄악을 대신 짊어져야 그들을 구원할 수 있음을 아셨기에, 그분은 부당한 비난과 고통스러운 핍박 가운데에서도 침묵하실 수 있었습니다. 십자가와 그 십자가를 통해서 성취될 하나님의 계획을 예수님께서는 바라보고 계셨습니다.

따라서 우리가 그분의 생애의 마지막을 기록한 복음서 속에서 십자가에서 고난을 당하시는 순간에도 자기의 고통에 마음을 쓰지 아니하시고 죄인들을 구원하시려는 하나님의 계획에 마음을 쓰시는 모습을 발견하는 것은 조금도 이상한 일이 아닙니다. 십자가에 달리신 순간에도 예수 그리스도의 마음을

---

[48] 죄 없으신 예수 그리스도께서 죄 씻음의 표인 세례를 받으신 것은 몇 가지 중요한 이유가 있다. 메시아신 그분에게 있어서 세례를 받으시는 것은 죄 씻음의 표기 이전에 메시아로서의 공적인 취임의 공표였다. 이것은 죄인들이 받는 세례에는 부여할 수 없는, 메시아의 세례만의 독자적인 의미이다. 그리고 메시아의 세례는 죄인들과의 언약적인 연대를 암시하는 것이기도 하다. 즉, 쿨만(Oscar Cullmann)이 지적하는 바와 같이, 메시아이신 예수님께서 세례를 받으심으로써 죄 없으신 분이시지만 죄인들과의 언약적인 연대 안에 계신 분으로서 백성들과 같이 되심을 보여주신 것이었다. 그는 특별히 메시아의 세례받으심을 이사야 선지자의 예언과 연관 지으면서 그의 예언대로 우리의 죄를 대속하시기 위하여 우리의 언약적인 대표자로서 고난을 당하셔야 했음을 지적하고 있다. Leon Morris, *The Cross in the New Testament* (Grand Rapids: Wm. B. Eerdmans Publishing Company, 1980), 39–40.

지배하였던 것은 당신의 고난이 아니라 인간의 구원을 위한 아버지의 뜻이 이루어지는 것이었습니다.[49]

우리가 많은 고난을 받으며 산 것과 세상의 안락한 삶을 포기하며 산 것은 그것이 하나님의 뜻을 이루는 데 기여하였을 때만 가치 있습니다. 성경은 고난 자체를 고상하게 보지 않습니다. 무엇을 위해 고난을 받느냐를 중요하게 봅니다(히 11:26).

그러므로 하나님의 뜻을 따라 살아가는 하나님의 백성들은 자기의 고난보다는 그 고난을 통하여 이루어질 하나님의 뜻에 시선을 두고 살아야 합니다. 예수 그리스도께서는 친히 이러한 일의 모범이 되셨습니다.

우리는 그분의 고난을 통하여 값없이 구원을 받았습니다. 그 큰 사랑에 비하면 우리가 그분을 위해 산 것은 티끌만큼도 안 되는데, 그마저도 우리의 고난을 통하여 이루어지는 하나님의 뜻을 바라보기보다는 우리의 아픔에만 집착하지 않았습니까? 우리의 삶을 십자가의 정신에 잠기게 하는 일은 얼마나 힘든지요.

그리스도 안에서 주님을 위해 어떻게 살아야겠다고 하는 구체적인 삶의 목표가 없는 사람에게는 고난도 없습니다. 그런 사람들의 고난은 이 세상 사람들이 모두 살아가면서 겪는 고생과 동일합니다. 거룩한 고난은 하나님을 위하여 거룩한 삶의 목표를 가진 사람들에게만 주어지는 특권입니다.

이사야 선지자의 예언은 극한 고난을 침묵으로 견디시는 메시아의 모습을 우리에게 보여줍니다. 그분에게는 고난을 당하면서라도 꼭 성취해야 할 목표

---

[49] 이러한 사실은 십자가에서 남기신 일곱 마디의 말씀 가운데서도 잘 나타난다. 예수님께서 십자가에서 남기신 가상칠언(架上七言) 가운데 제1, 2, 3, 6언이 모두 영혼의 구원에 관계된 말씀이라는 사실에서도 잘 나타난다. 제1언은 당신을 십자가에 못 박는 악한 죄인들의 용서를 비는 기도였고, 제2언은 낙원에 이를 때에 자기를 기억해 달라고 구원을 비는 한쪽 강도에 대한 말씀이었으며, 제3언은 당신을 버리고 도망간 제자의 죄책감을 풀어 하나님께 나아가게 하는 말씀이었으며, 제6언은 인간의 죄를 대속하시기 위한 사역을 죽음으로 완성하신 선언이었다. 각 유언에 대한 상세한 해설은 다음을 참조하라. 김남준, 『가상칠언』(서울: 생명의말씀사, 2012).

가 있었습니다. 그것은 당신의 대속적인 죽음으로 우리를 죄에서 구해 내시는 것이었습니다.

여러분들에게도 고난이 오더라도 잠잠히 하나님을 바라며 견뎌 내게 하는, 양보할 수 없는 삶의 목표가 있습니까?

십자가를 진다는 것은 단지 정신적인 영역에서 일어나는 일이 아니라 모든 삶의 영역에서 실현되어야 하는 일입니다. 그래서 예수 그리스도께서는 말씀하셨습니다. "이에 예수께서 제자들에게 이르시되 누구든지 나를 따라오려거든 자기를 부인하고 자기 십자가를 지고 나를 따를 것이니라"(마 16:24).

'그리스도를 따른다.'라는 것은 단지 인생에 관한 기독교의 견해 한두 가지를 받아들인다는 뜻이 아닙니다. 그것은 그리스도를 통하여 제시되는 삶의 방식 전부를 받아들이는 것을 의미합니다. 이것은 우리의 전 삶을 포괄하는 것입니다. 그래서 주님께서는 우리에게 "누구든지 십자가를 지고 나를 생각할지니라."라고 말씀하시지 않고 "십자가를 지고 나를 따를 것이니라."라고 말씀하셨습니다.

삶의 목표 자체가 갱신되지 않으면 고난도 견딜 이유가 없고, 자기 부인도 할 필요가 없습니다. 그러므로 스스로 아무리 그리스도인이라 자부할지라도, 삶에 있어서 실제로 따라가고 있는 거룩한 목표가 없다면 그는 아무것도 아닙니다.

그에게는 열렬한 기도가 있을 리가 없으며, 죄악 된 세상을 살아가는 성도들의 삶의 결정적인 특징인 사랑의 감격과 결단의 용기도 없을 것입니다. 불꽃처럼 이글거리는 눈으로 거룩한 목표를 응시하고 달음질하며 사는 신실한 몸부림도 없을 것입니다.

그리스도인이 이렇게 인생을 사는 것은 비참한 재앙입니다. 독생자를 죽음에 내어 주시기까지 우리를 사랑하신 하나님 앞에 설 때, 어떻게 그 얼굴을 뵈오려고 하십니까?

예수 그리스도께서 곤욕을 당하여 괴로울 때에도 침묵으로 순종하셨던 것은 당신의 고난이 하나님의 뜻을 이루는 징검다리가 되고 있음을 아셨기 때문입니다. 그분의 사랑으로 구원을 얻은 여러분의 삶의 목표는 무엇입니까? 십자가의 사랑으로 구원을 받은 사람들 중에 사명이 없는 사람은 없습니다.

여러분의 사명은 무엇입니까? 여러분 중 어떤 사람들에게는 가족의 구원을 위하여 몸부림치는 것이 사명일 수 있습니다. 그런 경우 그 영혼을 위하여 눈물 흘리기를 마다하지 말아야 합니다. 그가 그리스도의 사랑에 감화받게 하기 위해서라면 희생도 거절하지 말아야 합니다. 그렇게 가족 구원이라는 목표를 갖고 살아갈 때, 우리는 영혼을 사랑하시는 예수 그리스도의 마음을 배우게 될 것입니다.

어떤 사람들에게는 영혼을 맡겨 돌보게 하십니다. 그런 경우 그 영혼이 잘 되는 것이 그의 사명입니다. 그러면 그는 그 일을 위하여 당하는 고난을 두려워 말고, 마치 그 영혼을 사랑하는 것이 자신이 이 땅에 존재하는 이유인 것처럼 섬겨야 합니다.

십자가는 목표를 가지고 살아가는 사람들의 것입니다. 우리가 하나님께서 주신 거룩한 목표를 붙들고 우리가 져야 할 십자가를 지고 살아갈 때, 우리의 고난은 우리의 것이 아니라 주님의 것이 됩니다. 그리고 그렇게 산 날들은 주님을 위하여 산 날들로 기록될 것입니다.

하나님의 자녀들의 진정한 축복은 이렇게 그리스도 안에서 삶의 목표를 발견하고 그 실현을 위하여 사는 것입니다. 그리스도께서 그리하셨던 것처럼 그들도 세상에서 그러한 삶의 보상을 기대하지 않습니다. 하나님의 자녀들이 십자가를 지고 살아간 삶의 궁극적인 보상은 이 세상의 축복이 아니라 하나님 나라의 상급이기 때문입니다.

죽기까지 순종하신 것은

마지막으로 이사야 선지자는 "마치 도수장으로 끌려가는 어린양과 털 깎는 자 앞에서 잠잠한 양같이 그의 입을 열지 아니하였도다"(사 53:7下)라는 말씀으로 십자가를 지시는 예수 그리스도를 도수장으로 끌려가는 어린양에, 털 깎는 자 앞에 선 어린양에 비유하고 있습니다.

이 비유는 예수 그리스도의 순종을 보여주는 것으로, 그리스도께서 자신을 보내신 아버지께서 자신을 어디로 이끄실지 아시는 가운데 고난 중에도 온전히 의뢰함으로 순종하실 것을 나타냅니다.[50]

주님께서 십자가를 지고 가시는 장면을 생각해 보십시오. 그리고 주인의 손에 이끌려서 도수장으로 들어가는 어린양을 생각해 보십시오. 죽음에 이르는 순간에도 주인을 신뢰하며 도수장으로 들어가는 모습을, 하나님을 신뢰하며 십자가에서 죽임당하시는 그리스도에 비유한 것은 얼마나 적절합니까?

날카로운 칼이나 가위를 가지고 자기 몸의 털을 깎는 자 앞에서 가만히 서 있는 양을 생각해 보십시오. 두려움 속에서도 잠잠히 있을 수 있는 것은 자기의 털 깎는 자를 믿고 의지하기 때문입니다. 우리 주님의 고난받으시는 모습이 그러하였습니다.

그분의 생애는 자기를 포기한 순종의 생애였습니다. 하나님의 아들이심에도 불구하고 그분이 배우셔야 했던 것은 순종이었습니다. "그가 아들이시면서도 받으신 고난으로 순종함을 배워서 온전하게 되셨은즉 자기에게 순종하

---

50) 여기서 선지자는 메시아가 죽음을 당하기까지 순종하실 모습을 칭송한다. 칼빈(John Calvin)은 그리스도의 대속적인 죽음의 자발성을 강조하면서, 메시아의 침묵에 대하여 다음과 같이 말한다. "바로 이러한 이유로 인하여, 그분은 정당한 변명을 하실 수 있었지만 빌라도의 재판정에서 침묵을 지키셨다. 우리의 죄책에 대한 책임을 지고 계셨기 때문에 그에 대한 판결에 복종하기를 원하셨으며 그 결과 우리는 값없는 은혜를 통하여 얻은 믿음으로 말미암는 의 안에서 크게 즐거워할 수 있게 되었다." John Calvin, *Commentary on the Book of the Prophet Isaiah*, vol. 4, in *Calvin's Commentaries*, vol. 8, trans. William Pringle (Grand Rapids: Baker Book House, 1998), 119.

는 모든 자에게 영원한 구원의 근원이 되시고 하나님께 멜기세덱의 반차를 따른 대제사장이라 칭하심을 받으셨느니라"(히 5:8-10).

여기서 우리는 우리의 구원을 위하여 생명을 빼앗기신 그리스도가 아닌, 스스로 자신의 생명을 기꺼이 바치신 그리스도를 봅니다. 이러한 순종은 이미 그리스도 자신이 예고하셨습니다. "내가 내 목숨을 버리는 것은 그것을 내가 다시 얻기 위함이니 이로 말미암아 아버지께서 나를 사랑하시느니라 이를 내게서 빼앗는 자가 있는 것이 아니라 내가 스스로 버리노라……"(요 10:17-18).

예수 그리스도께서는 자원하는 마음으로 자기의 생명을 바치셨습니다. 그리고 그것은 완전한 순종으로 십자가를 지고 그분을 따라야 할 우리에게 모범이 되었습니다. "이를 위하여 너희가 부르심을 받았으니 그리스도도 너희를 위하여 고난을 받으사 너희에게 본을 끼쳐 그 자취를 따라오게 하려 하셨느니라"(벧전 2:21).

절대 의존의 마음으로 산다

우리의 구원은 이렇게 기꺼이 순종하시는 그리스도의 고난을 통해서 이루어졌습니다. 자기를 대속 제물로 드리시는 희생에는 고통이 따랐습니다. 그러나 그 극심한 고통이 하나님의 선하심을 이루는 방편이 됨을 아셨기에, 예수 그리스도께서는 자신을 온전히 바치셨습니다. 하나님의 선하심에 당신을 온전히 내어 맡기신 것입니다.

하나님이신 예수 그리스도께서 스스로 십자가를 지고 죽으셨다는 이 사실을 받아들이는 것은 인생의 참혹한 현실과 고난 앞에 당당히 맞설 용기를 줍니다. 우리의 고난을 통해 당신의 선하신 계획을 이루어 가실 하나님을 바라보게 되기 때문입니다.

순종은 의존의 마음에서 나옵니다. 하나님께서 그리스도를 통해 우리를 구원하신 것은 그것이 전적으로 은혜로 말미암은 것임을 알게 하시기 위함이었습니다. 죄인인 우리를 구원하신 것도, 구원받은 우리를 당신의 자녀답게 살게 하시는 것도, 마지막 우리의 최종적 구원을 완성하시는 것도 모두 주님께서 은혜로써 하시는 것이니, 우리는 생사 간에 오직 하나님만을 의존해야 합니다. 우리가 그 의존의 마음으로 어떻게 우리 자신을 하나님께 드리며 순종해야 할지 이미 그리스도께서 몸소 보여주셨습니다.

우리를 위하여 온전한 순종으로 고난을 당하신 예수 그리스도 앞에서 이제 우리는 어떻게 살아야 합니까? 그리스도께서 우리를 구원하신 사랑을 기억한다면, 하나님께서 우리에게 주신 거룩한 목표를 우리가 살아 있는 이유로 삼아야 합니다. 그래서 바람처럼 속히 지나가는 우리의 남은 인생을 주님을 위하여 사용해야 합니다.

이제 우리는 십자가를 지고 온전히 순종하면서 살아야 합니다. 하나님과 그리스도에 대한 절대 의존의 마음으로…….

대속은 반역하는 인간들을 향한 하나님의 사랑입니다. 쉽게 믿어지지 않는 그 대속의 지혜를 우리는 믿게 되었고, 선물처럼 주어진 그 믿음으로 말미암아 구원을 얻게 되었습니다. 그것만으로도 우리는 영원히 갚아도 갚지 못할 빚을 하나님께 졌습니다. 우리가 주님을 위하여 우리 자신을 불사르는 삶을 산다 해도 대속의 은혜를 다 갚을 수는 없을 것입니다. 하나님의 사랑이 그리스도를 이 세상에 보내시어 우리를 위해 십자가에서 죽게 하신 것처럼, 하나님의 사랑이 우리를 이 세상에서 일생 빚진 자로 하나님을 위해 살아가게 합니다.

제7장

대속의 비밀, 하나님의 지혜

"그는 곤욕과 심문을 당하고 끌려갔으나 그 세대 중에 누가 생각하기를 그가 살아 있는 자들의 땅에서 끊어짐은 마땅히 형벌받을 내 백성의 허물 때문이라 하였으리요"(사 53:8).

감춰진 대속의 비밀

이제 이사야 선지자는 대속의 신비에 대하여 말합니다. "그는 곤욕과 심문을 당하고 끌려갔으나 그 세대 중에 누가 생각하기를 그가 살아 있는 자들의 땅에서 끊어짐은 마땅히 형벌받을 내 백성의 허물 때문이라 하였으리요"(사 53:8).[51]

---

[51] 이사야 53장 8절의 히브리어 원문은 'מֵעֹצֶר וּמִמִּשְׁפָּט לֻקָּח וְאֶת־דּוֹרוֹ מִי יְשׂוֹחֵחַ כִּי נִגְזַר מֵאֶרֶץ חַיִּים מִפֶּשַׁע עַמִּי נֶגַע לָמוֹ:'인데, 이것을 직역하면 다음과 같다. "그는 압제와 심판으로 말미암아 체포되었다. 그런데 그의 후손들 중에 누가 그가 산 자들의 땅에서 끊어짐이 나의 백성의 반역 때문에 당한 것이라고 생각하리요." 헹스텐베르크(Ernst W. Hengstenberg)는 '곤욕과 심문을 당하고'라고 번역된 메오체르 우밈미슈파트(מֵעֹצֶר וּמִמִּשְׁפָּט, by oppression and judgement)를 이사일의(二詞一意, hendiadys)의 표현으로 보았다. 실제로 이러한 예는 열왕기상 19장 12절, 예레미야 29장 11절 등에도 나타난다. Ernst W. Hengstenberg, *Christology of the Old Testament and a Commentary on the Messianic Predictions* (Grand Rapids: Kregel Publications, 1976), 238. 이 구절에서 살펴볼 것은 '끌려갔으나'라고 번역된 룩카흐(לֻקָּח)와 '그 세대 중'이라고 번역된 웨에트-도로(וְאֶת־דּוֹרוֹ)이다. 먼저 룩카흐(לֻקָּח)는 '취하다.'의 의미를 가진 동사 라카흐(לָקַח)의 수동태인 푸알(pual) 완결 3인칭 남성 단수이다. 델리취(Franz Delitzsch)는 이것을 에녹이나 엘리야의 경우처럼 하나님께서 지상으로 천상으로 사람을 취하여 가는 것은 아니지만, 낚아채듯이 삶 이편에서 죽음 저편으로 옮겨지는 것을 의미한다고 보았다. 이 경우 앞의 두 명사 곧 곤욕(עֹצֶר)과 심문(מִשְׁפָּט)에 접두되어 있는 전치사 민(מִן)은 '-로부터'(from)의 뜻을 갖는다. 그러나 두 명사가 메시아를 죽음으로 이끌고 간 원인이라면, 이 전치사는 그분의 격렬한 죽음을 암시하는 것이라고 보았다. 이 경우 전치사 민(מִן)은 '-때문에'(on account of)의 뜻이 된다. '끌려가다.'에 해당하는 히브리어 단어 자체는 자연적인 죽음을 가리키기도 하지만, 뒤에 나오는 '끊어지다.'라는 표현을 고려해 볼 때 문맥상 격렬하고도 강제적인 죽음을 의미한다. '그 세대 중'이라고 번역된 웨에트-도로(וְאֶת־דּוֹרוֹ)의 경우 NIV에서는 이 단어를 포함한 문장 웨에트-도로 미 예소헤아흐(וְאֶת־דּוֹרוֹ מִי יְשׂוֹחֵחַ)를 '누가 그의 후손들에 대하여 말할 수 있는가?'(And who can speak of his descendants?)라고 번역하여 예소헤아흐(יְשׂוֹחֵחַ)의 목적어로 보았다. 그러나 델리취는 웨에트-도로(וְאֶת־דּוֹרוֹ)에서 에트(אֶת)는 예소헤아흐(יְשׂוֹחֵחַ)의 대격(對格)임을 나타내는 용법이 아니라 주어를 강조하는 부사적 의미의 대격으로 사용되었다고 보고 오히려 키(כִּי)

    선지자의 이 외침은 사실 예언이라기보다는 벅찬 감격으로 토해 놓는 감탄에 가깝습니다.[52] "그가 찔림은 우리의 허물 때문이요 그가 상함은 우리의 죄악 때문이라 그가 징계를 받으므로 우리는 평화를 누리고 그가 채찍에 맞으므로 우리는 나음을 받았도다"라고 말함으로써 그리스도의 대속을 설명한 선지자는, 이사야 53장 8절에서 대속은 이 세상 사람의 지혜로는 이해할 수 없는 신비임을 강조합니다.

    이 구절은 대속의 비밀과 진리가 감추어져 있음을 보여줍니다. 즉, 사람들은 결코 자신의 이성을 통해서는 인간을 구원하시는 하나님의 대속의 지혜를 추론할 수 없다는 것입니다.

이하의 절에 나오는 '끊어짐은'(נִגְזַר)과 붙여서 해석하여야 한다고 설명한다. 이 제안을 따르면 8절 후반부는 다음과 같이 번역된다. "그의 후손들 가운데 누가 그가 산 자들의 땅에서 끊어지는 것이 나의 백성의 반역 때문에 심판이 그 위에 떨어진 것이라고 생각하겠는가?" C. F. Keil, F. Delitzsch, *The Prophecies of Isaiah*, vol. 2, in *Commentary on the Old Testament*, vol. 7, trans. James Martin (Grand Rapids: Wm. B. Eerdmans Publishing Company, 1982), 323–325.

52) 이 구절은 예수 그리스도께서 오셔서 우리를 위하여 이루실 대속이 인간들의 이해를 초월하는 성격의 것임을 보여준다. 이 위대한 장의 다른 부분에서 그러하듯이 여기서도 과거 시제가 사용되고 있다. "그는 곤욕과 심문을 당하고 끌려갔으나." 예언 문학에 과거 시제가 사용되는 것은 청중들로 하여금 예언 실현의 확정적인 성격을 미리 맛보게 하는 효과가 있다. 이것을 가리켜서 예언적 과거(prophetic past)라고 하는데, 이는 미래에 일어날 일들에 대한 예언을 이미 이루어진 것처럼 과거사(過去詞)로 기록하는 기법이다. 영감된 상태에서 성경을 기록하는 선지자들은 때때로 시간에 대한 관점에 있어서 하나님의 관점을 자신의 것으로 취하며 넘나드는 경우가 자주 있는데, 시간을 초월하여 존재하시는 하나님의 관점에서는 현재, 미래, 과거의 구분이 의미가 없는 것을 생각하면 예언에 있어서 과거사를 사용하는 것은 오히려 자연스러운 것이다.

대속의 지혜는 인간보다 훨씬 영리한 마귀도 알 수 없었던 비밀이었습니다(골 1:26). 만약 마귀가 이러한 비밀을 알았더라면, 메시아를 십자가에 못 박고 쾌재를 부르지 못했을 것입니다.

유대인들도 이러한 대속의 지혜를 받아들일 수 없었습니다. 한 사람이 대신 고난을 받음으로써 많은 사람들이 하나님과의 평화를 누리게 된다는 이 위대한 장(章)의 선언을 그들은 지금도 받아들이지 못합니다. 그래서 유대인들은 이 위대한 장을 읽을 때 '그가'라고 기록된 부분을 '우리가'로 바꿔 읽습니다. 메시아의 고난을 그들이 당한 민족적인 고난으로 바꿔 해석하는 것입니다.

대속의 지혜를 알지 못했던 것은 예수 그리스도의 제자들도 마찬가지였습니다. 아마도 복음서 중에서 예수 그리스도께서 이러한 대속의 지혜에 대하여 가장 명징(明澄)하게 밝히신 것은 다음의 말씀일 것입니다. "인자가 온 것은 섬김을 받으려 함이 아니라 도리어 섬기려 하고 자기 목숨을 많은 사람의 대속물로 주려 함이니라"(막 10:45).

그러나 이상한 것은 이처럼 명백한 주님의 말씀에 대하여 제자들의 반응은 어떠한 것도 기록되어 있지 않다는 사실입니다. 다시 말하면 예수님의 가르침을 받았던 제자들조차 이러한 대속의 진리에 대하여 잘 몰랐다는 것입니다. 예수님의 가르침을 받고 많은 진리를 깨달았지만, 여전히 그 시대의 정신 곧 후기 유대교의 메시아 사상에 지배를 받고 있었음을 알 수 있습니다. 그들의 그 무지는 성령 강림 사건이 있은 후에야 비로소 사라집니다.

심지어 "너희는 나를 누구라 하느냐"(마 16:15) 하는 예수님의 물음에 "주는 그리스도시요 살아 계신 하나님의 아들이시니이다"(마 16:16)라고 고백함으로써 칭찬을 받은 베드로조차도 인간의 구원을 위한 대속의 지혜를 이해하지 못했습니다.

이러한 사실은 그 고백 직후, 예수님께서 당신의 십자가의 고난을 예고하실 때 드러납니다. "이때로부터 예수 그리스도께서 자기가 예루살렘에 올라가 장로들과 대제사장들과 서기관들에게 많은 고난을 받고 죽임을 당하고 제삼일에 살아나야 할 것을 제자들에게 비로소 나타내시니 베드로가 예수를 붙들고 항변하여 이르되 주여 그리 마옵소서 이 일이 결코 주께 미치지 아니하리이다"(마 16:21-22).

예수님의 제자들조차 이러했으니, 당시 유대 종교 지도자들이 대속의 교리를 몰랐던 것은 조금도 이상한 일이 아닙니다. 예수 그리스도께서 십자가에 달리셨을 때, 그들은 오히려 십자가에서 내려오면 메시아임을 믿겠다고 말하였습니다. "그와 같이 대제사장들도 서기관들과 함께 희롱하며 서로 말하되 그가 남은 구원하였으되 자기는 구원할 수 없도다 이스라엘의 왕 그리스도가 지금 십자가에서 내려와 우리가 보고 믿게 할지어다 하며 함께 십자가에 못 박힌 자들도 예수를 욕하더라"(막 15:31-32).

예수님께서는 당신의 지상 생애의 마지막이 다가올수록 당신이 고난을 통하여 이루실 대속의 구원에 대하여 자주 말씀하셨습니다. 때로는 상징과 비유로써, 때로는 명백한 언어로써 당신의 죽으심으로 우리를 구원하시는 하나님의 지혜에 대하여 가르치셨습니다.

이 비유들 가운데 가장 아름다운 것 하나가 바로 한 알의 밀알 비유입니다. "내가 진실로 진실로 너희에게 이르노니 한 알의 밀이 땅에 떨어져 죽지 아니하면 한 알 그대로 있고 죽으면 많은 열매를 맺느니라"(요 12:24).

그러나 제자들 중 누구도 이 말씀을 이해하는 사람이 없었습니다. 예수님께서 그렇게 상세하게 가르치셨는데 말입니다. 열심으로 충만하던 베드로도 이해할 수 없었습니다. 주님의 품에 기대어 그분의 심장 박동 소리를 들었던 요한도 이해할 수 없었습니다. 주님을 진심으로 사랑하였기에 십자가를 지시고 골고다 언덕을 오르시는 주님을 통곡과 눈물로 따라가던 여인들조차 이 말씀을 이해하지 못하였습니다.

"그는 곤욕과 심문을 당하고 끌려갔으나 그 세대 중에 누가 생각하기를 그가 살아 있는 자들의 땅에서 끊어짐은 마땅히 형벌받을 내 백성의 허물 때문이라 하였으리요."

그러므로 이사야 선지자의 이 예언은 적절합니다. 그리고 메시아가 오셔서 대속을 성취하신 지 2,000년이나 지난 지금까지도 이 예언은 여전히 유효합니다. 이 무지한 세상에는 여전히 그분의 죽음의 의미를 모르는 수많은 사람들이 있기 때문입니다.

대속이 믿어지게 하는 성령

어떤 의미에서 우리는 이 무지한 세상에 대속의 의미를 알리기 위하여 살아 있는 사람들입니다. 왜냐하면 그것이 바로 복음의 핵심이고, 그 복음을 통해서만 하나님을 떠나 진노 아래 있는 이 세상이 하나님께로 돌아올 것이기 때문입니다.

우리의 범죄로 인한 형벌을 메시아가 우리 대신 담당하시고, 그 공로로 우리가 구원을 얻게 된 것은 얼마나 은혜로운 사건입니까? 그러나 사람들은 아무리 말해 주어도 그것을 믿으려 하지 않습니다. 그러므로 대속의 은혜가 믿어진다면, 그것은 구원만큼이나 놀랍고 은혜로운 사건입니다. 많은 사람들에게 믿어지지 않는 대속의 지혜를, 하나님께서 여러분에게는 믿어지게 하셨기 때문입니다.

복음을 전해 본 사람들은 대속의 지혜가 믿어지는 것이 얼마나 놀라운 하나님의 은혜인지를 압니다. 우리는 그저 열심히 복음을 전할 뿐입니다. 그 전도로 열매 맺게 하시는 분은 오직 하나님이십니다.

마치 베드로가 "주는 그리스도시요 살아 계신 하나님의 아들이시니이다"라고 고백하였을 때에, 예수 그리스도께서 "바요나 시몬아 네가 복이 있도다 이를 네게 알게 한 이는 혈육이 아니요 하늘에 계신 내 아버지시니라"라고 말씀하신 것처럼 말입니다(마 16:17).

하나님을 떠나 절망적인 상태가 된 인간들은 그들을 구원하시는 하나님의 지혜가 정직하게 선포되어도 자신의 힘으로는 그것을 믿지 못합니다. 그런데 놀라운 것은 어떤 사람들은 어눌한 말로 전한 복음을 단번에 받아들이며 믿기도 합니다.

우리가 대속의 지혜를 전할 때, 왜 어떤 사람들은 믿고 또 어떤 사람들은 믿지 않는 일이 일어나는 것일까요? 이것은 성령의 역사 때문입니다.

우리에게 아무리 죄인을 사랑하는 불붙는 마음과 지혜로운 입술이 있어도, 우리의 열심과 언변만으로는 이 대속의 지혜를 가르쳐 사람들을 설득할 수 없습니다. 복음을 믿어지게 하시는 분이 오직 성령이시기 때문입니다.

예수 그리스도께서 이 세상의 불신앙과 당신 안에 거하는 신자들이 받을 박해에 대하여 말씀하시다가 성령의 오심을 이야기하신 것도 바로 이 때문입니다. "내가 아버지께로부터 너희에게 보낼 보혜사 곧 아버지께로부터 나오시는 진리의 성령이 오실 때에 그가 나를 증언하실 것이요 너희도 처음부터 나와 함께 있었으므로 증언하느니라"(요 15:26-27).

그렇습니다. 우리를 구원하시는 하나님의 대속의 지혜를 믿어지게 하시는 분은 사람이 아니라 성령이십니다. 인간들의 증거를 사용하시지만, 그 증거를 통하여 믿어지게 하시는 분은 성령 하나님이십니다.

우리도 원래는 이 대속의 지혜를 모르는 채 하나님을 등지고 살아가던 사람이었습니다. 그러나 성령의 은혜로 인간의 지혜로는 믿을 수 없는 대속의 지혜가 믿어지게 되었습니다. 하나님께서 우리를 하나님의 사랑에 무릎을 꿇는 사람이 되게 해주셨습니다. 이 얼마나 놀라운 하나님의 은혜입니까?

그러므로 우리는 우리를 구원하신 메시아의 대속하시는 은혜의 감격 속에 살면서도 우리의 믿음을 인하여 스스로 자랑할 것이 없음을 깨달아야 합니다. 대속을 위한 대가는 예수 그리스도께서 치르시고, 믿는 마음은 성령 하나님께서 주셨기 때문입니다.

그리스도인의 영적 생활의 기초, 대속의 진리

이제 하나님을 거스르고 반역하던 우리의 옛 자아는 그리스도와 함께 십자가에 못 박혔고, 하나님을 향하여 살고자 하는 새 자아가 부활하신 그분과 함께 다시 살았습니다. 이 대속의 은혜는 믿음으로 우리에게 적용되었는데, 이 믿음도 하나님의 선물입니다.

그러므로 우리는 십자가를 알면 알수록 우리에게는 아무것도 자랑할 것이 없음을 깨닫게 됩니다.

구원을 얻은 하나님의 자녀들은 날마다 자기를 대속하신 십자가의 진리에 깊이 영향을 받아야 합니다. 그 십자가 때문에 세상에 있는 것들을 사랑하지 않고, 그 대속의 은혜를 힘입어 이미 우리 안에 이루신 하나님과의 화목을 더욱 굳건히 해야 합니다. 그리고 자신의 전 삶이 놀라운 대속을 주관하신 하나님을 위한 송영이 되도록 살아가야 합니다.

우리는 다만 어린양 예수의 피로 속죄함을 얻은 용서받은 죄인일 뿐입니다. 우리의 생명이 남아 있는 날 동안, 이 고백이 우리의 가슴에 지워질 수 없이 찍힌 불도장처럼 아로새겨져 있어야 합니다. 그래서 이제는 우리가 우리의 것이 아니고 다만 우리를 대속하신 주님의 것임을 우리의 온 삶으로 드러내야 합니다.

사도 바울의 영적 체험의 핵심은 대속의 진리에 대한 체험이었습니다. 이러한 사실은 로마서 5장에 잘 드러나 있습니다. 그는 로마서 5장에서 한 사람 아담을 통한 죄의 지배와 한 사람 그리스도를 통한 은혜의 통치를 대조하면서 대속의 교리를 논증합니다.

사도 바울이 여러 서신서들 속에서 자신을 '그리스도의 종'이라고 밝혔던 것은 대속의 지혜를 경험한 데서 비롯된 신적인 강제력이 그를 붙들고 있었기 때문이었습니다. 그의 영적 생활의 중심에는 항상 십자가의 진리가 서 있었습니다.

사도 바울은 십자가의 신학적인 의미를 탐구하는 가운데 대속의 비밀을 깨달았습니다. 대속의 의미를 발견하자 예수 그리스도의 부활의 의미도 장엄하게 다가왔습니다. 즉, 예수가 하나님께 저주를 받아 십자가에서 죽었는데, 그렇게 저주받고 죽어야 했던 이유가 예수의 죄 때문이 아니라 인류의 죄 때문이었다는 사실에 눈뜨게 된 것입니다. 이것은 사도 바울에게 있어 예수 그리스도야말로 인류의 구원을 위해 이 땅에 내려오신 참된 메시아라는 사실을 발견하는 순간이었습니다. 그는 이 대속의 비밀에 눈뜨며 예수 그리스도가 메시아이시며 온 우주의 통치자이심을 깨닫게 되었습니다.

오늘날 우리의 문제는 교회를 다니기만 할 뿐 대속의 비밀에 눈뜨지 못한 사람들이 스스로를 그리스도인이라고 생각한다는 것입니다. 누구든지 그리스도인이라면 십자가의 신학적인 의미에 대한 깨달음이 있어야 하고, 부활에 대한 이해가 있어야 합니다.

오늘날 그리스도인들에게 있어서도 이 대속의 진리가 영적 생활의 기초가 되어야 합니다. 십자가의 진리가 중심이 되지 않은 영성은 신뢰할 수 없기 때문입니다.

대속의 은혜를 경험한 사람의 삶

그러면 마지막으로 이런 대속의 은혜를 받은 그리스도인들은 어떻게 살아야 할까요?

십자가의 사랑 앞에서 펑펑 우는 감격은 시간이 지나면 조금씩 흐려집니다. 그러므로 눈물이나 감동만으로는 거룩한 삶을 살 수 없습니다. 우리로 하여금 지속적으로 거룩한 삶을 이어가게 하는 것은 우리가 받은 사랑에 대한 부채 의식입니다.

대속은 반역하는 인간들을 향한 하나님의 사랑입니다. 그 사랑에 대한 부채 의식이 우리의 전 존재를 지배하며 우리의 삶에 영향을 끼칠 때, 비로소 우리는 대속의 은혜를 따라 살아갈 수 있습니다.

쉽게 믿어지지 않는 대속의 지혜를 우리는 믿게 되었고, 선물처럼 주어진 그 믿음으로 말미암아 우리는 구원을 얻게 되었습니다. 그것만으로도 우리는 영원히 갚아도 갚지 못할 빚을 하나님께 졌습니다. 우리가 주님을 위하여 우리 자신을 불사르는 삶을 산다 해도 그것으로 대속의 은혜를 다 갚을 수는 없을 것입니다. 그러나 십자가의 은혜를 경험한 사람이라면 거룩한 부채 의식 속에서 어떻게든 그 은혜에 보답하며 살지 않을 수 없습니다. 이것은 그리스도의 대속의 은혜를 우리가 행위로 갚을 수 있다고 믿기 때문이 아닙니다. 그 무엇으로도 그 사랑을 갚을 수 없음을 알지만, 달리 그 사랑을 갚으며 살 방법도 모르기에 그렇게 사는 것입니다.

하나님의 사랑이 그리스도를 이 세상에 보내시어 우리를 위해 십자가에서 죽게 하신 것처럼, 하나님의 사랑이 우리를 이 세상에서 일생 빚진 자로 하나님을 위해 살아가게 합니다. 그러나 십자가를 통하여 하나님의 사랑을 안 사람들의 부채 의식은 결코 노예적인 부채 의식이 아닙니다. 그 사랑에 빚진 자들은 그리스도를 위하여 노예처럼 살고 싶어하지만, 이것은 강요된 삶이 아니라 자원하는 삶입니다. 대속의 지혜를 안 사람들이 그렇게 빚진 자로 살아가는 것은, 그것이 즐겁고 그렇게 살아감으로써만 영혼의 진정한 자유를 누릴 수 있기 때문입니다.

우리는 모두 특별한 사랑을 받았습니다. 그러므로 우리는 평범하게 살아서는 안 되며 적당히 자기를 위하여 살아서도 안 됩니다. 다른 사람들은 몰라서 그렇게 살지만, 우리는 알았기에 그렇게 살아서는 안 됩니다. 예수 그리스도께서 우리를 위하여 자기를 버리신 것을 본받아, 우리는 그분을 사랑하며 사는 일에 자신을 드려야 합니다.

> 내 눈물로 정한수 삼아
> 찢기신 주님의 이마의 핏자욱을 닦아 드리고
> 내 머리카락을 잘라 신발 삼아
> 벗으신 그 발에 신겨 드리고
> 내 살가죽을 벗겨 고운 홍포를 지어
> 벗으신 몸에 덮어 드리고
> 점점이 살을 에어
> 못 박혀 뚫어진 손바닥,
> 창으로 구멍 난 옆구리를 메워 드리리이다.
> 그리하고도
> 남은 살과 피가 있다 하여도
> 그것도 내 것은 아니옵나이다.[53]

십자가를 보십시오. 거기서 무슨 일이 일어났습니까? 거기서 그분이 어떤 일을 하셨습니까?

이제 우리는 하나님 없이 살아가던 날의 모든 정과 욕심을 날마다 십자가에 못 박고, 나는 죽고 그리스도만 내 안에 사시도록 하여야 합니다. 그분의 기쁨을 우리의 인생의 보람으로 여기면서……

---

53) 김남준, 『십자가를 경험하라』 (서울: 생명의말씀사, 2017), 1.

죄의 지배 아래 있게 된 인간에게는 죽음이 자연스러운 것이었을지 모르지만, 메시아에게는 그렇지 않았습니다. 본성상 그분은 죽음과 거리가 먼 분이셨습니다. 완전하고 순결한 영으로서 영원 전부터 하나님의 아들이셨던 메시아는 죽음이 아니라 생명 자체이셨습니다. 전능한 분이셨지만 그분에게 있어서 죽음은 생소한 것이었습니다. 우리는 대속의 십자가를 보면서 단지 피 흘리는 죽음을 생각하여서는 안 됩니다. 그렇게 죽으시는 분이 하나님이심을 기억하여야 합니다.

제8장
십자가와 일사각오의 신앙

"그는 강포를 행하지 아니하였고 그의 입에 거짓이 없었으나 그의 무덤이 악인들과 함께 있었으며 그가 죽은 후에 부자와 함께 있었도다" (사 53:9).

대속의 방법, 죽음

이사야 선지자는 그리스도의 완전한 죽으심을 선포합니다. "그는 강포를 행하지 아니하였고 그의 입에 거짓이 없었으나 그의 무덤이 악인들과 함께 있었으며 그가 죽은 후에 부자와 함께 있었도다"(사 53:9).[54]

---

54) 이사야 53장 9절의 히브리어 본문은 이렇다. "וַיִּתֵּן אֶת־רְשָׁעִים קִבְרוֹ וְאֶת־עָשִׁיר בְּמֹתָיו עַל לֹא־חָמָס עָשָׂה וְלֹא מִרְמָה בְּפִיו" 직역하면 다음과 같다. "그들(백성들)은 그(메시야)에게 죄인들과 함께한 무덤을 할당하였으며, 그의 높은 무덤은 한 부유한 자와 함께하였다. 왜냐하면 그는 잘못을 행치 아니하였으며 그의 입에는 속임이 없었기 때문이다." 이 부분에 대한 번역들이 대체로 불분명하거나 오류가 많다. 몇 가지 번역들을 대조하면서 아래 논점을 이해하기 바란다. "καὶ δώσω τοὺς πονηροὺς ἀντὶ τῆς ταφῆς αὐτοῦ καὶ τοὺς πλουσίους ἀντὶ τοῦ θανάτου αὐτοῦ· ὅτι ἀνομίαν οὐκ ἐποίησεν, οὐδὲ εὑρέθη δόλος ἐν τῷ στόματι αὐτοῦ"(Septuagint). "그는 강포를 행치 아니하였고 그 입에 궤사가 없었으나 그 무덤이 악인과 함께 되었으며 그 묘실이 부자와 함께 되었도다"(개역 한글 성경). "He was assigned a grave with the wicked, and with the rich in his death, though he had done no violence, nor was any deceit in his mouth"(NIV). "And they made his grave with the wicked and with a rich man in his death, although he had done no violence, and there was no deceit in his mouth"(RSV). "His grave was assigned with wicked men, yet He was with a rich man in His death, because He had done no violence, nor was there any deceit in His mouth"(NASB). "And he made his grave with the wicked, and with the rich in his death; because he had done no violence, neither was any deceit in his mouth"(KJV). 첫째로 논란이 되는 것은 '그리고 그는 주었다.'라고 직역될 수 있는 본문 맨 앞의 단어 와이텐(וַיִּתֵּן)의 주어가 누구인가 하는 문제이다. NIV(New International Version)에서는 이 주어를 메시아로 보고 수동태로 해석하였고, NASB(New American Standard Bible)에서는 '그의 무덤'(קִבְרוֹ)을 주어로 보아서 수동태로 해석하였다. 개역 한글 성경에서는 이를 따랐다. 70인역에서는 주어가 화자(話者)인 여호와라고 보고, '–와 함께'(with)라는 의미로 사용된 에트(אֶת)를 전치사가 아니라 대격(對格)을 나타내는 것으로 보아서 메시아와는 관계가 없는 것으로 번역했다. 곧 '나는 그 악인들을 그의 무덤에 내어 줄 것이며, 그 부자들을 그의 죽음에 내어 줄 것이다.'(I will give the wicked for his burial, and the rich for his death)의 뜻으로 해석한 것이다. 이에 따르면, 선지자가 여호와께서 그리스도를 십자가에 못 박은 악인들의 죄에 대하여 보복하실 것을 나타낸 것이 된다. 그러나 칼빈(John Calvin)은 이 구절의 주어가 하나

　사실 이 번역은 다소 논란이 있습니다. 이 부분을 히브리어 원문대로 직역하면 다음과 같습니다. "그들(백성들)은 그(메시아)에게 죄인들과 함께한 무덤을 할당하였으며, 그의 높은 무덤은 한 부유한 자와 함께하였다. 왜냐하면 그는 잘못을 행치 아니하였으며 그의 입에는 속임이 없었기 때문이다."

님이라고 보되, 하나님 아버지께서 그리스도를 악인의 손에 넘기셨다는 것을 의미하는 구절이라고 주장한다. "선지자는 그리스도의 죽음과 그 죽음의 열매에 대해서 말할 뿐, 보복에 대하여는 언급하지 않고 있다. 또 다른 사람들은 불변화사 에트(אֵת)가 전치사 베(בְּ, among)와 같이 대조의 의미가 있는 것으로 보기도 하여 '그는 악인들과 같은 그의 무덤을 주셨다.'라고 번역하기도 한다. 그런가 하면 에트(אֵת)를 '—와 함께'(with)로 해석하면서 여기의 '부자'(עָשִׁיר)를 아리마대 요셉, 곧 그리스도에게 무덤을 주어 매장하게 한 사람으로 설명한다(마 27:60, 요 19:38). 그러나 이러한 해석은 너무나 부자연스럽다. 나는 오히려 하나님 아버지께서 그리스도를 악인들의 손에 넘겨주셨다는 해석이 참뜻이라고 본다." John Calvin, *Commentary on the Book of the Prophet Isaiah*, vol. 4, in *Calvin's Commentaries*, vol. 8, trans. William Pringle (Grand Rapids: Baker Book House, 1998), 121-122. 둘째로 논란이 되는 것은 우리말 개역개정 성경에서 '그는 강포를 행하지 아니하였고 그의 입에 거짓이 없었으나'라고 번역된 알 로-하마스 아사 웨로 미르마 베피우 (עַל לֹא־חָמָס עָשָׂה וְלֹא מִרְמָה בְּפִיו) 부분이다. 여기서 알(עַל)을 어떻게 보느냐에 따라 상이한 해석이 나온다. 칼빈을 비롯한 많은 주석가들이 이 단어를 양보를 나타내는 접속사 '비록 —이지만'(though)이라고 번역하였다. 그러나 엄밀한 의미에서 이것은 알 아쉐르(עַל אֲשֶׁר)의 뜻으로 강한 이유를 나타내는 '왜냐하면'(because)의 뜻으로 쓰였다. 델리취(Franz Delitzsch) 역시 이러한 번역을 지지한다. 그는 이 하반절이 바로 "메시아의 죽음과 함께 시작되는 영화의 시작"이라고 말한 필리피(Friedrich A. Philippi)의 해석을 인용하면서, 본문의 알 로(עַל לֹא)가 알 아쉐르 로(עַל אֲשֶׁר לֹא)를 의미하는 것으로 해석하고, 이는 '비록 —아니었으나'(notwithstanding that not)의 뜻이 아니라 창세기 31장 20절의 알-베리(עַל־בְּלִי)와 같은 의미로서 '왜냐하면 —아니기 때문에'(because not)의 의미라고 보았다. C. F. Keil, F. Delitzsch, *The Prophecies of Isaiah*, vol. 2, in *Commentary on the Old Testament*, vol. 7, trans. James Martin (Grand Rapids: Wm. B. Eerdmans Publishing Company, 1982), 328-329. 필자도 개역 한글 성경의 번역이 잘못되었다고 생각한다. 즉, 이 부분은 그리스도의 애매한 고난을 의미하는 구절이 아니라 승귀(昇貴)를 시작하는 지점이다.

이 말은 이런 의미입니다. '그들(이스라엘 백성들)은 메시아가 죽자 범죄자들이 묻히는 무덤에 묻히게 하려고 하였다. 그런데 그가 대속의 죽음을 죽으신 후에 실제로는 부자가 묻히는 높은 무덤에 안치되었다. 왜냐하면 그는 잘못을 행하지 않았고 그의 입에는 속임이 없었기 때문이다.'

즉, 메시아가 십자가 위에서 돌아가시면 사람들은 그분의 시신을 악인들의 시체가 있는 무덤에 두려 할 것이나, 실제로는 부자들을 위하여 마련된 높고 큰 무덤에 안치되실 것이라는 뜻입니다.[55]

히브리어 원문을 보면 이 짧은 본문에 '무덤'을 뜻하는 단어가 두 번이나 나옵니다.[56] 그 두 단어는 각각 '평범한 무덤'과 '부자들을 위하여 준비된 높고 큰 무덤'을 의미하는데, 여기서 중요한 것은 이 두 단어의 의미상의 차이가 아닙니다. 이 구절의 핵심은 대속을 위해 메시아가 완전히 죽으셨다는 사실과 메시아의 죽음으로 도입된 대속의 효과는 빈부와 귀천을 넘어 모든 믿는 자에게 미친다는 사실입니다.

---

[55] 주석가 델리취(Franz Delitzsch)는 '악인'이라고 번역된 레샤임(רְשָׁעִים)과 '부자'라고 번역된 아쉬르(עָשִׁיר)를 반의적 대구로 보았다. 즉, '악인'(원어상으로 '악인들')과 '부자'는 '범죄자들인 악인'과 '선하고 의로운 부자'의 대조를 의미하는 것이고, 이러한 예언이 바로 예수님의 시신을 자기의 무덤에 안치한 부자 아리마대 요셉의 행동을 통하여 성취되었다고 보았다. 그러나 칼빈(John Calvin)은 이 둘을 오히려 동의어의 반복으로 보았다. 즉, '부자'라고 번역된 아쉬르(עָשִׁיר)는 복수의 의미를 가진 집합명사이며 '강포한 자'를 의미하는데, 이는 부자는 대체로 악하기 때문이라고 해석했다. 필자는 델리취의 견해가 타당하다고 판단한다. C. F. Keil, F. Delitzsch, *The Prophecies of Isaiah*, vol. 2, in *Commentary on the Old Testament*, vol. 7, trans. James Martin (Grand Rapids: Wm. B. Eerdmans Publishing Company, 1982), 328; John Calvin, *Commentary on the Book of the Prophet Isaiah*, vol. 4, in *Calvin's Commentaries*, vol. 8, trans. William Pringle (Grand Rapids: Baker Book House, 1998), 122.

[56] 개역 한글 성경에서는 이 구절이 이렇게 번역되었다. "그는 강포를 행치 아니하였고 그 입에 궤사가 없었으나 그 무덤이 악인과 함께 되었으며 그 묘실이 부자와 함께 되었도다." 여기서 '무덤'이라고 번역된 단어는 키브로(קִבְרוֹ)로 '그의 무덤'이라는 의미이며, '묘실'이라고 번역된 단어는 베모타이우(בְּמֹתָיו)로 '그의 높은 곳'이라는 의미이다. 이 두 단어는 모두 무덤을 가리키는데, 앞의 단어가 '평범한 무덤'을 뜻한다면, 뒤의 단어는 '부자들을 위하여 특별히 높게 마련된 무덤'을 의미한다. 베모타이우(בְּמֹתָיו)는 '산맥, 산, 높은 고지, 높은 곳, 솟아오른 무덤' 등을 의미하는 바마(בָּמָה)의 복수 형태 바모트(בָּמוֹת)에 3인칭 남성 단수 소유격 접미사 우(וֹ)가 붙은 형태로서 '그의 높은 무덤'이라는 뜻이다. 이 단어는 자주 '이교적인 제의를 위한 산당'을 의미하는 말로 쓰이기도 하였다(왕상 11:7). Francis Brown, Samuel Rolles Driver, Charles Augustus Briggs, *The Brown-Driver-Briggs Hebrew and English Lexicon* (Peabody: Hendrickson Publishers, 2003), 119.

범죄한 인간이 할 수 있는 선택은 크게 두 가지입니다. 하나는 자신이 직접 죄에 대한 심판을 받는 것이고, 다른 하나는 회개하는 것입니다.

그러나 사실 이 두 가지 선택 중 그 어느 것도 인간이 저지른 죄에 대해 응분의 책임을 진 것이라고 말할 수 없습니다. 인간이 어떻게 해도 죄가 가져온 파괴적인 결과를 되돌릴 수 없고, 하나님께 입혀 드린 불명예를 보상할 수 없기 때문입니다.

흔히 회개가 죄의 문제를 해결하는 열쇠라고 말하지만, 알고 보면 회개도 죄에 대한 해결이 아니라 하나님께 죄의 결과로 말미암아 빚어진 일들의 처리를 맡기는 것입니다.

이처럼 인간은 죄를 지을 능력만 있을 뿐, 죄를 해결할 능력은 없습니다. 그리고 이것이 메시아이신 예수 그리스도께서 완전히 죽으셔야 했던 이유입니다. 예수 그리스도의 완전한 죽으심만이 인간이 하나님께 반역한 불순종의 가장 치명적인 결과인 죄의 지배를 완전히 종식시킬 수 있었기 때문입니다.

인간의 숙명

인간은 아무리 견디기 힘든 일도 피할 수 없으면 숙명으로 받아들이고 감내합니다. 그 대표적인 것이 바로 죽음입니다. 죽음은 인간에게 가장 피하고 싶은 일이지만, 동시에 가장 당연하게 받아들이는 숙명이기도 합니다. 모든 인간은 결국은 자신도 죽게 될 것임을 알고, 그것을 숙명으로 여기며 살아갑니다. 그러나 처음부터 그랬던 것은 아니었습니다.

아담과 하와에게 죽음은 처음부터 있었던 것이 아니었습니다. 그들이 범죄하기 전까지, 그들은 죽음을 몰랐습니다. 그러나 그들이 범죄함으로 그들에게도 죽음이 도입되었고, 생명의 충만함으로 가득하던 그들의 육체와 영혼에 사망의 기운이 침투해 들어왔습니다.

한번 이런 상상을 해보십시오. 아담과 하와가 가인의 돌에 맞아 죽은 아벨의 시신을 보았을 때, 그들의 마음은 어떠했을까요? 사랑하는 아들을 잃은 슬픔도 컸겠지만, 더 크게 다가온 것은 처음으로 죽음의 실체를 마주하며 느낀 공포가 아니었을까요? 하나님의 형상을 가진 인간이 차가운 시신으로 누워 있는 것을 보고 그들은 분명 큰 충격을 받았을 것입니다.

아담과 하와는 인간이 하나님의 생명으로 충만할 때의 상태를 누려 본 사람들이었습니다. 그러므로 생명이 완전히 사라진 채 죽음에 완전히 잠식당한 인간의 모습에서 그들이 보았을 비참함은 우리가 상상할 수 있는 수준 그 이상이었을 것입니다.

그러나 아담 이후 인간들은 탄생과 죽음을 동시에 경험하며 살았고, 반복되는 죽음의 경험 속에서 죽음과 숙명적으로 친숙해졌습니다. 물론 지금도 모든 인간은 개인적으로는 죽음을 친숙하게 받아들이게 되는 성장의 과정을 겪습니다. 일반적으로 청소년기에 죽음에 대한 무한한 공포를 느끼고, 그 공포는 이 세상에 있는 누구와도 나눌 수 없고 오롯이 홀로 감당해야 함을 깨달으며, 인간 존재의 고독한 실존을 경험합니다. 그리고 스스로 그 공포를 극복하는 법을 배워 나갑니다.

제가 '죽음의 공포를 극복한다.'라고 표현했지만, 보다 정확한 표현은 '죽음을 숙명으로 받아들인다.'일 것입니다. 이것은 어떤 종교적인 깨달음을 얻었다는 것이 아니라 모든 인간은 언젠가는 죽을 것이라는 사실을 받아들일 마음의 준비가 되었다는 것입니다.

그러나 인간이 죽음을 숙명으로 받아들이게 된 것과 상관없이, 죽음은 창조 시 인간이 부여받은 지위를 생각해 볼 때 너무나 커다란 형벌입니다. 우리는 죽음에 복종하여 사는 삶을 자연스럽게 받아들이고 있지만, 사실 이것은 말도 되지 않는 이야기입니다. 하나님께서는 인간을 이렇게 죽어 가라고 창조하신 것이 아닙니다.

짐작조차 할 수 없는 죽음

한낱 인간에게도 죽음이 이렇게 부당하고 참혹한 일일진대, 하나님이신 예수 그리스도야 말해 무엇하겠습니까?

죄의 지배 아래 있게 된 인간에게는 죽음이 자연스러운 일일지 모르지만, 죄가 없으신 메시아에게는 결코 죽음이 자연스러운 일일 수 없습니다. 그분은 본성상 죽음과 거리가 먼 분이십니다. 완전하고 순결한 영으로서 영원 전부터 하나님의 아들이셨던 메시아는 생명 그 자체이십니다. 전지전능한 분이셨으나, 죽음은 그분에게 생소한 것이었습니다. 그런데 그런 그분이 죽으셨습니다.

비록 인간의 육체를 가지셨으나 그분은 하나님이셨습니다. 사람의 아들이 아니라 하나님의 아들이셨고, 죽음에 복종해야 될 분이 아니라 생명으로 충만한 분이셨습니다. 그러나 그런 그분이 죽으셨고 장사되어 무덤에 눕혀지셨습니다. 죄를 지을 능력만 있을 뿐 죄를 해결할 능력은 없는 인간을 위해 대신 죄의 결과를 감당하셔야 했기 때문입니다.

그러므로 대속의 중심은 예수 그리스도의 죽음입니다. 이것은 한 의인의 죽음이 아니라, 흠 없는 어린양의 죽음입니다(벧전 1:19). 인간 가운데에는 흠 없는 어린양이 될 수 있는 존재가 없었기에 하나님이신 그분이 메시아로 오셨습니다. 그리고 십자가에 달려 죽으셨습니다.

그분은 하나님이셨기에 그분의 죽으심은 어떤 의미에서든지, 어떤 방식으로든지 인간의 죽음과는 비교될 수 없습니다. 우리가 그리스도의 십자가 고난에 대해 무엇을 상상하든지, 실제로 그분이 치르신 고통은 우리가 추론할 수 있는 범위 그 이상입니다.

대속의 십자가를 보며, 뼈가 부서지고 살이 찢기고 피가 흐르는 고통만을 떠올리고 계십니까? 그것은 예수님께서 우리의 죄를 대속하시기 위해 치르신 고난 중 극히 일부일 뿐입니다. 죽음이 미칠 수 없는 곳에 계신 분이 스스로 자신을 죽음에 내어 주셨습니다. 생명이신 그분이 우리에게 생명을 주시려고 자신의 생명을 버리셨습니다. 이것이 얼마나 큰 희생인지 짐작이라도 할 수 있습니까?

우리는 하나님이신 그분의 죽으심에 대해 털끝만큼도 제대로 이해할 수 없습니다. 그러나 분명히 알 수 있는 사실이 한 가지 있습니다. 바로 예수 그리스도의 죽으심이 인간의 죽음과는 비교도 할 수 없는 특별한 것이었다는 사실입니다.

그런 특별한 죽음이 필요했던 것은 인간의 범죄 때문이었습니다. 생명이신 예수 그리스도께서 죽으셔야 했던 것을 바라보며, 우리는 죄의 결과가 얼마나 무서운지를 생각해야 합니다.

예수 그리스도의 죽으심을 보며 우리는 우리의 가족이나 동료의 죽음을 보며 느끼는 경험과는 전혀 다른 것을 느껴야 합니다. 그분의 죽으심은 메시아로서 우리 인간의 죄를 짊어지시고 죽으신 것이기 때문입니다.

그분의 죽으심 속에서 여러분은 인간을 향해 보이신 하나님의 놀라운 사랑과 죄에 대하여 부들부들 떠시는 하나님의 엄위로운 진노를 동시에 보고 계십니까?

침묵과 온유함으로

이어서 살펴볼 것은 하나님이신 메시아가 그 비참한 죽음에 자기를 복종시키시기까지 어떻게 살아오셨는가 하는 것입니다. "그는 강포를 행하지 아니하였고 그의 입에 거짓이 없었으나"(사 53:9上).

우리는 이 구절을 읽으며, 예수 그리스도께서 당신의 생애 가운데 보여주셨던 온유한 태도를 떠올리게 됩니다.

이 세상 사람들에게 '온유함'이란 '우유부단함'과 통하는 것이지만, 성경에서 말하는 온유함은 거룩한 단호함을 배제하지 않습니다.[57]

예수 그리스도께서 보여주신 온유함을 생각해 보십시오. 그분의 온유함은 하나님을 위한 단호한 결단을 배제한 인간적인 부드러움이나 비굴함이 아니며, 더욱이 우유부단함에서 오는 무기력함과는 거리가 먼 것입니다.

예수님의 온유함은 하나님과의 온전한 평화에서 비롯되는 것이었기에, 하나님의 성품을 아는 데서 비롯되는 거룩한 단호함이나 진리에 대한 결단과 분리되지 않습니다. 사실 그것들을 포함하지 않는 온유함이라면 그것은 '인간적인 비굴함'이지 결코 '거룩한 온유함'이 아닙니다.

그분이 메시아로서 보여주셨던 온유함은 당신이 걸어가야 할 길을 단호하게 걸어가면서도 자신을 둘러싼 모든 사람들, 심지어 당신을 박해하는 사람들에게까지도 부드러우셨던 성품과 태도입니다.

---

[57] 성경적인 온유함의 한 전형적인 예는 '비난받는 모세'에게서 나타난다. 구스 여인을 취한 것으로 인하여 미리암과 아론의 비방을 받을 때에 모세의 태도에 대하여 성경은 이렇게 말한다. "그들이 이르되 여호와께서 모세와만 말씀하셨느냐 우리와도 말씀하지 아니하셨느냐 하매 여호와께서 이 말을 들으셨더라 이 사람 모세는 온유함이 지면의 모든 사람보다 더하더라"(민 12:2-3). 여기서 '온유함'이라고 번역된 히브리어 원어는 아나우(עָנָו)인데 이는 아니(עָנִי)의 케티브(Ketib)이다. 참고로 케레(Qere)와 케티브(Ketib)는 히브리어 성경에서 기록된 단어와 독법(讀法)이 다를 경우에 사용되는 말인데, 케티브는 히브리어 본문에 쓰여진 글자이고 케레는 그것을 어떻게 읽어야 하는지 지시한 것으로서 대개 히브리어 성경 난외주에 실려 있다. 이 단어는 아니(עָנִי)의 형태로도 사용되는데, '낮아진', '겸손한', '비천한', '부드러운'이라는 의미의 형용사와 '자기의 비천함을 아는 사람'이라는 의미의 명사로도 사용된다. 이 단어는 본래 '결핍에 압도된 상태인', '가난한', '몹쓸' 등의 의미를 지니고 있고, 세속적인 의미에서는 '재수 없는', '망할' 등의 의미를 가지고 있다(신 24:15, 시 10:2, 사 51:21). Francis Brown, Samuel Rolles Driver, Charles Augustus Briggs, *The Brown-Driver-Briggs Hebrew and English Lexicon* (Peabody: Hendrickson Publishers, 2003), 776-777; William L. Holladay, *A Concise Hebrew and Aramaic Lexicon of the Old Testament* (Leiden: E. J. Brill, 1971), 278. 모세의 온유함은 단호한 결단을 배제한 인간적인 부드러움만을 의미하는 것이 아니었고, 더욱이 우유부단함과는 거리가 먼 것이었다. 그리스도인의 온유함은 하나님과의 온전한 평화에서 비롯되는 것이기 때문에 거룩한 단호함이나 진리에 대한 결단을 배제하지 않는다. 오히려 그것들을 포함하지 않는 온유함은 '인간적인 비굴함'이지 결코 '거룩한 온유함'이라고 말할 수 없다. 이에 대한 주석가 헨리(Matthew Henry)의 지적처럼, "그는 자신을 변호함에 있어서는 어린양과 같았고, 하나님을 변호함에 있어서는 사자와 같았다." Matthew Henry, *The Quest for Meekness and Quietness of Spirit* (Morgan: Soli Deo Gloria Publications, 1996), 101-102.

예수 그리스도께서는 지상 생애 전반에 걸쳐 이런 온유함을 보여주셨습니다. 그렇지만 이 온유함은 특별히 그분이 체포와 심문과 처형을 당하시는 과정 중에 더 분명히 드러났습니다. 선지자가 예언한 바와 같이, 그분은 도수장으로 끌려가는 어린양과 털 깎는 자 앞에 잠잠한 양같이 자기를 하나님께 온전히 맡기셨고, 자기를 핍박하는 사람들을 향해 일체의 온유함으로 사랑을 보이셨습니다(요 13:1).

대속의 사명을 감당하며 온유한 태도를 잃지 않으신 예수님을 보며, 우리는 우리 자신을 돌아보게 됩니다. 하나님을 섬기다 보면 시련도 겪기 마련입니다. 그런데 시련은 사람을 거칠게 만들곤 합니다. 그러므로 우리는 하나님을 섬기며 항상 우리 자신의 성품이 거칠게 변해 가고 있지는 않은지 성찰해야 합니다.

하나님을 위한 일을 하고 있다고 해도, 그 일 자체가 우리를 거룩하게 만들어 주지는 않습니다. 하나님의 거룩하신 성품에 영향을 받으며 자신이 얼마나 비참한 죄인인지를 늘 자각하며 섬기는 사람은, 하나님을 섬기면 섬길수록 더욱 온전하게 빚어져 갑니다. 그러나 신령한 감화 없이 그저 목표를 완수하기 위하여 이를 악물고 달려온 사람들은 섬기면 섬길수록 오히려 성품이 거칠어집니다.

그래서 우리는 하나님의 일에 헌신한 사람 가운데에서도 얼마든지 포악한 성품을 가진 사람들을 발견할 수 있습니다. '나는 결코 그럴 리 없어.'라고 자신하지 마십시오. 은혜가 없는 상태에서 일에 치이고 시련에 시달리면 누구나 그렇게 될 수 있습니다. 처음부터 거칠고 황폐한 성품의 사람은 없습니다. 어쩌다 보니 그도 그렇게 되었을 뿐입니다.

우리가 힘을 다하여 하나님을 섬기며 살아야 하는 것은 지극히 당연한 의무입니다. 즉, 우리는 사명을 따라 사는 일에 있어 나태해서는 안 됩니다. 그러나 그만큼 중요한 일이 그렇게 산 후에 단지 일에 익숙해진 자가 아니라 거룩한 하나님의 성품에 영향을 받은 사람으로 남는 것입니다.

세상은 일로 가득 차 있습니다. 길가의 구르는 돌처럼 흔한 것이 일입니다. 이것은 기독교 사역에 있어서도 마찬가지입니다. 불순종하며 살아가는 사람들이 많고 죄인들이 많기에, 이 세상에는 하나님의 사람들이 해야 할 일이 너무나 많습니다. 그러나 일은 어디까지나 일일 뿐입니다. 우리는 일로써 자기를 증명하려 하지 말고, 인격으로 우리를 증명해야 합니다.

거룩한 일을 하고 있어도 세속적인 사람일 수 있고, 특별한 일을 하고 있어도 평범한 사람일 수 있습니다. 중요한 것은 어떤 일을 하느냐가 아니라 어떤 사람이냐 하는 것입니다.

하나님의 일에 종사해도 그 일을 통해 하나님의 거룩한 성품과 신령한 은혜를 누리고 있지 못하면, 그는 하나님의 사람이 아닙니다. 겉보기에 아무리 하나님을 섬기는 것 같아도, 그것은 단지 스스로 택한 일을 열심히 하는 것에 불과합니다.

예수 그리스도께서는 많은 사역으로 바쁘셨고, 온갖 고난으로 괴로우셨습니다(요 4:6). 그러나 단 한 번도 거칠고 황폐해진 성품을 보이신 적이 없습니다. 그러나 우리는 사소한 문제만 생겨도 쉽게 요동하고, 조금만 시련이 와도 금세 내면 세계가 황폐해집니다.

수많은 위선과 거짓, 충성을 가장한 자기 만족, 결단을 가장한 독선 등 우리의 내면 세계는 십자가를 지고서도 온유하셨던 예수 그리스도의 내면 세계와 얼마나 다른지요. 우리의 입술은 십자가의 사랑을 말하고, 우리의 눈가는 대속의 진리 앞에 촉촉이 젖어들지만, 삶의 영역으로 돌아오면 우리는 다시 불순한 집착과 자기 사랑을 버리지 못합니다.

그리스도께서 십자가에서 죽으신 것이 바로 이런 절망적인 삶을 종식시키시기 위해서였는데, 우리는 우리 내면의 부패성에 너무 쉽게 굴복하고 다시 불순종의 삶으로 돌아갑니다. 그러면서 우리는 종교적 체면치레나 의무감으로 교회 일을 놓지 못하고, 그렇게 마지못해 거룩한 일을 해 나가며 오히려 더 강포하고 사악한 사람들이 되어 갑니다. 이 얼마나 슬픈 현실입니까?

일사각오의 신앙

그리스도의 대속은 그리스도의 죽음으로 성취되었습니다. 마찬가지로 우리가 하나님을 위해 살아가야 할 거룩한 삶은 우리의 '죽기까지 순종하는 정신'으로 성취됩니다.

그리스도께서 우리를 위하여 죽으셨으니 이제는 우리가 그리스도를 위하여 죽어야 합니다. 이것은 하나님의 부담스러운 요구가 아니라, 대속의 비밀을 안 사람들의 자발적인 고백입니다. 성경은 대속의 비밀을 깨달은 사람이 스스로 지는 신앙적 의무에 대해 이렇게 말합니다. "그리스도의 사랑이 우리를 강권하시는도다 우리가 생각하건대 한 사람이 모든 사람을 대신하여 죽었은즉 모든 사람이 죽은 것이라 그가 모든 사람을 대신하여 죽으심은 살아 있는 자들로 하여금 다시는 그들 자신을 위하여 살지 않고 오직 그들을 대신하여 죽었다가 다시 살아나신 이를 위하여 살게 하려 함이라"(고후 5:14-15).

그리스도인은 '죽으면 죽으리라.'라는 정신으로 예수 그리스도를 사랑하며 사는 사람들입니다. 삶의 양태는 다를지라도, 그리스도인이라면 삶의 동기는 같아야 합니다. 무엇을 하든지 어떻게 살든지, 그들은 모두 스스로를 대속 제물로 바치신 그리스도의 사랑이 가슴에 사무쳐 살아 있는 사람들입니다. 그래서 그리스도인은 죽기까지 그분을 위하여 살기로 작정합니다. "내가 그리스도와 함께 십자가에 못 박혔나니 그런즉 이제는 내가 사는 것이 아니요 오직 내 안에 그리스도께서 사시는 것이라 이제 내가 육체 가운데 사는 것은 나를 사랑하사 나를 위하여 자기 자신을 버리신 하나님의 아들을 믿는 믿음 안에서 사는 것이라"(갈 2:20).

그러므로 그리스도 예수 안에서 구원을 입은 우리가 가장 잘 사는 길은 날마다 죽는 것입니다(고전 15:31). 오늘날 우리의 시대가 이렇게 혼탁한 것은 우리가 죽으려고 하지 않기 때문입니다. 오늘날 깨어진 우리의 가정이 십자가의 사랑으로 회복되지 못하는 것도 우리가 살고자 하기 때문이며, 우리가 마음속에 있는 미움을 버리지 못하는 것도 우리 안에 죽지 않고자 하는 것들이 너무나 많기 때문입니다.

우리가 죽이지 못하고 남겨 둔 우리 안의 부패성이 하나님의 의를 그르치고 있습니다.

예수 그리스도의 대속 사건을 보십시오. 그리스도께서 대속의 길을 걷기로 작정하신 때가 아니라, 그분이 죽으셨을 때 비로소 우리를 위한 대속의 길이 열렸습니다.

우리에게도 하나님께로부터 받은 고유한 사명이 있습니다. 그것은 우리가 십자가의 정신으로 죽을 때 비로소 성취됩니다.

그리스도께서는 하나님의 아들이심에도 불구하고 죽으심으로써 거룩한 소명의 종지부를 찍으셨습니다. 하나님의 아들이셨는데도 자기를 버리고 죽으셔야, 하나님의 의를 이룰 수 있었습니다. 그렇다면 우리야 오죽하겠습니까? 우리 자신을 죽이지 않고는 결코 하나님의 의를 꽃피울 수 없습니다.

그래서 우리의 선조들은 '일사각오(一死覺悟)의 신앙'을 강조했습니다. 죽을 각오를 하며 신앙생활을 한다는 것입니다. 제가 읽은 조국교회 초기 설교문 가운데 '생사일판'(生死一判)이라는 제목을 가진 설교도 있었습니다.[58]

---

[58] 이 설교는 탁사 최병헌(濯斯 崔炳憲)의 설교이다. 최병헌은 초기 한국 감리교회가 낳은 당시 최대 신학자요 설교가였다. 로마서 8장 5-6절을 본문으로 한 '생사일판'(生死一判)이라는 설교에서 그는 이렇게 말한다. "주를 믿는 자는 그리스도의 신이 그 마음속에 있고 또한 그리스도 속에 있어서 죄를 정함이 없는 사람이니 성신의 일을 생각하며 성신으로 거듭난 신자들이라. 암만 믿는다 하며 회개하였다 할지라도 신으로 다시 나지 못한 자는 늘 예전 사람의 성질과 육신의 생각이 그저 남아서 위급한 때에는 거짓말도 잘하며 혈기도 발할 것이올시다." 鄭聖久, 『韓國敎會 設敎史』(서울: 총신대출판부, 1991), 112-113.

하지만 이제는 조국교회에서 이런 정신을 찾기가 어렵습니다. 그리스도의 죽으심을 본받아 일사각오의 결단으로 살기보다는 호양(互讓)의 정신으로 세상과 타협하는 일에 익숙해져 있기 때문에 우리 시대의 복음 신앙은 맛 잃은 소금과 같이 되었습니다.

그러나 그리스도께서 죽으신 십자가로부터 들려오는 메시지는 그때나 지금이나 동일합니다. "사랑하는 자들아! 내가 너희를 사랑하여 이렇게 죽었으니, 이제는 너희가 나를 위하여 죽을 차례이다." 이 죽음은 소멸로의 부르심이 아닙니다. 예수님께서는 당신의 죽으심을 본받는 자들을 위하여 영광스러운 부활을 예비하셨습니다. 그러므로 '죽으라.'라는 이 요청은 사실 생명으로의 부르심입니다.

모든 사람을 구원하는 복음

이어서 선지자는 예수 그리스도의 대속적 죽음이 갖는 보편적 효과에 대해 말합니다. "그의 무덤이 악인들과 함께 있었으며 그가 죽은 후에 부자와 함께 있었도다"(사 53:9).

이스라엘 백성들은 예수님을 단지 죄인들 중 하나로 여겼습니다. 그래서 악한 강도들과 함께 십자가에 매달고, 그들과 함께 매장하려 하였습니다. 그러나 하나님께서는 그분의 시신을 선한 부자 아리마대 요셉의 무덤에 안치되게 하셨습니다.

우리는 여기서 두 가지 깨달음을 얻습니다. 첫째로, 그리스도의 명예를 깎아내리려는 사악한 인간들의 시도를 꺾고 예수 그리스도를 존귀하게 하시는 하나님을 봅니다.

둘째로, 예수님께서 십자가에서 죽으신 대속의 효과는 빈부나 귀천의 구별이 없이 구원받을 모든 사람들에게 미치게 됨을 발견합니다.

주님의 죽으심은 구원받기로 예정된 모든 사람들에게 효력이 미칩니다.[59] 이사야 선지자는 이 사실을 단지 예언만 하였지만, 사도 바울은 직접 체험했습니다. 그래서 그는 로마서 첫 장에서 이렇게 말합니다. "내가 복음을 부끄러워하지 아니하노니 이 복음은 모든 믿는 자에게 구원을 주시는 하나님의 능력이 됨이라 먼저는 유대인에게요 그리고 헬라인에게로다"(롬 1:16).

이 문제에 있어서 흔들리는 갈라디아교회 교인들에게 그는 이렇게 단언합니다. "너희가 다 믿음으로 말미암아 그리스도 예수 안에서 하나님의 아들이

---

[59] 여기서 우리는 실제적으로 그리스도께서 누구를 위하여 죽으셨는지에 대한 교리를 만나게 된다. 그리스도의 속죄의 범위에 관해서는 여러 견해들이 있었다. 첫 번째 견해는 고대의 반(半)펠라기우스주의자들(Semi-Pelagians)과 네덜란드의 항론파(Remonstrants)의 입장인데, "인간은 타락에 의하여 처음 생명의 언약의 조건을 충족시킬 수 있는 능력을 상실했기 때문에 하나님께서는 그리스도로 말미암아 새 언약을 도입하셨고, 이로써 인간은 예전과는 다르고 쉬운 조건 곧 믿음과 회개 또는 다른 복음적 순종으로써 구원을 받게 되었다."라고 보는 것이다. 만약 구원의 계획이 이런 것이라면, 그리스도의 사역은 모든 인류에 대하여 동등한 효과를 갖는다. 두 번째 견해는 웨슬리-아르미니우스주의자들(Wesleyan-Arminians)의 입장인데, "그리스도의 대속 사역은 모든 인간들 곧 유대인이나 이방인을 막론하고 그들의 원죄를 용서하고 그들에게 성령을 선물로 주시기 위하여 계획된 것이었으며, 그들에게 주시는 은혜를 온당하게 활용하는 사람들을 구원하시기 위함이었다."라는 것이다. 세 번째 견해는 루터파(Lutherans)의 입장인데, "하나님께서 그 아들을 이 세상에 보내셔서 모든 인류의 죄에 대하여 충분하고도 실제적이고도 법적인 만족을 이루게 하셨으므로, 이 완전한 만족을 근거로 구원은 복음을 듣는 모든 사람들에게 주어지며, 만약 그 복음을 듣는 자가 저항하게만 않으면 말씀과 성례를 통하여 주어지는 구원의 은혜는 그들의 구원을 보증하기에 충분하다."라고 보는 것이다. 네 번째는 소뮈르학파(School of Saumur)의 소위 '이중 작정'(二重作定)의 견해인데, "그리스도께서는 인간의 구원을 위해……이 땅에 오셨으나, 보편적으로 인간들이 이 자비를 거절할 것을 미리 아신 하나님께서는 그들 안에 믿음과 회개를 불러일으키는 구원하시는 하나님의 은혜에 복종하는 자들을 선택하셨다."라는 것이다. 이 모호한 견해는 하나님의 영원하신 선택이 구속에 종속되는 결과가, 곧 하나님께서 먼저 모든 인류를 구속하셨고 그 다음 중 일부를 선택하셨다는 뜻이 되고 만다. 그러나 이 모든 견해들을 비판하며 핫지(Charles Hodge)는 논증하기를, "인간의 구원을 위한 계획이 한정적이었다면 당연히 구원을 주시는 것도 한정적이어야 한다."라고 주장한다. 그러므로 속죄의 범위에 대한 성경이 증언하는 가장 분명한 진술은 "그리스도께서 실제적으로 그리고 명백하게 선택받은 자만을 구원하실 목적으로 죽으셨다."라는 것이며, 이는 "그리스도께서 실제적으로 그분의 대속적인 사역의 효능을 적용하시는 자만을 구원하시기 위하여 죽으셨다."라는 뜻이다. 하나님께서는 시간 속에서 실제적으로 성취하실 그분의 구원 계획을 영원 전부터 결정하셨고, 그리스도께서 구원하실 택자들을 미리 예정하셨다. 또 그리스도께서는 모든 인류를 위해 죽으신 것이 아니라 '그분의 백성'의 구속을 위해 자신을 주셨다. "나를 보내신 아버지께서 이끌지 아니하시면 아무도 내게 올 수 없으니 오는 그를 내가 마지막 날에 다시 살리리라"(요 5:44). Charles Hodge, *Systematic Theology: Anthropology and Soteriology*, vol. 2 (Grand Rapids: Wm. B. Eerdmans Publishing Company, 1977), 546–562; Louis Berkhof, *Systematic Theology* (Grand Rapids: Wm. B. Eerdmans Publishing Company, 1996), 394–395.

되었으니 누구든지 그리스도와 합하기 위하여 세례를 받은 자는 그리스도로 옷 입었느니라 너희는 유대인이나 헬라인이나 종이나 자유인이나 남자나 여자나 다 그리스도 예수 안에서 하나이니라"(갈 3:26-28).

대속의 복음은 모든 계층에 호소되었고, 빈부나 귀천의 구별이 없이 하나님께서 택하신 사람들이라면 누구나 그것을 믿게 되었습니다. 아무도 그 대속의 효과를 막지 못했습니다. 복음은 신분과 계층과 빈부와 인종의 벽을 허물고 구원받은 모든 사람들을 하나로 묶어 주었습니다.

오늘날에도 마찬가지입니다. 복음의 능력은 보편적입니다. 메시아의 구원의 은혜는 모든 사람에게 필요합니다. 가난한 자들뿐만 아니라 부유한 사람들에게도 그리스도의 십자가는 구원에 이르는 유일한 길입니다.

복음 안에서 세상을 보십시오. 십자가를 통해서 우리의 인생을 보십시오. 성경은 우리가 인생에 대하여 어떠한 견해를 가지고 있든지 구원받지 아니하면 아무 희망이 없다고 잘라 말합니다. 그리고 그리스도의 십자가는 모든 죄인을 구원하기에 능하다고 말합니다.

이념은 이해가 얽힌 특정 계층의 사람들에게 호소하지만, 복음은 모든 사람들에게 호소합니다. 그리고 그리스도의 대속을 믿는 모든 사람들을 구원합니다. 그들이 어떤 인생을 살아왔든지 얼마나 악하든지 그것에 매이지 아니하고 모든 사람들을 구원하여 하나님께로 돌아오게 합니다.

그러므로 우리는 하나님 앞에서 이러한 복음의 놀라운 능력을 믿고 복음을 통해 세상을 볼 수 있는 사람들이 되어야 합니다. 주님께서 이 세상에서 나로 예수 믿게 하시고 영생을 소유하게 하신 것이 얼마나 감사한 일인지 늘 기억해야 합니다.

우리는 누구를 만나든지 그들도 이 복음이 없이는 아무것도 아니라는 인식을 분명히 가져야 합니다. 아무리 권세 높아도 아무리 부유해도 복음의 놀라운 능력을 모른다면, 그는 이 세상에서 가장 불쌍한 자입니다.

예수 그리스도께서 죽으셨습니다. 그 죽음으로 우리는 비참한 죄의 지배로부터 벗어날 수 있게 되었습니다. 그러나 아직도 너무나 많은 사람들이 온 우주에 미친 대속의 효과와 상관없이 비참하게 살아가고 있습니다. 감옥의 빗장이 풀렸는데도, 여전히 어두운 감옥에서 죄수로 살아가고 있는 것입니다.

이제 우리가 할 일은 부지런히 이 복음을 전해서 하나님께서 구원하시고자 하는 사람들이 구원에 이르도록 돕는 것입니다(고전 1:21).

우리가 복음을 전하되 바로 결실이 보이지 않는다고 낙심하지 않는 것은, 우리가 구원하는 것이 아니라 우리는 단지 하나님께서 정하신 구원의 작정이 드러나게 하는 도구임을 알기 때문입니다. 그러므로 우리가 이 대속의 복음을 전하기 위해서 낯선 집의 벨을 누르고 떨리는 마음으로 응답을 기다릴 때, 우리는 대속을 성취하신 예수 그리스도를 대신해서 거기에 서 있는 것입니다. 교회가 십자가의 진정한 의미를 안다면 복음을 전하는 일에 열심을 품지 않을 수 없는 이유가 바로 여기에 있습니다.

지푸라기같이 연약한 그리스도인들의 복음의 증언을 나팔처럼 사용하셔서 죄인들의 양심을 찌르고 회개케 하시는 역사는 특정한 시기에만 나타나는 것이 아닙니다. 이 순간에도 복음의 복된 역사는 일어나고 있습니다. 십자가밖에는 아무 희망이 없는 세상에 이 복음을 전하는 사람들을 통해…….

이사야 선지자는 메시아가 자신의 영혼을 속건 제물로 드릴 것이라고 예언합니다. 여기서 우리는 예수 그리스도께서 대속하셔야 했던 죄의 성격을 확인하게 됩니다. 그것은 바로 거룩함을 범한 죄였습니다. 우리가 훼손한 것은 하나님의 거룩함이었습니다. 그러므로 우리가 구원을 얻고 회복해야 할 것도 분명합니다. 바로 거룩함입니다.

제9장

정결하게 하신 그리스도와 그 열매

"여호와께서 그에게 상함을 받게 하시기를 원하사 질고를 당하게 하셨은즉 그의 영혼을 속건 제물로 드리기에 이르면 그가 씨를 보게 되며"(사 53:10上).

여호와께서 원하신 일

이사야 선지자는 그리스도의 고난과 영광에 대하여 이렇게 말합니다. "여호와께서 그에게 상함을 받게 하시기를 원하사 질고를 당하게 하셨은즉 그의 영혼을 속건 제물로 드리기에 이르면 그가 씨를 보게 되며 그의 날은 길 것이요 또 그의 손으로 여호와께서 기뻐하시는 뜻을 성취하리로다"(사 53:10).[60]

---

[60] 본문 이사야 53장 10절은 그리스도의 고난과 영광에 대한 예언을 기록하고 있다. 이 부분의 히브리어 원문은 다음과 같다. וַיהוָה חָפֵץ דַּכְּאוֹ הֶחֱלִי אִם־תָּשִׂים אָשָׁם נַפְשׁוֹ יִרְאֶה זֶרַע יַאֲרִיךְ יָמִים וְחֵפֶץ יְהוָה בְּיָדוֹ יִצְלָח׃ 이를 직역하면 다음과 같다. "그러나 여호와께서 그(의 육체)를 부서 버리기를 기뻐하셔서 질고를 당하게 하셨다. 만약 그의 영혼이 (자신을) 속건 제물로 삼으면, 그는 그의 씨를 볼 것이며 그는 그의 날을 길게 할 것이며 그의 손안에서 여호와의 뜻이 번성하리라." 헹스텐베르크(Ernst W. Hengstenberg)가 설명하듯이, 이 부분은 여호와의 종의 고난에 이어질 영광을 예고하는 시작 부분이다. 여호와에 의하여 메시아에게 부과되었던 모든 고난이 끝나고 그의 영광과 거룩한 나라가 영영히 설 것임을 예고하고 있다. 헹스텐베르크는 이 구절을 다음과 같이 해석한다. "그러나 여호와께서 그가 상함받는 것을 기뻐하사 그로 질고를 당하게 하셨다(모진 고통을 그에게 지우셨다). 그가 속건 제물이 되었을 때, 그는 후손을 보게 될 것이며 그의 날이 길어질 것이고 여호와의 뜻이 그를 통해 번성하게 될 것이다." Ernst W. Hengstenberg, *Christology of the Old Testament and a Commentary on the Messianic Predictions* (Grand Rapids: Kregel Publications, 1976), 239–240. 이것을 우리말 개역개정 성경의 번역과 대조해 보라. "여호와께서 그에게 상함을 받게 하시기를 원하사 질고를 당하게 하셨은즉 그의 영혼을 속건 제물로 드리기에 이르면 그가 씨를 보게 되며 그의 날은 길 것이요 또 그의 손으로 여호와께서 기뻐하시는 뜻을 성취하리로다." 문제가 되는 것은 '그의 영혼을 속건 제물로 드리기에 이르면'(אִם־תָּשִׂים אָשָׁם נַפְשׁוֹ)이다. 좀 두루뭉술한 번역처럼 보인다. 우선 '드리기에'로 번역된 동사 타심(תָּשִׂים)의 주어가 누구인가 하는 것이 문제이다. 이에 대해서는 '하나님'(the Lord)으로 번역하거나(NIV), 직역을 해서 동사를 미완결 2인칭 남성 단수로 보고 주어를 '너희'(you)로 번역하거나(NRSV), 동사를 미완결 3인칭 여성 단수로 보아(히브리어 미완결 동사 변화에서는 3인칭 남성 단수와 여성 단수가 같은 꼴이다) 그 주어를 '영혼'(נֶפֶשׁ)으로 생각한 경우가 있다(Franz Delitzsch). 이 셋 중에서 가장 설득력이 있는 번역은 마지막 경우라고 할 수 있다. 그리고 임(אִם)에 대해서는 다음과 같이 양보의 뜻을 가진 접속사(though)로 해석한 경우도 있는데, 이는

이사야 53장 10절의 상반절은 죄 없으신 예수 그리스도께서 죄 많은 인간의 허물을 짊어지시게 된 이유를 이렇게 설명합니다. "여호와께서……원하사."

10절 상반절의 요점은 분명합니다. 예수 그리스도께서 우리의 질고를 대신 짊어지고 형벌을 당하신 것은 하나님 아버지께서 그것을 기뻐하셨기 때문에 일어난 일이라는 것입니다.

그러므로 하나님 아버지께서는 인간의 죄를 위하여 십자가에서 못 박혀 죽으시는 희생을 치르심으로 구원의 길을 여신 예수 그리스도와, 그 대속의 진리가 믿어지게 하셔서 우리에게 구원을 적용시키시는 성령 하나님과 함께 세세토록 영광과 찬송을 받으셔야 합니다.

타락한 인간의 구원에 있어서 삼위 하나님께서는 함께 일하십니다. 성부 하나님께서는 우리를 긍휼히 여기심으로 이 일을 계획하셨고, 성자 하나님께서는 죽으심으로 이 일을 성취하셨고, 성령 하나님께서는 은혜로 이 일을 우리에게 적용하셨습니다. 그러기에 우리를 구원하시기 위한 성부 하나님의 작정과 성자 하나님의 대속의 공로와 성령 하나님의 믿음 주심을 찬송해야 합니다.

잘못된 것이다. "and though the Lord makes his life a guilt offering"(NIV). 이것은 오히려 단순히 가정을 나타내는 접속사(if)로 해석되어야 한다. C. F. Keil, F. Delitzsch, *The Prophecies of Isaiah*, vol. 2, in *Commentary on the Old Testament*, vol. 7, trans. James Martin (Grand Rapids: Wm. B. Eerdmans Publishing Company, 1982), 329–331.

이사야 선지자가 말했듯이, 대속은 여호와 하나님께서 원하신 일이었습니다. 하나님께서 당신의 사랑하는 아들이 질고를 당하기를 원하셨던 이유는 아들을 덜 사랑하고 우리를 더 사랑해서가 아닙니다. 그것이 우리를 죄에서 구원하시는 방법이었기 때문입니다.

속건 제물이란 무엇인가

그런데 10절에서 유독 눈길을 끄는 단어가 하나 있습니다. 바로 '속건 제물'(אָשָׁם)이라는 표현입니다. "(메시야가) 그의 영혼을 속건 제물로 드리기에 이르면 그가 씨를 보게 되며 그의 날은 길 것이요 또 그의 손으로 여호와께서 기뻐하시는 뜻을 성취하리로다." 속건 제물은 구약의 속건제를 위하여 바쳐진 제물입니다. 속건제에 대한 규례는 레위기 5장 14절부터 시작되어 6장 7절까지 자세하게 기록되어 있습니다.

구약의 제사는 각각 그 고유한 목적과 방식을 가지고 있었습니다. 예를 들어서 화목제는 하나님과의 화목과 그로 말미암는 하나님의 백성들 사이에서의 평화를 위하여 드리는 제사였습니다. 속죄제는 일반적인 죄를 용서받기 위하여 드리는 제사였고, 번제는 드리는 자의 헌신을 의미하는 제사였습니다.

속건제는 하나님의 백성들이 지은 죄 중에서, 특별히 소유권을 침해한 범죄에 대하여 배상과 함께 올리는 제사입니다. 속건제를 드려야 하는 경우는 크게 두 가지입니다. 하나는, 여호와의 성물(聖物)에 대해 범죄하였을 때이고, 또 하나는 이웃의 물건이나 소유에 대해 범죄하였을 때입니다.

그런데 여기서 이런 의문이 생깁니다. "왜 이사야서에서는 예수 그리스도께서 당하실 십자가의 고난을 속건 제물에 비유하였을까?" 하는 것입니다. 신약성경은 여러 곳에서 예수 그리스도의 십자가 고난이 우리 죄를 위한 화목 제물이었다고 말합니다. "이 예수를 하나님이 그의 피로써 믿음으로 말미암는 화목 제물로 세우셨으니"(롬 3:25上). "그는 우리 죄를 위한 화목 제물이니 우리만 위할 뿐 아니요 온 세상의 죄를 위하심이라"(요일 2:2). "사랑은 여기 있으니 우리가 하나님을 사랑한 것이 아니요 하나님이 우리를 사랑하사 우리 죄를 속하기 위하여 화목 제물로 그 아들을 보내셨음이라"(요일 4:10).

화목 제물이라고 하거나 사람들에게 더 익숙한 속죄 제물이라는 용어를 사용할 수도 있는데, 왜 유독 이사야 선지자는 비교적 낯선 단어인 '속건 제물'이라는 표현을 쓰고 있을까요? 속죄제와 속건제의 가장 큰 차이는 그 초점에 있습니다. 속죄제의 초점이 헌제자가 죄를 씻고 깨끗하게 되는 '정화'에 맞춰져 있다면, 속건제는 훼손한 물품이나 끼친 피해에 대해 보상하는 '배상'에 초점이 맞춰져 있습니다.

예수 그리스도의 십자가 고난은 범죄한 우리 입장에서는 죄를 씻고 깨끗하게 되는 사건이고, 대속을 계획하신 하나님의 입장에서는 하나님의 훼손된 거룩함이 회복되는 사건입니다.

인간의 범죄는 하나님께 막대한 손해를 입혔습니다. 인간은 하나님께 불순종하고 반역함으로써 하나님의 왕권을 훼손했고, 피조 세계가 하나님의 창조의 목적으로부터 멀어지게 만들었습니다. 인간의 범죄로 하나님의 권위는 실추되는 듯했고, 하나님의 창조의 목적은 좌절되는 듯했습니다. 그런데 그 모든 어그러진 것들이 예수 그리스도의 십자가 고난을 통해 다시 회복되었습니다. 아니 처음에 드러났던 영광보다 더 찬란하게 드러날 수 있게 되었습니다.

이처럼 예수 그리스도의 고난은 단지 인간의 죄를 씻어 주기만 하였던 것이 아니라, 하나님께서 피조 세계를 향해 가지셨던 원대한 계획이 처음보다 더 찬란하게 실현되도록 하였습니다.

거룩함을 범한 죄

'속건 제물'이라는 표현을 통해, 우리는 그리스도께서 대속하신 우리의 죄의 성격을 확인하게 됩니다. 그것은 바로 하나님의 거룩하심을 범한 죄였습니다.

속건제는 거룩한 물건에 대해 범죄하였을 때 드리는 제사입니다. "누구든지 여호와의 성물에 대하여 부지중에 범죄하였으면 여호와께 속건제를 드리되 네가 지정한 가치를 따라 성소의 세겔로 몇 세겔 은에 상당한 흠 없는 숫양을 양 떼 중에서 끌어다가 속건제로 드려서 성물에 대한 잘못을 보상하되 그것에 오분의 일을 더하여 제사장에게 줄 것이요 제사장은 그 속건제의 숫양으로 그를 위하여 속죄한즉 그가 사함을 받으리라"(레 5:15-16).

이것은 물건 자체가 거룩해서가 아니라 그 물건의 소유자이신 하나님께서 거룩하시기 때문에 그것들을 범한 것을 엄중히 처벌하는 것입니다. 인간의 모든 범죄가 거룩하신 하나님에 대한 도전이지만, 특별히 성물에 대한 범죄는 그 도전의 방식이 직접적이기 때문에 매우 중차대한 범죄입니다.

그런데 인간이 선악과를 따먹은 사건은 성물을 범하는 것과 같은, 하나님의 거룩하심에 대한 심각한 도전이었습니다.

죄가 들어오기 전, 하나님께서 창조하신 세상은 거룩하였습니다. 거룩하신 하나님으로 충만하였기 때문입니다. 만물은 인간을 중심으로 하나가 되어, 거룩하신 하나님을 드러냈습니다. 그런데 한 사람이 불순종함으로 죄가 들어왔고, 온 창조 세계에 죄가 범람했습니다. 세상은 일순간에 거룩함의 빛을 잃게 되었으며, 만물은 하나님을 드러내던 찬란한 영광의 힘을 상실했습니다.

하나님께서 천지를 창조하신 기록들을 살펴보면 사실상 인간 이전의 창조는 인간을 위한 것이었습니다. 하늘에 빛나는 해와 달, 별들을 만드셨고 바다와 육지를 만드셨으며 그것들을 모두 아름다운 피조물로 채우셨습니다. 아무 것도 부족한 것이 없이 만드시고, 인간으로 하여금 그것들을 창조주 하나님을 대신하여 다스리고 돌보게 하셨습니다.[61]

사실상 인간의 창조는 하나님의 창조 세계의 면류관이었고 화룡점정(畵龍點睛)과 같은 사건이었습니다. 끝없이 광대한 우주도 말씀 한마디로 창조하신 하나님께서 인간을 창조하시는 장면은 인간과 다른 피조물과의 차별성을 보여주기에 충분합니다. "여호와 하나님이 땅의 흙으로 사람을 지으시고 생기를 그 코에 불어넣으시니 사람이 생령이 되니라"(창 2:7).

하나님께서 말씀으로 창조하신 광대한 피조 세계가 인간을 위하여 주어졌습니다. 인간은 하나님의 형상을 가지고 그분과 교제할 수 있도록 창조되었으며, 하나님을 대신하여 피조 세계를 가꾸고 다스리도록 부름받았습니다.

처음 창조된 인간의 복됨을 우리가 어디에다 비할 수 있겠습니까? 하나님께서 그를 만드신 것을 기뻐하셨고, 만물이 인간의 다스림을 받는 것을 즐거워하였습니다.

그러나 인간은 하나님과의 언약을 파기하고 선악과를 따먹었습니다. 인간은 범죄한 즉시 창조 시의 아름다운 지위를 잃었고, 자신의 다스림을 받던 피조 세계와의 목숨을 건 갈등을 경험하게 되었습니다. 이제 인간은 자연을 두려워하고 자연 앞에 왜소해져서 자연의 힘에 굴복하여야 하는 초라한 존재가 되고 말았습니다.

---

61) 창세기 1장 28절에서 '다스리다.'라고 번역된 히브리어는 라다(רָדָה)인데 이것은 '(왕이 나라를) 다스리는 것'(subdue, rule over)을 의미하였다(시 72:8). 때로는 '포도즙틀을 밟는 것'을 뜻하기도 하였다(율 4:13). 이 동사는 '-안에'(in), '-속으로'(into), '-위에'(over)의 의미를 갖는 히브리어 전치사 베(בְּ)와 함께 사용되었는데, 이는 하나님께서 아담에게 주신 지배권이 피조물 전체에 속속들이 영향을 미칠 것임을 보여주는 동시에, 마치 왕에게 자신의 왕국 백성들을 잘 다스릴 사명이 있는 것처럼 인간에게 주신 다스림의 권한은 특권이기 이전에 사명임을 보여준다. 따라서 창조 기사의 정신으로 볼 때에 인간이 스스로 '만물의 영장'이라는 가부장적인 자부심으로 창조 세계에 군림하려는 것은 원래 창조 질서라기보다는 죄와 타락의 소산임을 보여준다. Wilhelm Gesenius, *Gesenius' Hebrew-Chaldee Lexicon to the Old Testament*, trans. Samuel Prideaux Tregelles (Grand Rapids: Baker Book House, 1979), 758.

'속건 제물'이라는 표현에서 우리는 우리의 죄가 하나님의 거룩한 소유물을 범한 것임을 분명히 보게 됩니다. 아담과 하와는 알아야 했습니다. 아름다운 피조 세계는 물론 창조된 자신들까지도 하나님의 거룩한 소유물임을 말입니다. 그런데 그 거룩한 것들을 아담과 하와는 불순종으로 망가뜨렸습니다.

이처럼 우리 주 예수 그리스도로 하여금 자신을 속건 제물로 드리게 한 우리의 죄는 단순한 악(惡) 이상이었습니다. 우리는 하나님의 거룩하심을 범하였습니다. 하나님의 거룩한 피조 세계를 불순종으로 더럽혔고, 하나님의 형상대로 지은 바 된 우리의 영혼을 죄의 부패성에 물들게 했습니다.

예수 그리스도께서 십자가 위에서 치르신 고통스러운 희생은 인간이 하나님의 거룩하심을 범한 것이 얼마나 무서운 죄인가를 보여줍니다. 우리는 하나님의 거룩하심을 범한 용서받을 수 없는 죄인들임에도 불구하고 예수 그리스도의 피로 대속함을 입었는데, 그 대속은 우리에게 다시 거룩하게 살 수 있는 기회를 열어 주기 위함이었습니다. 그러므로 대속의 은혜는 우리에게 거룩해질 것을 요구합니다.

그래서 사도 바울은 말합니다. "그런즉 사랑하는 자들아 이 약속을 가진 우리는 하나님을 두려워하는 가운데서 거룩함을 온전히 이루어 육과 영의 온갖 더러운 것에서 자신을 깨끗하게 하자"(고후 7:1).

이제 우리는 우리의 내면 세계의 부패성을 거룩한 성령의 은혜로 이기며, 타락한 세상의 부패한 환경과 싸워야 합니다. 그러한 싸움은 종종 우리에게 죽음을 각오한 결단을 촉구합니다. 피 흘리기까지 싸워야 하는 상황에 데려가기도 합니다.

그러나 우리는 그 어떤 대가를 치르더라도 거룩함으로 나아가는 노력을 포기하지 않을 것입니다. 예수 그리스도께서 자신을 속건 제물로 드리심은 거룩함을 범한 우리에게 다시 하나님의 소유로 거룩하게 살아갈 수 있는 기회를 주시기 위함임을 알기 때문입니다.

남의 소유를 훔친 죄

속건제는 성물을 범했을 때뿐 아니라 하나님의 백성이 이웃에게 재산상의 손해를 입혔을 때에도 드려졌습니다. "여호와께서 모세에게 말씀하여 이르시되 누구든지 여호와께 신실하지 못하여 범죄하되 곧 이웃이 맡긴 물건이나 전당물을 속이거나 도둑질하거나 착취하고도 사실을 부인하거나 남의 잃은 물건을 줍고도 사실을 부인하여 거짓 맹세하는 등 사람이 이 모든 일 중의 하나라도 행하여 범죄하면 이는 죄를 범하였고 죄가 있는 자니 그 훔친 것이나 착취한 것이나 맡은 것이나 잃은 물건을 주운 것이나 그 거짓 맹세한 모든 물건을 돌려보내되 곧 그 본래 물건에 오분의 일을 더하여 돌려보낼 것이니 그 죄가 드러나는 날에 그 임자에게 줄 것이요 그는 또 그 속건 제물을 여호와께 가져갈지니 곧 네가 지정한 가치대로 양 떼 중 흠 없는 숫양을 속건 제물을 위하여 제사장에게로 끌고 갈 것이요 제사장은 여호와 앞에서 그를 위하여 속죄한즉 그는 무슨 허물이든지 사함을 받으리라"(레 6:1-7).

예수님을 만난 삭개오의 고백은 속건제를 배경으로 합니다. "삭개오가 서서 주께 여짜오되 주여 보시옵소서 내 소유의 절반을 가난한 자들에게 주겠사오며 만일 누구의 것을 속여 빼앗은 일이 있으면 네 갑절이나 갚겠나이다"(눅 19:8). 그가 자기의 죄를 회개하고, 자기의 소유의 절반을 가난한 사람에게 주고, 이웃에게 입힌 재산상의 범죄에 대하여 4배나 배상하겠다고 한 것은 그런 경우 5분의 1을 배상하도록 한 속건제의 규정을 초과하여 배상하겠다는 파격적인 결심이었습니다. 이는 그리스도를 만난 삭개오 안에서 일어난 가치관의 놀라운 변화를 보여줍니다.

속건제에 관한 구례는 두 대상을 향해 이웃의 재산을 훔친 죄에 대한 보상을 하라고 명합니다. 먼저 재산상의 손해를 입은 이웃입니다. 그리고 다음으로 하나님입니다. 이웃에게 재산상의 손해를 입힌 범죄에 대해 하나님께도 배상의 제사를 올려야 하는 이유는, 하나님의 백성이 이웃에게 해를 끼치는 존재가 되었다는 것은 먼저 하나님에 대한 심각한 범죄이기 때문입니다.

속건제는 이웃에게 재산상의 손해를 입혔을 때, 이웃에게 그 손해를 보상하고 하나님께 그 잘못을 사죄하며 드리는 제사입니다. 이러한 속건제의 제물로 예수 그리스도께서 죽으셨다는 사실은 우리에게 인간의 범죄가 무엇인지를 깨닫게 합니다.

첫째로, 인간의 범죄는 하나님의 소유인 인간이 스스로를 더럽힌 것입니다. 그렇게 함으로써 인간은 하나님께 손해를 입혔습니다. 우리는 예수 그리스도의 십자가 대속으로 말미암아 비로소 하나님의 소유가 된 것이 아닙니다. 우리는 원래 하나님의 것이었습니다(시 24:1, 50:12). 다만 십자가의 구속을 통해서 우리가 하나님의 것임을 알게 되었고, 하나님의 소유답게 살아갈 힘을 얻게 된 것입니다(벧전 2:9).

구원을 받은 사람이나 구원을 받지 못한 사람이나 모두 하나님께서 창조하셨습니다. 모든 인간에게는 그들이 하나님의 피조물임을 증거하는 하나님의 형상이 있습니다. 비록 범죄함으로써 죄의 지배 아래 살게 되었지만, 모든 인간은 하나님의 소유입니다. 따라서 그들이 예수 그리스도를 믿고 하나님과의 교제 속으로 다시 돌아오는 것은 새로운 선택이 아니라 마땅히 있어야 할 자리로 돌아가는 것입니다.

그런데 불행히도 인간들은 마치 자신이 자기의 것인 양 하나님을 인정하지 않고 살아갑니다. 하나님께서 허락하신 생명과 사랑과 건강과 시간을 마치 자기의 것인 양 허랑방탕하게 써 버립니다. 이렇게 사는 사람들은 존재하는 것 자체로써 하나님께 범죄하는 것입니다. 왜냐하면 자신들이 하나님의 것임을 인정하지 않고 살아가는 것 자체가 하나님의 소유를 훔치는 것이기 때문입니다.

불신자들은 몰라서 그렇게 산다고 칩시다. 그렇다면 이미 구원받은 우리는 어떻습니까? 자신을 거룩하신 하나님의 소유답게 거룩하게 구별하여 하나님께 드리고 있습니까? 오늘 여러분이 보낸 시간 중 하나님께서 받으실 만한 시간은 얼마나 됩니까? 여러분의 삶의 주인은 정말 하나님이십니까?

오늘날 너무나 많은 그리스도인들이 예수 그리스도의 십자가를 모르던 때처럼 살아갑니다. 하나님의 것을 하나님의 것으로 인정하지 않습니다. 그러한 삶을 종식시키고 우리로 하여금 다시 하나님의 소유된 삶을 살게 하시려고 그리스도께서 속건 제물로 자기를 바치셨음에도 불구하고 말입니다.

우리가 사사로운 욕심을 만족시키는 데 우리의 열정과 시간과 건강을 소비하는 것은 모두 하나님의 것을 축내는 것입니다. 십자가에서 고난당하신 그리스도께서는 바로 이런 죄를 위하여 속건 제물로 죽으셨습니다.

둘째로, 인간의 범죄는 하나님의 소유인 세상을 더럽힌 것입니다. 인간의 모든 범죄는 일차적으로 하나님을 향한 범죄입니다. 인간의 어떤 악행으로 눈에 보이는 사물에 피해가 발생했다고 칩시다. 하나님의 소유인 세상이 더럽혀진 것입니다. 사람에게 폭력을 가했다고 칩시다. 누군가 다쳤습니다. 이런 일들이 일어났을 때, 사람들은 이 일의 피해자가 망가진 물건의 주인이나 다친 사람이라고 단순하게 생각합니다. 그러나 그들은 그 악행의 2차적인 피해자입니다. 그 악행의 1차적인 피해자는 인간을 창조하셨고 사랑하시는 하나님이십니다.

인간이 인간에게 지정된 참된 행복이 무엇인지 모른 채 비참하게 살아갈 때, 제일 마음 아파하시는 분은 하나님이십니다. 그리고 인간이 자신에게 지정된 참된 행복을 누리며 살아갈 때 제일 기뻐하시는 분도 하나님이십니다.

인간에게 지정된 참된 행복은 하나님과 화목한 관계로 돌아가 하나님의 생명과 사랑을 충만하게 공급받으며 사는 것입니다. 그러므로 진정으로 그리스도의 십자가 대속을 믿고 구원을 받아 본질적으로 변화되지 않는 한, 인간은 행복할 수 없습니다.

우리가 우리 자신과 이웃과 하나님을 위해 할 수 있는 최선은 좋은 그리스도인이 되는 것입니다. 구속받은 하나님의 자녀답게 십자가의 사랑으로 충만해지고, 자신의 부패성과 날마다 싸워 날마다 더 거룩해져야 합니다. 그리고 하나님께서 창조하신 이 세상이 거룩함을 회복하도록 힘쓰며 살아야 합니다.

거룩함을 추구하라

십자가의 사랑을 깨달았습니까? 이제 다른 인생의 길은 없습니다. 죄로 말미암아 잃어버린 거룩함을 예수 그리스도와의 연합을 통하여 자신과 이 세상 안에 다시 이루어 나가야 합니다.

'거룩함'이란 원래 하나님의 존재적 초월성과 도덕적 완전성을 가리키는 말입니다. 또한 이 말은 '구별'의 의미로도 사용되는데, 배타적으로 하나님께 봉헌되었거나 선점되었기에 다른 용도로는 사용할 수 없다는 의미가 담겨 있습니다(레 22:3).

거룩함을 우리에게 적용하면, 죄된 행위로부터 구별되어 하나님을 섬길 수 있는 성별된 존재가 되는 것이라 말할 수 있습니다. 이것은 단순히 죄를 짓지 않고 사는 것을 말하는 것이 아니라 전적으로 하나님의 소유가 됨으로써 죄 가운데 있는 모든 것들로부터 영적으로 구별되는 것을 말합니다.

구원받은 사람들의 삶의 최고 가치는 하나님을 영화롭게 하는 것이고, 그 가치를 구현하는 길은 거룩함의 회복입니다. 이 땅에서 이루어지는 하나님 나라의 회복이라는 것도 결국은 그 핵심이 거룩함의 회복입니다. 우리가 하나님의 다스림에 온전히 복종하고 그 통치에 기뻐함으로써, 그 나라는 세상 나라와 구별되고 세상 속에 거룩한 영향력을 미치게 됩니다.

우리가 그리스도의 희생이 우리를 어디로 부르고 있는지를 안다면, 우리의 삶의 목표가 우리를 위하여 예수 그리스도께서 자기를 속건 제물로 드리실 때 마음에 품으셨던 목표와 동일하다면, 우리는 거룩함을 추구할 수밖에 없습니다.

정직한 복음은 우리를 거룩함으로 나아가게 합니다. 현대인들은 복음 안에서 십자가의 핏자국을 지우고 성공과 번영의 약속을 덧입히려 하는데, 이것은 그리스도의 죽으심에 대한 모독입니다. 예수 그리스도께서는 우리의 번영과 성공을 위하여 죽으신 것이 아니라 우리 안에 거룩함을 회복하시려고 죽으셨습니다. 우리는 하나님의 창조 세계의 거룩함을 범했고, 그 죄를 대속하기 위해 메시아는 자기를 속건 제물로 드리셨습니다. 그리고 그 공로로 우리는 다시 거룩한 존재로서 거룩하게 살 수 있게 되었습니다.

그리스도인들이 구원을 받고도 거룩함으로 나아가지 못하고 세상에 속한 것들에 집착하며 우울하게 살아가는 이유는 두 가지로 집약됩니다. 하나는 그들이 구속받은 하나님의 자녀이면서도 삶의 목표가 변하지 않았기 때문이고, 다른 하나는 변화되었어도 그 목표를 따라 살아갈 힘을 잃었기 때문입니다.

그리스도인은 그리스도의 속건제로 대속의 은혜를 입은 사람들입니다. 그러므로 그리스도인은 자나 깨나 거룩함을 생각하며 거룩함을 위하여 살아가야 합니다. 예수 그리스도와의 거룩한 사귐 속에서 그분의 거룩하심에 영향을 받으며 거룩한 품성으로 변화되어 나가야 하고, 매일의 삶 속에서 거룩함을 잃어버리지 않기 위해 자신의 부패성과 분투하며 싸워야 합니다(빌 1:29-30).

십자가의 놀라운 구원의 은혜를 경험한 사람들은 이제는 세상에 있는 것들과는 작별한 사람들입니다(요일 2:15). 죄악 된 세상 속에서 불결한 인간들과 함께 섞여 살아가지만, 그들과는 전혀 다른 꿈을 꾸는 사람들입니다. 세상 사람들은 번영과 성공에 목을 매지만, 그리스도인들은 거룩함에 목말라합니다.

오늘날 우리들의 신앙생활에서 견고함을 찾아보기가 힘든 것은 거룩함을 열망하지 않기 때문입니다. 거룩함이라는 분명한 목표를 향해 꾸준히 나아가는 사람은 잠시 넘어져도 이내 다시 일어나 그 길을 갑니다. 그러나 거룩함을 열망하지 않는 사람은 잠시 영혼의 회복을 경험해도 또다시 주저앉기 일쑤입니다. 회복과 침체의 반복 속에서 진전이 없는 신앙생활을 하며 살아가는 것은 거룩함을 사모하지 않기 때문입니다.

하나님을 감동시키는 것은 우리의 눈물겨운 희생이나 화려한 사역의 결실 같은 것들이 아닙니다. 우리의 거룩함입니다. 따라서 거룩함을 추구하지 않고 단지 일에 미쳐서 섬기는 것은 그저 저 좋아서 하는 일에 지나지 않습니다. 중요한 것은 일 자체가 아니라 그 일을 하는 사람의 존재입니다. 거룩한 사람이 하면 길거리에 떨어진 휴지를 줍는 일도 거룩한 일이지만, 거룩하지 않은 사람이 하면 설교 사역도 저 좋아서 하는 사람의 일이 되고 맙니다.

그러므로 우리는 열심히 섬김의 자리를 감당하면서도 개인적으로 거룩해져 가고자 애써야 합니다. 십자가의 사랑을 깊이 깨달은 사람들은 모두 거룩함에 대하여 소명을 받은 사람들입니다.

그리스도의 십자가는 단지 우리의 죄를 용서해 주기 위한 것이 아닙니다. 우리의 마음속에 진리와 성령을 주셔서, 다시 거룩함을 추구하며 살아갈 수 있게 해주기 위한 것입니다. 그러기에 누구든지 정직한 복음으로 십자가를 경험하면, 즉각적으로 거룩함에 대한 갈망을 갖습니다.

물론 '거룩함'이라는 용어를 모를 수도 있습니다. 그러나 자신의 불결함을 슬퍼하고 예수 그리스도를 닮아가기를 소망하는 그 마음은 모를 리 없습니다. 십자가의 경험이 거룩함의 열망을 불러온다는 사실에는 그 어떤 예외도 있을 수 없습니다. 그러므로 거룩함의 열망이 없다면, 그의 십자가 경험은 복음적인 것이 아닙니다.

인간이 거룩하게 살지 아니하는 것은 하나님의 것을 하나님의 것이라고 인정하지 않기 때문입니다. 인간은 하나님의 것을 하나님의 것으로 인정하는 동안에만 거룩함을 유지할 수 있습니다.

우리의 첫 조상 아담과 하와가 하나님께서 먹기를 금하신 실과를 보면서 그것이 하나님의 것이라는 사실을 기억했다면, 결코 하나님의 거룩한 피조 세계를 이렇게 단들지 않았을 것입니다. 그러므로 거룩하게 되기를 사모하고, 또 거룩하게 살아가려고 하는 사람들은 항상 하나님의 것에 대하여 탁월한 인식과 존중감을 가져야 합니다.[62]

거룩함, 하나님의 백성들의 독특성

메시아에 대한 이 위대한 예언을 기술하고 있는 이사야 선지자는 하나님의 거룩하심에 대한 체험 때문에 거룩한 선지자로 살게 된 사람입니다.[63] 그는 거룩하신 하나님을 대면하는 경험을 통해 하나님이 누구이신지를 알았고, 자기와 그 시대의 백성들이 어떻게 살아야 할지를 알았습니다.

---

[62] 성경은 이러한 신앙에 대하여 많은 예증들을 가지고 있다. 창세기 39장에 나오는 요셉의 고백도 그중의 하나이다. 요셉은 자기와 동침하자고 유혹하는 보디발의 아내에게 이렇게 고백하였다. "······내 주인이 집안의 모든 소유를 간섭하지 아니하고 다 내 손에 위탁하였으니 이 집에는 나보다 큰 이가 없으며 주인이 아무것도 내게 금하지 아니하였어도 금한 것은 당신뿐이니 당신은 그의 아내임이라 그런즉 내가 어찌 이 큰 악을 행하여 하나님께 죄를 지으리이까"(창 39:8-9). 이 고백에 의하면 그는 유혹받는 상황에서 두 주권을 명백히 인정함으로써 거룩한 경건을 지킬 수 있었다. 자기를 유혹하는 보디발의 아내에게는 보디발의 주권을 상기시켜서 그녀가 자기 상전에게 속한 자임을 분명히 하였고, 그녀에게 유혹받는 자신에게는 자기가 하나님의 소유라는 사실을 상기함으로써 거룩한 경건을 지킬 수 있었다. 이처럼 거룩한 삶은 하나님의 것을 하나님의 것으로 인정하는 신앙에서 시작된다.

[63] 여기서 우리는 이사야 선지자가 하나님께 부름을 받던 그 소명의 체험을 생각하게 된다. 이에 대하여 선지자는 다음과 같이 술회하고 있다. "웃시야 왕이 죽던 해에 내가 본즉 주께서 높이 들린 보좌에 앉으셨는데 그의 옷자락은 성전에 가득하였고 스랍들이 모시고 섰는데 각기 여섯 날개가 있어 그 둘로는 자기의 얼굴을 가리었고 그 둘로는 자기의 발을 가리었고 그 둘로는 날며 서로 불러 이르되 거룩하다 거룩하다 거룩하다 만군의 여호와여 그의 영광이 온 땅에 충만하도다 하더라 이같이 화답하는 자의 소리로 말미암아 문지방의 터가 요동하며 성전에 연기가 충만한지라 그때에 내가 말하되 화로다 나여 망하게 되었도다 나는 입술이 부정한 사람이요 나는 입술이 부정한 백성 중에 거주하면서 만군의 여호와이신 왕을 뵈었음이로다 하였더라"(사 6:1-5). 이 사건을 통하여 이사야는 하나님의 거룩하심과 영광을 경험하게 되었고, 하나님께서 단지 성전의 주인이 아니시며 이스라엘만의 주권자가 아니라 온 세상의 영광 주이심을 알게 되었다. 그가 범죄하고 타락한 이스라엘 백성들에 대하여 분노하고 탄핵하며 아파했던 것은 그들이 하나님의 소유라는 사실을 거룩함에 대한 경험을 통하여 알았기 때문이다.

이사야서는 거룩함을 잃어버린 이스라엘 백성들에 대한 통탄으로 시작됩니다. "하늘이여 들으라 땅이여 귀를 기울이라 여호와께서 말씀하시기를 내가 자식을 양육하였거늘 그들이 나를 거역하였도다 소는 그 임자를 알고 나귀는 그 주인의 구유를 알건마는 이스라엘은 알지 못하고 나의 백성은 깨닫지 못하는도다 하셨도다"(사 1:2-3).

선지자가 탄핵하고 있는 이스라엘 백성의 타락과 범죄는 자신들이 하나님의 소유라는 사실을 잊은 것입니다. 그들은 그렇게 우상을 숭배하며 방탕한 삶을 살아서는 안 되는 사람들이었습니다.

그들이 자신들이 하나님의 소유임을 잊었다는 것은 거룩함을 잃어버렸다는 것이고, 하나님의 백성으로 이 세상에 존재하기를 거부하는 것이었습니다. 그런 상태에서 종교 행위만 유지하는 그들의 모습은 하나님을 진노케 했습니다. "여호와께서 말씀하시되 너희의 무수한 제물이 내게 무엇이 유익하뇨 나는 숫양의 번제와 살진 짐승의 기름에 배불렀고 나는 수송아지나 어린 양이나 숫염소의 피를 기뻐하지 아니하노라 너희가 내 앞에 보이러 오니 이것을 누가 너희에게 요구하였느냐 내 마당만 밟을 뿐이니라 헛된 제물을 다시 가져오지 말라 분향은 내가 가증히 여기는 바요 월삭과 안식일과 대회로 모이는 것도 그러하니 성회와 아울러 악을 행하는 것을 내가 견디지 못하겠노라"(사 1:11-13).

혹시 우리의 삶이 이러하지는 않습니까? 하나님의 것을 하나님의 것으로 알지 아니함으로 거룩함 대신에 방종을 좇고 있지는 않습니까?

십자가의 복음을 듣고 "모든 억압이 끝났다. 이제는 해방과 자유가 있을 뿐이다. 이제 나는 행복하기 위하여 존재한다."라고 외치는 것은 참된 복음을 들은 사람의 정당한 반응이 아닙니다. 십자가에 대한 경험은 우리를 죄와 사망의 지배를 받던 삶에서 해방시켜 주지만, 그 이후 우리가 추구해야 할 삶은 거룩함에 의해 속박받는 삶입니다.

오늘날과 같이 인간의 가능성을 높게 평가하고 방종하게 살아가도록 부추기는 시대에 거룩함을 말하는 것은 시대에 뒤떨어진 것처럼 보일 것입니다. 그러나 세상 풍조가 아무리 바뀌어도 하나님의 기준은 달라지지 않습니다. 하나님께서 인간에게 부여하신 참자유는 은혜와 진리의 지배 아래 거하는 것입니다.

오늘날 너무나 많은 그리스도인들이 거룩함을 케케묵은 신앙의 유물쯤으로 취급합니다. 그러나 십자가의 피로 우리를 구속하신 하나님의 계획은 바로 우리를 거룩하게 만드시는 것입니다. 많은 그리스도인들이 신앙생활을 하는데도 마음이 허하다고 고백하는 것은 기독교 신앙이 원래 허무한 것이어서가 아닙니다. 그들이 구원을 받고도, 우리를 구원하신 하나님의 계획을 따라 살지 않기 때문입니다.

오늘날 그리스도인들조차 신앙의 열심과 도덕성은 상관이 없다고 말하고, 하나님의 계명을 어기는 것을 범칙금 납부 고지서가 날아오는 교통 법규 어긴 것만큼도 두려워하지 않는 것은, 교회 안에서 거룩함을 느끼지 못하기 때문입니다.

하나님의 백성들에게 거룩함에 대한 열망이 없다는 것은 그들에게서 하나님의 백성으로서의 독특성이 실제적으로 사라졌다는 의미입니다. 그들은 하나님의 백성이라는 이름으로 이 세상에 존재하지만 이미 맛 잃은 소금이며 불 꺼진 등불입니다. 그들이 모인 곳은 아무리 높게 십자가를 내걸고, 아무리 크게 교회라는 명판을 붙여도 교회일 수 없습니다. 교회가 세상에 보여주어야 할 것을 보여줄 수 없기 때문입니다. 거룩함 없이는 하나님의 사랑을 말해도 인도주의의 사랑에 지나지 않고, 하나님의 왕 되심을 선언해도 입헌군주국의 실권 없는 왕을 모신 것과 다름없습니다.

그리스도인이 거룩함을 추구하지 않는 것은 하나님의 것을 하나님의 것으로 인정하지 않는 교만이 빚어낸 방종입니다. 하나님께서는 당신의 거룩함을 범하는 인간의 죄로부터 당신의 거룩함을 지키십니다. 이것이 '하나님의 의(義)'입니다. 하나님의 의로우신 성품이 때때로 심판을 불러오는 것은 하나님께서 복수심에 불타 범죄한 인간에게 보복하시려 하기 때문이 아닙니다. 인간의 불의와 도전으로부터 당신의 거룩함을 지키시는 것이 '의'이기 때문입니다.

우리가 "하나님은 사랑이시라."라고 말하며, 우리가 죄를 지어도 하나님께서는 눈물만 뚝뚝 흘리며 오래 참고 기다리시는 분인 것처럼 생각하는 것은 심각한 오해입니다. 하나님을 사랑의 교리라는 창살에 가두고, 우리가 하나님을 배반해도 하나님께서는 우리를 심판하실 수 없을 것이라 생각하는 것은 성경적인 견해가 아닙니다. 하박국 선지자는 정당한 심판으로 하나님의 의가 드러나는 것을 기뻐하였습니다(합 3:17-18). 동족의 안녕보다 하나님의 하나님 되심이 드러나고 하나님의 통치가 이루어지는 것을 더 기뻐하였던 것입니다.[64]

---

[64] 하나님을 아는 정당한 지식을 소유하였던 믿음의 사람들은 심판하시는 하나님의 정당성을 의심하지 않았다. 이 점에 있어 특별히 훌륭한 예증을 보여주는 사람이 바로 하박국 선지자이다. 그의 선지서 앞부분을 보면, 그는 당시 적국인 갈대아 사람들에게 빌붙어 신앙을 팔아먹던 악인들의 번영과 의인들의 고난으로 인하여 하나님의 정당하심에 모순을 느꼈었다. 그러나 하나님을 새롭게 경험하면서 '하나님의 의로우심'에 대하여 새롭게 눈뜨게 되었다. "내가 들었으므로 내 창자가 흔들렸고 그 목소리로 말미암아 내 입술이 떨렸도다 무리가 우리를 치러 올라오는 환난 날을 내가 기다리므로 썩이는 것이 내 뼈에 들어왔으며 내 몸은 내 처소에서 떨리는도다 비록 무화과나무가 무성하지 못하며 포도나무에 열매가 없으며 감람나무에 소출이 없으며 밭에 먹을 것이 없으며 우리에 양이 없으며 외양간에 소가 없을지라도 나는 여호와로 말미암아 즐거워하며 나의 구원의 하나님으로 말미암아 기뻐하리로다 주 여호와는 나의 힘이시라 나의 발을 사슴과 같게 하사 나를 나의 높은 곳으로 다니게 하시리로다……"(합 3:16-19). 하박국서의 마지막 부분인 3장 2-19절은 하나님께서 유대 왕국을 심판하신 광경을 미리 그린 것인데, 심판받은 광경을 묘사하면서 선지자는 하나님의 의로우심이 드러난 것을 인하여 기뻐하는 모습을 보여준다. 즉 하박국 선지자는 이러한 하나님의 의(義)에 대한 경험을 통하여 자기 동족의 안녕(安寧)보다 하나님의 하나님 되심이 드러나는 것을 기쁘게 생각할 수 있으리만치 영적으로 성숙해지게 된 것이다. 하박국의 예언에 관한 탁월한 설교는 존 오웬(John Owen)의 전집에서 볼 수 있다. 청교도들에게 다가오는 박해를 배경으로 행해진 다음의 설교들을 참조하라. John Owen, "A Memorial of the Deliverance of Essex County, and Committee," in *The Works of John Owen*, vol. 8, ed. William H. Goold (London: The Banner of Truth Trust, 1967), 71-126; John Owen, "The Use and Advantage of Faith in a Time of Public Calamity," "The Use of Faith under Reproaches and Persecutions," "The Use of Faith, If Popery Should Return upon Us,"

십자가의 형벌의 참혹함을 보십시오. 그것이 하나님의 공의입니다. 십자가를 하나님의 사랑과 공의의 조화라고 보는 것은 하나님의 거룩하심을 범한 우리의 죄에 대해 심판해야 마땅하나 차마 우리에게 그 진노를 쏟아 내지 못하시고 독생자를 보내 십자가에 못 박으셨기 때문입니다. 이에 대하여 시인은 이렇게 예언하였습니다. "진실로 그의 구원이 그를 경외하는 자에게 가까우니 영광이 우리 땅에 머무르리이다 인애와 진리가 같이 만나고 의와 화평이 서로 입맞추었으며 진리는 땅에서 솟아나고 의는 하늘에서 굽어보도다"(시 85:9-11).

그러므로 그리스도께서 자신을 속건 제물로 드리심으로 말미암아 속죄함을 입은 우리는 우리를 하나님의 소유로 인정하고 거룩하게 살아야 합니다. 우리는 그렇게 함으로써만 우리를 구원하신 하나님을 섬길 수 있고, 우리 자신도 행복할 수 있습니다.

열매를 맺으심

이어서 선지자는 예수 그리스도께서 자신을 속건 제물로 드리신 결과에 대하여 말합니다. "그의 영혼을 속건 제물로 드리기에 이르면 그가 씨를 보게 되며 그의 날은 길 것이요 또 그의 손으로 여호와께서 기뻐하시는 뜻을 성취하리로다"(사 53:10).

이것은 예수 그리스도의 속죄의 효과에 대한 예언입니다. 십자가에서 하나님의 진노를 감당하신 분은 한 분이셨습니다. 그러나 그 한 개의 씨는 수많은 열매를 맺었습니다. 이에 대하여 성경은 이렇게 증언합니다. "그런즉 한 범죄로 많은 사람이 정죄에 이른 것같이 한 의로운 행위로 말미암아 많은

"The Use of Faith in a Time of General Declension in Religion," in *The Works of John Owen*, vol. 9, ed. William H. Goold (London: The Banner of Truth Trust, 1990), 490-516.

사람이 의롭다 하심을 받아 생명에 이르렀느니라 한 사람이 순종하지 아니함으로 많은 사람이 죄인 된 것같이 한 사람이 순종하심으로 많은 사람이 의인이 되리라"(롬 5:18-19).

예수 그리스도께서도 이 일에 대해 직접 말씀하셨습니다. "예수께서 대답하여 이르시되 인자가 영광을 얻을 때가 왔도다 내가 진실로 진실로 너희에게 이르노니 한 알의 밀이 땅에 떨어져 죽지 아니하면 한 알 그대로 있고 죽으면 많은 열매를 맺느니라"(요 12:23-24).

이사야 선지자와 예수 그리스도께서는 예언으로 이 일을 말했지만, 지금 우리는 이 일이 실현된 것을 보고 있습니다. 2,000년 전, 팔레스타인에서 이 단적인 교리를 유포했다는 혐의로 십자가에 달리신 예수 그리스도의 죽음은 인류의 역사를 바꾸었습니다. 죄와 사망의 지배 가운데 살아가야 했던 수많은 사람들이 예수 그리스도의 죽으심을 통해 구원을 얻고 하나님의 거룩한 열매들이 되었습니다. 속건 제물로 바쳐진 분은 예수 그리스도 한 분이셨으나, 그분의 속죄의 피는 강같이 흘러 헤아릴 수 없이 많은 죄인들을 씻겨 주었습니다.

지금도 우리는 철통같이 닫혔던 선교의 빗장이 열리고 이교도들의 가슴 속에 예수 그리스도가 심기는 놀라운 역사를 목도하고 있습니다. 이것은 모두 한 사람의 죽음이 가져온 열매들입니다.

그런데 십자가에 못 박혀 죽으시는 것은 주님 홀로 하신 일이지만, 그 씨를 통해 여호와께서 기뻐하시는 뜻을 성취하는 일은 우리가 협력할 수 있는 일입니다. 예수 그리스도께서 우리의 죄를 위하여 속건 제물로 죽으신 것이 마음에 감격으로 다가오십니까? 그렇다면 입을 열어 그 크고 놀라운 사랑을 말하십시오. 전도로 이어지지 않는 감격은 감상에 지나지 않습니다.

물론 우리에게는 하나님을 등지고 살아가는 인간들을 구원하는 능력이 없습니다. 그러나 그것이 우리에게 달린 일이 아니어도, 우리는 그것이 마치 우리에게 달린 일인 것처럼 그 일에 헌신해야 합니다. 십자가 대속의 은혜를 아는 사람은 '구원은 하나님께 달린 일이야. 내가 애를 써도 구원받지 못할 사람은 구원 못 받고, 내가 애태우지 않아도 구원받을 사람은 구원받을 거야.'라고 생각하지 않습니다. 복음이 전해져서 열매를 맺으면 하나님께만 영광 돌리고, 복음을 모른 채 죄 가운데 살아가는 사람을 보면 우리가 그리스도의 복음을 전하지 않아서 저들이 아직도 고통 가운데 있다고 자책하는 것이 먼저 대속의 은혜를 경험한 사람의 태도입니다.

거룩함을 범한 죄인들임에도 긍휼히 여기시는 하나님의 사랑을 알았습니까? 예수 그리스도의 대속의 사랑을 알았습니까? 그렇다면 냉랭한 마음으로 아직 구원에 이르지 못한 사람들을 바라볼 수 없습니다. 복음을 전하는 일에 헌신하며 살았던 사람들은 특별한 사람들이 아니었습니다. 그저 십자가가 무엇인지 알게 된 사람들이었습니다.

이전에는 무지했으나, 이제 우리는 십자가의 의미를 알게 되었습니다. 이제 우리가 가야 할 길은 하나입니다. 거룩함을 추구하며 어찌하든지 이 복음을 전하며 살아가는 삶, 그 이외의 선택은 우리에게 없습니다.

모든 그리스도인의 궁극적인 소망은 무엇입니까? 바로 부활입니다. 그리스도와 함께 죽은 사람들이 그리스도와 함께 다시 살리심을 얻는 영광스러운 부활이야말로 주님을 위해서 사는 모든 신자들의 소망입니다. 그리스도인들은 이 소망 때문에 고난도 이기고 핍박도 견디며 살아갑니다. 이 땅에서 주와 함께 고난을 받으면 그와 같이 영광에 참여할 것이요, 주와 함께 죽으면 그와 더불어 다시 살리라는 부활의 소망이야말로 그리스도인들로 하여금 이 죄악 가득한 땅에서 고단한 성화의 길을 걸어가게 하는 힘입니다.

제10장

그리스도를 통해 하나님의 뜻을 이루심

"그의 날은 길 것이요 또 그의 손으로 여호와께서 기뻐하시는 뜻을 성취하리로다"(사 53:10下).

부활의 약속

메시아의 고난이 어떤 결과를 가져오게 될지 본격적으로 밝히며 이사야 선지자의 예언은 절정으로 치닫습니다. 이사야 선지자는 말합니다. "그의 날은 길 것이요 또 그의 손으로 여호와께서 기뻐하시는 뜻을 성취하리로다"(사 53:10下).[65]

그런데 첫 부분부터 의문을 갖게 합니다. "그의 날은 길 것이요." 여기서 '그'는 대속의 죽음을 당하시는 메시아입니다. 그런데 '속건 제물'이라는 표현으로 메시아의 죽음을 예언한 선지자가 뒤이어 바로 '그의 날은 길 것'이라고 이야기합니다. 비록 부활이 명시적으로 나타나지는 않았지만, 우리는 어렵지 않게 선지자가 메시아의 부활에 대해 예언하고 있음을 추론할 수 있습니다.

예수 그리스도께서는 십자가에서 비참하게 죽임을 당하셨습니다. 그러나 그것이 끝이 아니었습니다. 그분은 사흘 만에 다시 살아나셨고 영원한 생명을 갖게 되셨습니다. 이사야 선지자의 예언대로 '그의 날은 길 것'입니다.

이사야 53장은 이렇게 예수 그리스도께서 이 세상에 오셔서 죽음으로 속죄를 이루실 사건뿐 아니라 한걸음 더 나아가 죽음을 이기고 부활하실 것까지

---

65) 이 부분의 히브리어 원문은: "יַאֲרִיךְ יָמִים וְחֵפֶץ יְהוָה בְּיָדוֹ יִצְלָח"인데, 이를 직역하면 다음과 같다. "그는 그의 날을 길게 할 것이며 그의 손에서 여호와의 뜻이 번성하리라." 우리말 개역개정 성경의 번역과 비교하여 보라. "그의 날은 길 것이요 또 그의 손으로 여호와께서 기뻐하시는 뜻을 성취하리로다." 정확하게 말하자면, 동사 '길게 하다'(אָרַךְ)의 주어는 '날'(יָמִים)이 아니라 '여호와'(יְהוָה) 혹은 메시아이다.

보여줍니다. 메시아가 육신의 몸을 입고 낮고 천한 세상에 오셔서 멸시와 천대 속에 사시다가 우리를 대신하여 죽으실 것을 예고하며 마음 아파했던 선지자는 이 부분을 기록할 때 얼마나 기뻤을까요?

그는 '그의 날은 길 것이요'라는 이 말이 죽음을 이기고 부활하셔서 영존하시는 하나님으로 사실 것임을 의미한다는 것을 분명 알았을 것입니다.[66]

메시아의 이런 영광스러운 부활은 우리에게도 소망이 됩니다. 구원받고 그리스도인이 되었다고 해서, 진흙밭을 뒹굴던 인생이 갑자기 꽃길만 걷게 되지는 않습니다.

십자가의 사랑을 깨닫고 예수 그리스도의 대속의 교리를 믿어 죄의 지배에서 벗어났어도, 거룩한 삶을 살기 위해서는 잔존하는 내적 부패성과 치열하

---

66) 이 부분에 대해 칼빈(John Calvin)은 이렇게 말한다. "어떤 사람들은 '그의 날은 길 것이요'라는 구절에 ('씨'를 수식하는) 관계대명사 아쉐르(אֲשֶׁר)를 넣어서 '오래 살 후손'이라고 해석하기도 한다. 그러나 나는 그것을 보다 단순하게 '그리스도께서는 자신의 죽음 때문에 그의 날들을 연장하시는데, 곧 영원히 사는 데 방해받지 아니할 것이다.'라는 뜻으로 해석한다. 사람들은 죽을 때에 자녀들을 남긴다. 자녀들은 자신들의 조상들보다 오래 살아서 그 조상들이 죽을 때에 그들의 이름을 얻게 된다. 그러나 그리스도께서는 자기의 자녀들과의 교제를 즐기실 것이다. 왜냐하면 그분은 다른 인간들과 같이 죽지 아니하시고 그 자신과 그 자녀들 안에서 영생을 소유하실 것이기 때문이다. 따라서 이사야 선지자는 머리 되신 그리스도와 지체된 우리 안에 불멸의 생명이 있으리라고 선언한다." John Calvin, *Commentary on the Book of the Prophet Isaiah*, vol. 4, in *Calvin's Commentaries*, vol. 8, trans. William Pringle (Grand Rapids: Baker Book House, 1998), 125-126.

게 싸워야 합니다. 산다는 것은 이처럼 구원받은 사람들에게도 고단하고 힘든 일입니다.

그래서 우리는 생각합니다. '이 고단한 인생의 끝은 무엇일까? 우리의 궁극적인 소망은 무엇일까?'

모든 그리스도인의 궁극적인 소망은 부활입니다. 그리스도와 함께 죽은 사람들이 그리스도와 함께 다시 살리심을 얻는 영광스러운 부활이야말로 하나님을 위해서 살아가는 모든 그리스도인들의 소망입니다. 그리스도인들은 이 소망 때문에 고난도 이기고 핍박도 견디며 살아갑니다. 왜냐하면 그리스도의 부활이 곧 우리의 부활의 근거가 되기 때문입니다. 이러한 부활의 능력은 단지 먼 미래에만 경험되는 것이 아닙니다. 믿음으로 살아가는 신자의 현재 속에서도 경험됩니다. 그리고 그 능력이 우리를 그리스도인답게 살게 합니다. 생명과 사랑으로 사람다운 삶을 살게 하는 것입니다.

사도 바울이 동족의 고소를 받아 세상 법정에 서게 된 이유가 무엇이었습니까? 그가 부활의 소망을 가진 것이 이유였습니다. 그 소망 때문에 그는 동족들에게 버림을 받고 심문을 받게 되었습니다(행 23:6). 그러나 그는 예수 그리스도의 부활에 참여할 소망 때문에 자신은 고난을 받으면서도 의로운 삶을 살 수 있는 용기를 얻는다고 밝힙니다. "그들이 기다리는 바 하나님께 향한 소망을 나도 가졌으니 곧 의인과 악인의 부활이 있으리라 함이니이다 이것으로 말미암아 나도 하나님과 사람에 대하여 항상 양심에 거리낌이 없기를 힘쓰나이다"(행 24:15-16).

그리스도인에게 부활은 하나님의 권능입니다. 십자가에서 죽으신 예수 그리스도를 살리시고 살아 있을 때보다 더 영화롭게 만드신 하나님의 위대한 능력이 부활 사건에 담겨 있습니다. 그러므로 부활을 소망한다는 것은 하나님의 전능하심이 온 세계에 구현될 그날을 기다리며 잠시 겪는 고난의 때를 견디는 것입니다.

사도 바울이 예수 그리스도 안에서 발견했던 큰 비밀은 부활이었습니다. 그래서 그는 이렇게 고백합니다. "그의 아들에 관하여 말하면 육신으로는 다윗의 혈통에서 나셨고 성결의 영으로는 죽은 자들 가운데서 부활하사 능력으로 하나님의 아들로 선포되셨으니 곧 우리 주 예수 그리스도시니라"(롬 1:3-4).

사도 바울은 그 누구보다 치열하게 예수 그리스도가 누구신지 알고자 했습니다. 그 가운데 그가 이룬 진보는 그리스도를 아는 것은 곧 그 부활의 권능을 아는 것이라는 사실을 발견한 것이었습니다. "내가 그리스도와 부활의 권능과 그 고난에 참여함을 알고자 하여 그의 죽으심을 본받아 어떻게 해서든지 죽은 자 가운데서 부활에 이르려 하노니"(빌 3:10-11).

여러분은 무엇을 소망하며 사십니까? 무엇이 여러분을 이 죄악 가득한 땅에서 고단한 성화의 길을 걸어가게 만듭니까? 이 땅에서 주님과 함께 고난을 받으면 그분과 같이 영광에 참여할 것이요, 주님과 함께 죽으면 그분과 더불어 다시 살리라는 부활의 소망이야말로 그리스도인들로 하여금 그 정체성을 유지하면서 살아가게 하는 힘입니다.

십자가에 대한 현재적 경험과 소망

그리스도인으로 살기 위해서는 최소한 두 가지가 필요합니다. 하나는 과거에 일어난 십자가 사건에 대한 현재적인 믿음이고, 또 하나는 미래에 누리게 될 부활의 영광에 대한 현재적인 소망입니다.

그런데 이 두 가지는 사실 동떨어진 것이 아닙니다. 이는 우리의 영적 경험 속에서도 입증이 됩니다. 그리스도의 대속의 은혜에 대한 믿음 없이는 부활의 소망을 가질 수 없으며, 미래에 있을 부활에 대한 현재적인 소망 없이는 자기의 십자가를 지고 예수 그리스도께서 걸으신 길을 따를 수 없습니다.

신앙생활은 날마다 자기를 부인하는 자기 죽음을 경험하고, 날마다 하나님의 은혜 안에서 다시 살아나는 생명의 부활을 맛보며 사는 것입니다. 부활의 소망을 가지고 살아가는 사람들에게 인생 너머에 기다리고 있는 죽음은 단지 영광스러운 부활에 이르기 위한 문에 불과합니다. 그래서 그들은 세상에 연연하지 않고, 죽음 앞에서 의연합니다. 그들의 관심은 잠시 있다 사라질 것들이 아니라 영원한 것에 있기 때문입니다.

오늘날 자기의 욕심을 따라 탐욕으로 가득 찬 삶을 살아가는 이 세상 사람들을 보십시오. 그리고 그들 못지않게 탐욕스럽게 살아가는 그리스도인들을 보십시오. 이렇게 살아가는 것은 모두 내세에 대한 소망이 없기 때문입니다. 부활의 소망을 가지고 있지 않으면, 현세에 집착할 수밖에 없습니다.

그리스도인이라 할지라도 예수 그리스도의 십자가의 고난 뒤에 숨겨진 부활의 약속을 읽지 못할 수 있습니다. 그러면 부활에 소망을 둔 삶을 살아갈 수 없고, 부활에 소망을 두지 않으면 십자가를 지는 삶을 살아갈 필요를 느낄 수 없습니다. 그래서 그들은 이 세상에 속한 것들을 위해서만 애쓰고 수고할 뿐, 하나님의 나라를 위해서는 아무것도 쌓지 못하고 살아갑니다(마 6:19).

그러나 그리스도를 아는 지식은 부활에 대한 소망 없이는 존재할 수 없습니다.[67]

이사야 선지자의 예언에 귀를 기울여 보십시오. 예수 그리스도께서 십자가에 못 박혀 죽으시는 것만 예고된 것이 아니라 영원히 다시 사실 것도 예고되었습니다. 그리스도께서 우리의 죄를 위해 대신 죽으신 고난이 우리에게 소

---

[67] 이러한 사상은 사도 바울의 설교와 신앙 고백 속에 잘 나타난다. "내가 받은 것을 먼저 너희에게 전하였노니 이는 성경대로 그리스도께서 우리 죄를 위하여 죽으시고 장사 지낸 바 되셨다가 성경대로 사흘 만에 다시 살아나사"(고전 15:3-4). "내가 그리스도와 그 부활의 권능과 그 고난에 참여함을 알고자 하여 그의 죽으심을 본받아"(빌 3:10). 사도 바울에게 있어서 그리스도의 죽으심과 부활은 따로 떼어 놓고 생각할 수 없는 하나인 두 사실이었다. 따라서 '그리스도를 아는 지식은 곧 '그의 죽음과 부활을 아는 지식'을 말하지 않고는 논의될 수 없다. 이 '신(神) 지식'에 관하여는 다음 책을 참조하라. 김남준, 『거룩한 부흥』(서울: 생명의말씀사, 2012), 303-365.

망이 되는 것은 우리가 그리스도와 함께 다시 살 것이라는 약속이 있기 때문입니다.

따라서 우리는 이 세상에 사는 동안, 그리스도께서 우리를 위해 죽으신 것을 믿을 뿐 아니라 그분과 함께 우리도 다시 살 것을 믿어야 합니다. 예수 그리스도의 부활을 기뻐하는 가운데 우리의 부활을 소망하는 열망에 불타는 삶을 살아야 합니다. 우리의 마음이 부활의 소망으로 불탈 때, 우리는 이 세상에서의 안일하고 안락한 삶에 대한 추구를 버릴 수 있습니다. 우리에게 이 부활의 소망을 주시기 위해 예수 그리스도께서는 십자가에 못 박혀 죽으셨습니다.

우리에게 부활의 소망이 있습니까? 우리에게 부활의 소망이 없다면, 그것은 우리에게 날마다 그리스도의 죽으심을 본받는 거룩한 삶을 위한 몸부림이 없기 때문입니다. 스스로 죽지 않으면, 살 소망도 가질 수 없습니다.

인생은 유한하고, 덧없습니다. "그러므로 모든 육체는 풀과 같고 그 모든 영광은 풀의 꽃과 같으니 풀은 마르고 꽃은 떨어지되"(벧전 1:24). 인생이 가치 있는 것은 예수 그리스도의 영광스러운 부활을 바라보는 믿음이 있기 때문입니다.

구원을 얻었다는 것은 영원한 생명이신 예수 그리스도를 만났고 그분을 통해 우리도 영원한 생명을 소유하게 되었다는 것입니다. 영원한 생명을 소유하고서, 대체 언제까지 사라질 것들에 연연하며 사시겠습니까?

풀이 마르고 꽃이 떨어지듯, 우리의 육체는 나날이 시들어 갈 것입니다. 그러나 우리는 후패해 가는 육신 때문에 낙심하지 않습니다. 우리에게는 쇠약해지는 육체를 벗어 버리고 영원히 시들지 않을 모습으로 그리스도를 뵈올 소망이 있기 때문입니다.

하나님의 뜻을 성취하신 그리스도

이어서 이사야 선지자는 이렇게 말합니다. "그의 손으로 여호와께서 기뻐하시는 뜻을 성취하리로다."[68] 이것은 메시아이신 예수 그리스도의 지상 생애에 관한 총론적 요약입니다.

예수 그리스도께서 이 세상에 오신 것은 하나님의 뜻을 이루기 위해서였습니다. 처음 신앙의 길에 들어선 사람들은 성경을 읽으며 수많은 의문을 갖습니다. "왜 예수님께서는 온갖 오해가 난무하게, 동정녀 마리아에게 성령으로 잉태되는 방식으로 태어나신 걸까? 초라하게 말구유에 누우시지 말고 많은 사람들이 우러러볼 수 있게 탄생하시면 더 좋지 않았을까?"

그러나 다른 신비한 방법으로 오실 수도 있었고, 모든 사람들이 압도되어 그분을 하나님의 아들로 인정하지 않을 수 없게 영광스럽게 이 땅에 내려오실 수도 있었으나, 그분은 가난한 목수의 집안에 태어나셨습니다. 예수 그리스도의 동정녀 탄생이 인간이되 죄는 없는 존재로 이 땅에 오시기 위한 방법이었다면, 초라한 출생은 그분이 이 세상에서 어떻게 사실 것인가에 대한 예고였습니다.

예수 그리스도의 생애를 기억해 보십시오. 그분은 모욕과 멸시와 천대를 받으시며 머리 둘 곳 없는 생애를 사셨습니다. 심지어 우리를 위해 자기를 버리시는 죽음의 순간까지도, 그분은 조롱을 받으셨습니다. 그러나 그 완전한 낮아짐을 통해, 하나님의 뜻이 성취되었고 하나님의 영광이 높이 들렸습니다.

하나님의 뜻은 예수 그리스도께서 섬김을 받는 왕으로 이 세상에서 군림하

---

[68] 이 부분의 히브리어는 ":וְחֵפֶץ יְהוָה בְּיָדוֹ יִצְלָח"인데, 직역을 하면 "그리고 그의 손안에서 여호와의 뜻이 번성하리라."이다. 베야도(בְּיָדוֹ)는 야드(יָד, hand), 베(בְּ, in), 오(וֹ, his) 세 단어가 결합된 형태이다. 야드(יָד)는 대체로 '손' 혹은 '힘'을 의미하였다. 대개의 경우 '사람의 손'을 의미하였으나 경우에 따라서는 '하나님의 손'을 의미하기도 하였다(출 9:3, 대하 30:12 등). 신명기 32장 36절에서는 '능력'(power) 혹은 '견고함'(firmness)을 의미하기도 하였다. Ludwig Koehler, Walter Baumgartner, *Lexicon in Veteris Testamenti Libros* (Leiden: E. J. Brill. 1958), 362-363.

는 것이 아니었습니다. 가장 낮은 자리에서 자기의 양 떼들을 사랑으로 섬기는 것이었습니다.

어떤 사람들은 예수 그리스도께서 많은 사람들이 자기를 따르고 환호하기 전까지는 자신이 메시아임을 알지 못하셨다고 생각하는데, 그것은 틀린 견해입니다. 예수 그리스도께서는 공생애에 들어서기 이전에도 자신이 이 세상의 구원을 위해 오신 메시아라는 사실을 알고 계셨습니다(요 4:34, 6:38).

예수 그리스도의 생애는 태어나는 순간부터 마지막 숨을 거두는 순간까지, 오롯이 하나님의 뜻을 이루려는 목표 하나에 집중된 삶이었습니다. 그리고 그 뜻은 바로 자기를 화목 제물로 드려 하나님과 우리 사이에 구원의 길을 여시는 것이었습니다.

우리는 예수 그리스도께서 십자가에서 "다 이루었다"(요 19:30)라고 말씀하신 것을 기억합니다. 예수님께서는 이 말씀을 단 한 번 하셨습니다. 예수님께서는 생애 가운데 많은 것을 이루셨습니다. 병든 자를 고치시고, 죽은 자를 살리셨고, 벳새다 광야에서 다섯 개의 보리떡과 두 마리의 물고기로 5,000명이 넘는 사람들을 먹이셨고, 수많은 인파가 열광하는 가운데 예루살렘에 입성하셨습니다. 그분의 생애에 기념비적인 사건이 많았으나, 어떤 때에도 결코 '다 이루었다.'라는 말씀을 남기지 않으셨습니다.

범죄자 중 한 사람으로 취급받아 십자가에서 죽으실 때 비로소 "다 이루었다."라고 말씀하셨습니다. 십자가를 지시고 죽으시던 그때 이 말씀을 남기신 것은, 그분의 생애가 전적으로 십자가 죽음을 겨냥하고 있었기 때문입니다. 즉, 예수 그리스도의 생애는 온전히 우리의 구원이라는 하나님의 뜻을 성취하는 데 집중되어 있었습니다.

여기서 우리가 받는 도전은 이것입니다. 예수 그리스도께서는 무엇을 위해 살아야 하는지에 대해 분명한 방향을 가지고 계셨습니다. 우리도 그러해야 합니다.

목표 없는 삶의 비극

예수 그리스도의 십자가의 은혜를 깊이 경험하고 자기를 구원하신 하나님께서 주시는 사명이 무엇인지를 깨달은 사람들은 결코 초점이 없는 인생을 살 수 없습니다. 그리스도께서 우리를 위해 십자가에 못 박혀 죽으실 때 기대하셨던 그러한 삶이 아닌 다른 삶을 살아가면서는 결코 만족함을 누릴 수 없습니다.

우리 인생에 분명한 목표가 있습니까? 은혜를 받았을 때는 "뜻이 하늘에서 이루어진 것같이 땅에서도 이루어지이다."라고 기도하며, 하나님의 뜻을 성취하면서 살 수 있다는 것 자체가 감격스러워 가슴이 뛰었습니다. 그런데 살다 보면 그런 마음을 다 잃어버리고, 일상의 삶에 매몰되어 살아가게 됩니다.

우리에게 십자가에 대한 현재적인 경험이 필요한 것은 바로 이 때문입니다. 우리가 예수 그리스도의 십자가를 통해 하나님의 참사랑을 알고 하나님께 속한 것들과 세상에 속한 것들 사이의 좁힐 수 없는 격차를 뼈저리게 깨닫게 될 때, 영광스러운 부활의 소망이 현실로 다가옵니다. 그리고 우리가 무엇을 위해 살아야 할지 분명해집니다.

이러한 사실은 부활하신 그리스도를 만난 사도 바울의 체험에서도 잘 나타납니다. 사도 바울은 회심하기 전, 예수 그리스도를 믿는 사람들을 심하게 박해하였습니다. 다메섹으로 간 것도 그리스도인들을 핍박할 권세를 위임받았기 때문이었습니다(행 26:10-12).

그러나 긍휼이 풍성하신 하나님께서 핍박자요 폭행자인 사울을 그렇게 살도록 내버려 두시지 않으셨습니다. 부활하신 예수 그리스도께서 그에게 나타나셨고, 밝은 빛을 보고 엎드러진 그에게 말씀하셨습니다. "사울아 사울아 네가 어찌하여 나를 박해하느냐 가시채를 뒷발질하기가 네게 고생이니라"(행 26:14).

사울에게 상상할 수 없었던 일이 일어났습니다. 자기가 박해하던 그리스도인들의 신앙의 대상이 바로 부활하신 하나님의 아들로서 자신 앞에 나타난 것입니다. 사울은 그제야 예수 그리스도가 자신과 자신의 조상들이 그토록 기다렸던 메시아이심을 깨달았습니다. 그리고 그의 모든 것이 무너졌습니다.

나사렛에서 나신 예수 그리스도가 메시아이심을 인정하지 않고 쌓아 올린 모든 삶의 계획과 성취를 위한 몸부림이 모두 헛것이 되고 만 것입니다. 그토록 자신만만하고 확신에 불타던 젊은이가 이제는 신앙과 인생에 대해서 아무것도 붙들 것이 없게 되었습니다.

예수 그리스도를 바르게 아는 믿음 없이 세워진 삶의 목표는 예수 그리스도를 만나고 나면 무너질 수밖에 없습니다. 설령 그 목표가 도덕적으로 매우 가치 있는 것이라 할지라도, 십자가의 진리 위에서 부활의 소망 가운데 정립된 목표가 아니라면 하나님과 아무 상관이 없는 일입니다.

사울을 보십시오. 주님을 몰랐을 때, 그가 추구했던 삶의 목표는 세속적인 것이 아니었습니다. 그러나 그것은 자기가 정한 것일 뿐이었습니다. 아무리 하나님을 위해서 살겠다고 목표를 정해도, 그것은 스스로 생각해 낸 목표이지 영원한 생명이신 예수 그리스도와는 관계가 없었습니다. 아무리 옳은 신념이라 하더라도 그리스도 없이 세워진 신념이라면, 사람의 생각에 불과합니다.

삶의 목표가 그리스도 없이 세워진 것이라면 결국 우리는 예수 그리스도 앞에서 그 모든 것이 헛것이었음을 고백하게 될 것입니다. 도덕적인 사람이었고 종교적으로 결심 있는 사람이었으나, 우리의 인생의 참주인이신 그리스도께서 나타나시자 아무것도 없는 사람이 되었던 사울처럼 말입니다.

십자가에서 발견한 인생

오늘날 우리도 마찬가지입니다. 스스로 그리스도를 만났다고 말하면서, 사실은 그리스도와 아무 관계없이 자기가 좋아서 만든 인생의 목표에 충실한 채 사는 사람들이 많이 있습니다. 그들은 자기들의 목표를 위해서 사는 것이 곧 자기를 위한 하나님의 뜻을 위해서 사는 것이라고 생각합니다. 그러나 결코 그렇지 않습니다.

그리스도의 십자가의 경험 없이 세워진 인생의 목표는 예수 그리스도의 십자가를 경험할 때 지푸라기처럼 날아갑니다. 그리고 그리스도 예수께서 자기에게 나타나실 때 사실은 자기가 아무것도 행한 것이 없다는 사실을 깨닫게 됩니다. 이러한 경험을 사도 바울은 이렇게 고백합니다. "내가 대답하되 주님 누구시니이까 주께서 이르시되 나는 네가 박해하는 예수라"(행 26:15). "내가 이르되 주님 무엇을 하리이까"(행 22:10).

이 대화 가운데에서 예수 그리스도 없이 살아온 그의 옛 삶이 무너지는 소리가 들리지 않습니까? 예수 그리스도께서는 그 무너지는 소리를 들으셨습니다. 그래서 사도 바울에게 무엇을 위해서 살아야 할지 다시 분명한 인생의 목표를 주셨습니다. "……내가 네게 나타난 것은 곧 네가 나를 본 일과 장차 내가 네게 나타날 일에 너로 종과 증인을 삼으려 함이니 이스라엘과 이방인들에게서 내가 너를 구원하여 그들에게 보내어 그 눈을 뜨게 하여 어둠에서 빛으로, 사탄의 권세에서 하나님께로 돌아오게 하고 죄 사함과 나를 믿어 거룩하게 된 무리 가운데서 기업을 얻게 하리라……"(행 26:16-18).

이후 사도 바울은 천막을 만들고 수선하는 일로 생계를 유지해 나가며, 힘닿는 대로 복음을 전했습니다. 때가 되면 먹고, 밤이 되면 자고, 돈이 없으면 일하며 사도 바울은 살아갔습니다. 그러므로 사람들이 보기에 그의 삶의 양식은 특별한 것이 없었을 것입니다.

그러나 그러한 보편적인 삶의 양식 속에서 그는 보편적이지 않는 목표를 가지고 살았습니다. 바로 그리스도의 십자가 사건을 전하는 종이자 증인으로 사는 것이었습니다. 그는 남은 삶 전부를 어둠 가운데 있는 수많은 사람들을 복음의 빛 가운데로, 생명의 나라로 옮기는 일에 헌신하였습니다. 그것이 하나님께서 그에게 맡기신 하나님의 뜻이었기 때문입니다.

그리스도 예수 안에서 십자가로 구원을 얻고 부활의 소망을 가진 그리스도인들에게는 동일한 소명이 있습니다. 바로 복음 전하는 자로 사는 것입니다. 사도 바울이 받은 소명과 같이 '그 눈을 뜨게 하여 어둠에서 빛으로, 사탄의 권세에서 하나님께로 돌아오게 하고 죄 사함과 예수 그리스도를 믿어 거룩하게 된 무리 가운데서 기업을 얻게 하는 것'입니다.

이것은 우리 모두에게 이방인들에게 복음을 전하는 낯선 땅의 선교사가 되라는 것이 아닙니다. 우리 모두 그리스도의 복음을 설교하는 일을 업으로 삼는 목회자가 되라는 것도 아닙니다. 그저 무엇을 하고 어떻게 살든지, 우리의 인생을 그리스도를 모르는 사람들을 그분에게로 인도하는 도구가 되도록 하라는 것입니다.

이러한 인생의 대목표를 중심축으로 하여 다른 소목표들이 설정될 때, 우리는 하나님의 뜻을 성취해 나가는 삶을 살 수 있습니다. 그런데 하나님의 뜻을 성취해 드리는 삶은 인생의 목표를 하나님께서 주신 소명을 따라 재편하는 것만으로는 이루어지지 않습니다. 삶의 아주 사소한 영역들에서부터 먼저 하나님께서 우리에게 주신 계명들에 순종하는 삶이 필요합니다. 하나님께서는 우리 각 개인에게 특별히 주신 사명들이 성취되어 가는 것을 보시는 것 못지않게, 하나님의 자녀들이 하나님의 계명을 지키며 살아가는 모습을 보기 원하십니다.

우리가 그리스도의 피로 속죄함을 입은 자녀들로서 우리를 구원하신 하나님의 사랑에 보답하며 사는 길은 하나님의 뜻에 순종하며 사는 것입니다.

그리하여 우리를 통해서 이루고자 하시는 하나님의 뜻을 성취하며 사는 것입니다.

이것이 아담의 범죄로 말미암아 잃어버린 창조의 질서를 다시 회복하는 길이고, 우리가 하나님의 사랑 안에서 다시 살아가는 길입니다.

예수 그리스도를 보십시오. 그분은 마음에 이끌리는 대로 아무렇게나 살지 않으셨습니다. 그분은 늘 당신의 삶으로 어떻게 하나님의 뜻을 이루어 갈지를 생각하며 사셨습니다. 간절한 마음으로 자신의 매 순간의 삶이 하나님께서 자신을 향해 계획하신 대로 이어지기를 사모하셨습니다.

죄가 없으신 예수 그리스도께도 이 일은 쉬지 않고 생각하고, 사모하고, 분투해야 하는 일이었습니다. 그렇다면 우리는 얼마나 더 간절히 이 일에 매달려야 할까요?

구원받은 하나님의 자녀들에게는 분명한 인생의 목표가 있습니다. 다만 영적으로 잠들어 있기에, 그 놀라운 목표를 자신의 것으로 받아들이지 못하고 있을 뿐입니다.

한때는 그리스도의 십자가가 무엇인지를 알고 그 놀라운 사랑에 감격하며 펑펑 울었던 사람들이 이제는 삶의 목표를 잃어버리고 덧없이 방황하는 삶을 사는 것은, 예전에는 십자가를 만났으나 지금은 그리스도의 십자가의 감격이 실제의 삶 속에 재현되고 있지 않기 때문입니다.

한 번의 감화로는 그리스도인다운 삶을 계속할 수 없습니다. 우리에게는 내재된 부패성이 있기 때문입니다. 그래서 매일 자신의 삶을 정사(精査)하고 자신 속에 솟아나는 수많은 욕망들을 십자가에 못 박는 자기 부인이 필요합니다. 무엇보다도 그러한 죄의 본성을 이기게 하시는 성령의 은혜가 필요합니다. 십자가에 대한 현재적인 감격이 필요합니다.

우리가 예수 그리스도를 몰랐을 때에는 우리 마음대로 살 수 있었습니다. 그러나 이제는 십자가의 놀라운 사랑을 깨달았고, 주님과 함께 죽으면 다시 살리라는 부활의 소망도 갖게 되었습니다. 그러면 이제 우리는 무엇을 하면서 살아야 합니까? 감당할 수 없는 큰 사랑을 입은 우리는 어떻게 살아야 합니까?

이제 우리는 어디서 무엇을 하며 살든지 하나님의 뜻을 알고 그 뜻을 성취하며 살아가야 합니다. 순간을 살아도 영원을 향하여 살아야 합니다. 그것이 예수 그리스도의 십자가가 우리에게 주신 소명입니다.

그래서 그리스도인은 잠시 있다 사라질 세상에 살지만, 사실은 영원한 세상을 위하여 살고 있는 사람들입니다(고후 5:1-4). 잠시 죽음을 향해 나아가는 것 같아도 그것은 영원히 다시 살 소망으로 나아가는 것입니다.

무엇을 위한 은혜인가

우리는 하나님의 은혜를 구합니다. 그리스도의 십자가의 참된 의미를 더 많이 경험하고자 하고, 성령의 붙드심을 더 강력하게 체험하고자 합니다. 더 많은 진리를 깨닫고, 더 많은 지식을 소유하고 싶어합니다. 무엇을 위한 것입니까? 무엇을 위해서 우리는 은혜와 진리를 갈망합니까?

이것은 우리의 만족을 위해서가 아닙니다. 우리의 삶을 위해서입니다. 하나님의 자녀로서 하나님의 뜻을 성취하며 살기 위하여 우리는 은혜를 구합니다.

그리스도인이라면 누구나 자신에게 주어진 새로운 삶의 목표에 대해 신적인 강제력을 느낍니다. 즉, 그렇게 살지 않고는 배길 수 없는 강력한 힘이 자신을 주장하는 것을 느낍니다. 사도 바울의 다음 고백은 이러한 사실을 잘 입증합니다. "헬라인이나 야만인이나 지혜 있는 자나 어리석은 자에게 다 내가 빚진 자라"(롬 1:14). "나의 간절한 기대와 소망을 따라 아무 일에든지 부끄러워하지 아니하고 지금도 전과 같이 온전히 담대하여 살든지 죽든지 내 몸에서 그리스도가 존귀하게 되게 하려 하나니 이는 내게 사는 것이 그리스도니 죽는 것도 유익함이라"(빌 1:20–21). "내가 복음을 전할지라도 자랑할 것이 없음은 내가 부득불 할 일임이라 만일 복음을 전하지 아니하면 내게 화가 있을 것이로다"(고전 9:16).

사도가 느꼈던 이러한 신적 강제력은 하나님의 사랑입니다. 이것은 자기를 향한 하나님의 뜻이 무엇인지를 분명하게 확신한 데서 비롯됩니다. 우리에게도 이러한 강력한 소명 의식이 필요합니다. 예수 그리스도의 십자가를 알리려는 불타는 열정이 필요합니다. 이것은 단지 입을 열어 전도하는 일만을 이야기하는 것이 아닙니다. 모든 사람들이 하나님의 자녀인 우리의 삶을 보며 그리스도 예수가 누구신지를 알게 하는 삶, 하나님이 누구신지를 생각나게 하는 삶을 살라는 것입니다.

마치 어두운 밤하늘에 찬란하게 불꽃 하나가 타오르면 온 세상 어디에서든지 그 불꽃을 볼 수 있는 것처럼, 우리는 그렇게 우리의 존재를 통해 이 세상에 예수 그리스도를 나타내라고 부름받았습니다.

하나님을 멀리 떠난 세상은 하나님의 사랑에 대한 증거를 필요로 하고 있습니다. 예수 그리스도께서 그들을 위하여 무엇을 하셨는지를 알려 줄 사람을 필요로 하고 있습니다.

물론 우리의 인생은 결코 다른 사람들을 위한 예증일 수 없습니다. 우리는 이 세상 사람들에게 그리스도가 누구이신지를 알리기 위해서 존재하는 사람들이지만, 그것은 이 세상 사람들을 주목함으로써 이룰 수 있는 일이 아닙니다. 그것은 오히려 우리가 우리를 위해 십자가에 못 박히신 예수 그리스도의 죽으심의 의미와 그리스도의 부활의 소망에 주목할 때 이룰 수 있습니다.

예수 그리스도의 십자가 없이는 결코 하나님의 선하심을 보여줄 수 없습니다. 우리가 아무리 허무한 인생의 밑바닥을 가르쳐 주어도, 예수 그리스도의 십자가 없이는 결코 세상의 허무를 보여줄 수 없습니다. 그러므로 모든 그리스도인에게 가장 시급한 의무는 십자가에서 죽으신 예수 그리스도를 현재적으로 만나며, 이 세상으로 하여금 예수 그리스도의 십자가를 하나님의 사랑으로 받아들이게 하는 일입니다.

부활의 소망으로 살아가라

그리스도인은 하늘의 소망, 하늘의 자원으로 살아갑니다. 기독교 신앙의 놀라운 유익은 썩어 없어질 몸을 가지고 사는 우리가 하나님과 관계를 맺으며 살게 해준다는 게 있습니다.

세상 사람들은 이해할 수 없는 하늘의 생명과 사랑을 누리고 있습니까? 그래서 용서할 수 없는 사람을 용서하고, 사랑하기 힘든 사람을 사랑하고, 극복할 수 없는 삶의 현실을 극복하고 있습니까? 우리가 이러한 기쁨의 삶을 누릴 수 있는 근거는 예수 그리스도의 십자가입니다. 예수 그리스도께서 십자가에서 죽으셨기에, 우리가 부활의 소망으로 살 수 있게 되었습니다. 우리가 예수 그리스도의 십자가를 중요하게 생각하는 이유, 마치 예수 그리스도를 사랑하고 그분 안에 사는 것이 인생의 전부인 것처럼 말하는 이유가 바로 여기에 있습니다.

오늘날 가장 안타까운 우리의 현실은 많은 그리스도인들이 예수 그리스도의 십자가를 대수롭지 않게 생각하며 살아간다는 것입니다. 그분의 십자가 대속에 대해 아무런 감격이 없는 신앙생활을 하면서도, 조금도 부족한 것을 느끼지 못하는 것은 성취해야 할 목표가 없기 때문입니다. 목표가 없으니 분투하며 살 필요가 없고, 자신의 한계를 느끼며 하나님의 은혜를 구해야 할 이유도 없는 것입니다.

예수 그리스도의 피로 구원함을 받은 사람들이 하나님의 뜻을 성취하는 데는 아무런 관심 없이 자기의 욕심만을 좇아 허무한 데 굴복하며 살아가고 있는 현실을 생각해 보십시오. 이들은 어떤 의미에서는 불신자들보다 더 불행한 사람들입니다.

예수 그리스도께서 우리를 구속하신 이유는 멸망을 향해 사는 비참한 삶에서 떠나 영원히 계실 하나님을 향해 살게 하려 하심입니다. 그래서 구원을 받고 나면, 제일 먼저 깨닫는 것이 내 모든 것이 하나님의 소유라는 것입니다(롬 14:8).

그리스도인의 삶은 하나님의 뜻과 나누어질 수 없습니다. 그의 삶은 하나님의 뜻을 성취하는 도구입니다. 그러므로 그리스도인은 매 순간 자신의 뜻을 버리고 하나님의 뜻에 순종하는 실제적인 삶을 통해 하나님의 뜻을 자신의 인생 속에 선명하게 구현해 나가야 합니다.

물론 그렇게 살아가는 삶이 항상 즐겁고 행복하지만은 않을 것입니다. 십자가를 지는 것 같은 고생일 때가 많을 것이고, 평탄한 길을 버리고 험난한 가시밭길을 택하여야 할 때도 있을 것입니다.

그러나 순종의 사람들은 자신의 행불행보다는 하나님의 기뻐하시는 뜻을 따릅니다. 그리고 그렇게 살아가는 삶 안에서 그렇게 살아 보지 않은 사람은 결코 알지 못하는 거룩한 기쁨과 부활의 소망을 경험합니다.

죽음을 모르는데 부활을 사모할 수는 없습니다. 언제까지 관객처럼 십자가를 구경만 하고 있으려 하십니까? 사무치는 부활의 소망은 관객들의 것이 아닙니다. 부활의 소망은 그 십자가에서 죽으신 예수 그리스도와 함께 자신도 십자가에서 죽은 사람들에게만 주어집니다.

입술의 고백은 쉽지만, 그 고백을 따르는 삶에는 희생이 요구됩니다. 그러나 삶으로 십자가를 지신 예수 그리스도를 따를 때, 우리는 그 안에서 세상은 알 수 없는 기쁨을 맛봅니다. 입에 발린 말로는 결코 십자가에 자신을 못 박는 삶을 대신할 수 없습니다. 우리는 삶으로 십자가를 말해야 합니다.

그리스도인은 십자가를 통해 나타난 하나님의 사랑을 깊이 경험한 나머지,

이제는 그렇게 나를 사랑하신 하나님의 뜻을 성취하며 사는 것 이외에 소망이 없다고 생각하는 사람입니다. 자신의 죄 때문에 예수 그리스도께서 죽으셨음을 잊지 않는 사람입니다. 더 정확히 말하면 삶의 모든 이유와 목표가 십자가 때문에 바뀐 사람입니다. 이전에는 자기 인생의 주인이 자신이었으나, 지금은 그리스도를 주인 삼은 사람입니다. 이전에는 자기를 기쁘게 하기 위해 살았으나 이제는 하나님을 기쁘시게 하기 위해 사는 사람입니다. 왜냐하면 하나님께서는 우리를 사랑하사 독생자를 주신 분이기 때문입니다.

그 사랑에 빚진 자가 되어 하나님의 뜻을 성취하며 살아가는 일에 자신의 모든 것을 드리는 사람들이 되십시오. 그런 사람들은 고난으로 가득 찬 인생의 길을 걸으면서도 하나님을 찬송합니다. 매일 그리스도와 함께 죽고 다시 사는 부활의 소망으로······.

메시아이신 예수 그리스도께서는 가르치기 위하여 이 세상에 오신 분이었습니다. 낮고 천한 인간의 몸을 입으시고 죄인들 가운데 계시면서도 그분은 당신의 가르침을 이해 못하는 무지한 백성들에 대하여 불친절하거나 무시하신 적이 없습니다. 머리 둘 곳 없는 고독과 고난으로 가득 찬 생애 가운데 그분의 커다란 위로는 자기의 사람들에게 천국의 비밀을 가르치시는 것이었습니다.

제11장

지식으로 의롭게 하신 그리스도

"그가 자기 영혼의 수고한 것을 보고 만족하게 여길 것이라 나의 의로운 종이 자기 지식으로 많은 사람을 의롭게 하며 또 그들의 죄악을 친히 담당하리로다" (사 53:11).

만족하시는 그리스도

이사야 선지자는 메시아의 만족에 대해 이렇게 말합니다. "그가 자기 영혼의 수고한 것을 보고 만족하게 여길 것이라 나의 의로운 종이 자기 지식으로 많은 사람을 의롭게 하며 또 그들의 죄악을 친히 담당하리로다"(사 53:11).[69]

---

69) 이사야 53장 11절의 히브리어 원문은 다음과 같다. מֵעֲמַל נַפְשׁוֹ יִרְאֶה יִשְׂבָּע בְּדַעְתּוֹ יַצְדִּיק צַדִּיק עַבְדִּי לָרַבִּים וַעֲוֹנֹתָם הוּא יִסְבֹּל: 이것을 직역하면 다음과 같다. "그의 영혼의 수고로 인하여, 그는 볼 것이며 만족할 것이다. 나의 의로운 종, 그는 지식을 통하여 많은 사람들을 의롭게 할 것이며, 또한 그들의 불의를 담당하리라." 이것을 우리말 개역개정 성경의 번역과 비교하라. "그가 자기 영혼의 수고한 것을 보고 만족하게 여길 것이라 나의 의로운 종이 자기 지식으로 많은 사람을 의롭게 하며 또 그들의 죄악을 친히 담당하리로다." 여기서 논란이 되는 부분이 몇몇 있다. (1) '수고한 것을'이라고 번역된 메아말(מֵעֲמַל)이다. 이것은 아말(עָמָל, suffering)과 민(מִן, from)의 결합형이다. 델리취(Franz Delitzsch)에 따르면 여기서 전치사 민(מִן)이 어떤 의미로 사용되었는지에 관해 크게 두 가지 해석의 가능성이 있다. 이유를 나타내는 의미(on account of)이거나 장소나 시간을 나타내는 탈격(奪格)의 의미(immediately after it)일 수 있는데, 그는 여기서는 전자의 의미로 사용되었다고 주장한다. 즉, 우리말 개역개정 성경에서 '자기 영혼의 수고한 것을'이라고 번역된 메아말 나프쇼(מֵעֲמַל נַפְשׁוֹ)는 '그의 영혼의 수고로 말미암아'(because of the trouble of His soul)라는 뜻이다. (2) '보고 만족하게 여길 것이라.'라고 번역된 이르에 이스바(יִרְאֶה יִשְׂבָּע)인데, 우리말 개역개정 성경은 '영혼의 수고한 것'을 이 구절의 목적어로 보았으나, 이는 문법적으로 연결이 안 되는 번역이다. 즉, 메아말(מֵעֲמַל)의 전치사 민(מִן)을 목적격으로 번역하는 것은 문법적 타당성이 없다. 따라서 이르에 이스바(יִרְאֶה יִשְׂבָּע)는 메아말 나프쇼(מֵעֲמַל נַפְשׁוֹ)와 상관없이 끊어서 읽어야 한다. 델리취의 설명처럼 이르에 이스바(יִרְאֶה יִשְׂבָּע)는 '그는 보고 만족할 것이다.'(He will see, and will satisfy Himself)의 의미, 다시 말해 '그는 만족스럽고 기쁜 상태(모습)을 누릴 것이다.'(He will enjoy a satisfying or pleasing sight)의 뜻과 같은 것이다(시 17:15 참고). (3) '나의 의로운 종이 자기 지식으로 많은 사람을 의롭게 하며'라고 번역된 부분(בְּדַעְתּוֹ יַצְדִּיק צַדִּיק עַבְדִּי לָרַבִּים)이다. 원어 본문에서 '나의 의로운 종'이라고 번역된 차디크 아브디(צַדִּיק עַבְדִּי, my righteous servant)는 동사 야츠디크(יַצְדִּיק)의 주어이고, 라랍빔(לָרַבִּים)은 '많은 사람'을 뜻하는 랍빔(רַבִּים, many ones) 앞에 정관사 하(הַ, the)와 전치사 레(לְ, to, at, for)가 결합된 것이다. 그런데 여기서 전치사 레(לְ)는 델리취의 주장처럼 방향이나 이익을 나타내는 전치사가 아니라, 다니엘 11장 33절, 창세기 45장 7절 등의 용례에서 볼 수 있

    이 장면은 메시아가 이 세상에 오셔서 하실 지상 사역과 그 일을 마치신 후 부활하고 승천하신 후에 가지실 생각을 예언한 것입니다.
    먼저 이사야 선지자는 예수 그리스도께서 대속을 이루신 후에 가지실 마음에 대하여 "그가 자기 영혼의 수고한 것을 보고 만족하게 여길 것이라"라고 말합니다.
    여기서 만족은 크게 두 가지 의미를 내포하고 있습니다. 하나는 인간들에게 구원의 길을 열어 주신 것 때문에 느끼는 만족이고, 또 하나는 인간들이 구원의 은혜를 누리며 살아가는 것을 보시며 느끼는 만족입니다.
    첫째로, 메시아는 하나님의 백성들을 위해 구원의 길을 열어 주신 것으로 인해 만족하십니다. 만약 인간들이 구원받기 위해 메시아의 십자가 공로 위에 무엇인가를 더해야 한다면, 그 대속은 완전하다고 말할 수 없을 것입니다. 그리고 그랬다면 메시아는 만족을 느끼실 수 없었을 것입니다. 그러나 메시아이신 예수 그리스도의 대속은 완전한 것이었습니다. 그분의 속죄는 십자가

는 바와 같이 대격(對格)을 표시하는 전치사이다. 우리말 개역개정 성경이 정확히 번역하였다. Wilhelm Gesenius, *Gesenius' Hebrew Grammar*, trans. A. E. Cowley, ed. E. Kautzsch (Oxford: Clarendon Press, 1978), 381; C. F. Keil, F. Delitzsch, *The Prophecies of Isaiah*, vol. 2, in *Commentary on the Old Testament*, vol. 7, trans. James Martin (Grand Rapids: Wm. B. Eerdmans Publishing Company, 1982), 335–336.

아래로 나아가 자기가 죄인임을 고백하고 회개하는 모든 죄인들이 용서를 얻기에 충분했습니다. 따라서 이사야 선지자가 예고하고 있는 메시아의 이 만족은 '나의 십자가 고난이 나의 사람들을 하나님 아버지께 나아갈 수 있게 하는 완전한 다리가 되었다.'라는 사실에서 느끼는 만족입니다.

둘째로, 메시아는 하나님의 백성들이 하나님 앞에서 은혜를 누리며 살아가는 것으로 인해 만족하십니다. 이 세상에서 일어날 수 있는 일 가운데 주님의 마음을 가장 기쁘시게 할 수 있는 일이 무엇일까요? 그것은 수많은 사람들의 모임이나 떠들썩한 행사가 아니라 한 사람의 죄인이 좋으신 그리스도 예수께로 돌아오는 것입니다. 자기를 위해 십자가에 못 박히신 그리스도의 참사랑을 알고 하나님과의 평화를 되찾는 것입니다(골 1:20-22). 이것이 메시아의 마음입니다.

우리 인간들을 위해 자신을 내어 주셨지만 아직까지도 그분의 마음은 당신을 믿지 아니하는 수많은 불신자들에게 있습니다. 그들이 하나님의 큰 사랑을 알고 주님께서 그들을 위해 이루어 놓으신 보혈의 샘에서 먹고 마시는 것을 바라십니다. 당신이 십자가에서 이루신 대속의 공로를 누리며 살아가는 인간들을 보시는 것이야말로 그분의 가장 커다란 만족입니다.

지금도 예수 그리스도의 진정한 만족은 우리들이 그렇게 십자가로 인하여 감사하고 거기서 세상을 이길 힘을 공급받으며 하나님과의 화해를 누리며 살아가는 모습을 보는 것입니다. 그분에게는 우리가 구원의 은혜를 누리며 하나님과 화목하고 살아가는 것을 보는 것이 기쁨입니다.

지금 우리는 예수 그리스도의 만족이 되고 있습니까? 우리에게만이 아니라 그분에게도 우리의 구원은 기쁨입니다. 우리를 위해 십자가를 지신 그리스도의 사랑에 대한 감격이 너무나 큰 나머지 주님 없이 살 수 없다고 고백하는 사람들, 그들이 그 마음으로 살아가는 삶이 예수 그리스도의 기쁨입니다.

완전한 대속을 누린 자의 삶

예수 그리스도께서는 당신의 고난을 돌아보며 만족을 느끼셨습니다. 예수 그리스도의 대속은 완전했기 때문이었습니다. 다시 말해, 십자가의 공로는 하나님과 평화를 누리며 살고자 하는 사람들을 구원하기에 결코 모자람이 없었습니다.

그런데 너무나 많은 사람들이 하나님께서 이미 이렇게 은혜로 마련해 놓으신 생명의 삶을 누리려고 하지 않습니다. 고결하신 메시아가 우리 같은 죄인을 위하여 십자가를 지고 죽으심으로써 놓으신 다리를 아예 건널 생각조차 하지 않습니다.

그러나 우리는 알고 있습니다. 어떻게든 그들이 그 다리를 건너게 해야, 그들이 죄와 사망에서 벗어나 사랑과 은혜 속에서 살아갈 수 있음을 말입니다. 그리고 그래야 그들을 보며 예수 그리스도께서 만족하실 것임을 말입니다. 그러므로 우리는 우리를 위해 죽고 다시 사신 그분의 만족을 위해 살아가지 않을 수 없습니다. 그래야 이 땅 위에 구원의 위대한 역사가 더 많이 나타나, 예수 그리스도께서 더 큰 만족을 누리실 수 있게 될 것이기 때문입니다.

예수 그리스도께서 십자가에 달려 고난을 당하신 것은 우리를 구원하시기 위함이었습니다. 자신의 힘으로는 자신을 구원할 수 없는 소망 없는 우리로 하여금 그 십자가의 샘에서 먹고 마시며 즐거워하게 하시려고 예수님께서 죽으셨습니다.

그리고 예수 그리스도께서는 그러한 자신의 죽음을 기뻐하셨습니다. 어떠한 죄인이라도 십자가 앞으로 나아오면 죄를 씻고 하나님 아버지와 화목을 누릴 수 있게 하신 놀라운 구속 사역에 스스로 만족하셨던 것입니다.

그 참혹한 고난을 치르시고도 대속의 성취를 바라보며 만족하신 예수 그리스도를 생각할 때, 우리는 그 무한한 사랑에 고개를 들 수 없습니다. 그러므로 이제 우리가 그분을 위해 살 차례입니다. 예수 그리스도께서 만족스럽게 여기신 이 십자가 공로를 세상 사람들에게 전하는 것, 예수 그리스도의 참사랑을 모르는 사람들에게 그 사랑을 알려 구원의 은혜 안에서 살아가게 하는 것, 이것이 바로 먼저 그 사랑을 깨달은 우리 한 사람 한 사람의 본분입니다.

지식의 빛

이어서 이사야 선지자는 "나의 의로운 종이 자기 지식으로 많은 사람을 의롭게 하며"라고 예언합니다.[70] 이것은 예수님께서 지상 생애 동안에 감당하신 선지자직과 관련된 진술입니다.

예수님께서 메시아로서 공적인 생애를 시작하시자마자 백성들 앞에서 하신 일이 무엇이었습니까? 그것은 커다란 이적이나 놀랄 만한 기적을 일으키시는 것이 아니었습니다. 병자를 고치고 산을 뒤흔드는 권능을 보여주신 것도 아니었습니다.

그것은 설교하시는 것이었습니다. 하나님의 나라를 선포하시고, 회개를 촉구하시는 것이었습니다(막 1:15). 그래서 그분은 고향 땅 갈릴리 회당으로 들어가셔서 메시아이시면서도 마치 평범한 랍비처럼 이사야서를 펴시고 가르치기 시작하셨습니다.

---

70) 이 부분의 히브리어 원문은 다음과 같다. "בְּדַעְתּוֹ יַצְדִּיק צַדִּיק עַבְדִּי לָרַבִּים" 이것을 직역하면 "나의 의로운 종, 그는 지식을 통하여 많은 사람들을 의롭게 할 것이며"이다. 이것은 그리스도께서 십자가 지시는 대속을 통하여 우리에게 주실 '법정적인 의'(forensic righteousness)를 의미하는 것이다. 이것은 인간의 의로운 상태에 기초한 의가 아니다. 그리스도께서 진리를 가르치심으로 그들에게 믿음을 주시고, 또 그들을 거룩한 삶으로 인도하실 것이지만, 이 모든 선지자적 사역은 자기의 몸을 대속 제물로 드리신 제사장적인 희생의 기초 위에서 이루어지는 것이다. 따라서 메시아가 가르치시는 지식도 그들에게 이미 이루신 그리스도의 의를 전가시키시는 한 방법일 뿐이다. Edward J. Young, *The Book of Isaiah*, vol. 3 (Grand Rapids: Wm. B. Eerdmans Publishing Company, 1996), 357–358.

그분의 생애는 교사로서 또는 설교자로서, 이 세상의 불쌍한 영혼들에게 진리를 가르치시는 것이었습니다. 어둠 속에 목자 잃은 양같이 고생하고 유리하는 불쌍한 영혼들을 위한 그분의 눈물겨운 섬김은 그 미련한 인간들에게 입을 열어 진리를 가르치시는 것이었습니다 (마 5:2, 13:35).

그분은 진리로서 이 세상에 오셨습니다. 그리고 죄인들을 가르치시는 것을 사명으로 삼고 일생을 사셨습니다. 메시아로 오신 예수 그리스도께서는 단지 입술의 말로써만이 아니라 자신의 몸으로써도 가르치셨습니다.

복음은 그리스도께서 말씀으로 남기신 교훈뿐 아니라 보여주신 행동까지도 포함합니다. 그것으로도 부족할 때에는 기적을 행하셔서 진리를 깨닫게 해주셨습니다.

메시아이신 예수 그리스도께서는 이처럼 가르치기 위하여 이 세상에 오신 분이었습니다. 무지한 백성들은 그분이 누구신지 몰라보았고 그분의 가르침도 이해하지 못했지만, 그분은 그런 백성들에 대하여 서운해 하시거나 무시하신 적이 없습니다.

고독과 고난으로 가득 찬 생애 가운데 그분의 커다란 위로는 자신을 따르는 무리들에게 천국의 비밀을 가르치는 것이었습니다. 하나님의 나라와 마지막 때의 비밀과 성도의 거룩한 삶, 천국 백성이 무엇을 믿어야 하는지, 그리고 어떻게 하나님을 섬겨야 하는지를 온 마음과 뜻을 다하여 가르치셨습니다 (마 4:23, 5:19, 9:35).

사실 예수 그리스도께서 고난받으신 이유는 그분이 진리를 가르쳤기 때문이었습니다. 그분의 가르침은 거짓된 종교 속에 묻혀 사라져 버린 참된 진리를 다시 드러내는 것이었고, 그 가르침 앞에서 사람들은 당황할 수밖에 없었습니다. 왜냐하면 그리스도의 가르침은 사람들로 하여금 자신들이 그동안 어둠 가운데 있었음을 깨닫게 하는 빛이었기 때문입니다. 그러나 빛을 비추어도 많은 사람들은 깨닫지 못했습니다 (요 1:5).

어떤 사람들은 그 빛을 통해 참되신 하나님께로 나아왔지만, 어떤 사람들은 자신의 행위에 어둠이 가득 차 있음을 인정하기 싫어하며 하나님으로부터 더 멀리 도망치려 했습니다. 당시 사람들이 예수님을 향해 보여준 증오는 그들이 가진 진리에 대한 태도를 반영합니다. 그들은 예수 그리스도께서 드러내신 진리가 싫어 그분을 박해하였습니다.

예수 그리스도께서 진리를 가르쳐 주기 위해 이 세상에 오셨을 때, 사람들은 어둠 속에 있었고 그 어둠 속의 일들을 사랑했습니다. 그래서 진리 앞에 가책을 받으며 그 빛 아래서 벌거벗은 자로 드러나기보다는 무지와 어둠 속에서 살기를 원했습니다. 그들은 어둠을 물리치는 빛이 싫었고, 지식으로 진리의 빛을 비추시는 그리스도가 미웠습니다(요 3:20).

그러나 그럼에도 불구하고 예수 그리스도께서는 자신의 지식으로 사람들을 의롭게 하시는 일을 그치지 않으셨습니다. 참담한 무지 속에서 하나님 없이 살아가는 형편없는 죄인들의 삶을 고치는 능력은 진리를 가르쳐 줌으로써 나타날 것이기 때문이었습니다.

하나님이신 그분이 인간의 몸을 입으시고 이 세상에 오신 것은 이렇게 우리에게 진리의 말씀을 가르치시기 위해서입니다. 더러운 죄악 속에 뒹구는 쓰레기 같은 인간들과 마주하셔서 진리를 가르치시는 그 일을 위해서 메시아는 하늘 영광을 버리고 이 세상에 내려오셨습니다. 하나님이신 그분이 깨닫지 못하기가 짐승 같은 인간들을 대면하여 동네에서, 우물가에서, 강가에서, 회당에서, 길거리에서, 산에서 가르치시는 모습을 떠올려 보십시오. 이것이 하나님의 사랑이었습니다.

예수 그리스도께서는 진리를 알고자 하는 자에게 언제나 친절하셨고, 가난한 마음으로 하나님의 교훈에 귀를 기울이는 자들에게 언제나 그들의 수준에서 알아들을 수 있도록 자상하게 가르치셨습니다.

메시아이시기 전에 친절한 선생님이셨던 예수 그리스도의 모습은 우리 자신을 돌아보게 합니다. 아아, 우리는 얼마나 쉽게 영혼들을 포기합니까? 무지몽매한 인간들에게 거듭 말씀하시고, 보게 하시고, 느끼게 하시고, 그래도 깨닫지 못하는 자들에게는 또 들려주시며 다시 깨닫게 하신 예수 그리스도의 지치지 않는 가르침이 없었다면, 우리는 예수 그리스도께서 십자가에 돌아가셨어도 십자가 진리와 상관없이 살았을 것입니다.

하나님을 사랑하며 빛 가운데 살게 된 사람들과 하나님에 대해 무관심한 채 여전히 어둠 가운데 살고 있는 사람들 사이의 차이는 의로움이 아니라 믿음입니다. 믿음을 통해 예수 그리스도의 가르침을 깨달았기 때문에 우리는 용서받은 죄인들이 되었고, 저들은 아직 용서받지 못한 죄인들로 살고 있습니다.

선지자로 이 세상에 오신 예수 그리스도께서는 진리를 가르치기 위해서 자기를 모두 버리셨습니다. 그분은 당신의 가르침을 듣기 원하는 사람들에게만 찾아가신 것이 아니었습니다. 자신을 박해하고 죽일 기회를 엿보는 사람들에게도 찾아가 가르치셨습니다.

그분은 그 무엇도 두려워하지 않고 생명의 말씀을 가르쳐 주셨습니다. 그분의 입술에서 흘러나온 진리는 어둠 가운데 있는 자들에게는 빛이 되었으며, 목마른 영혼들에게는 지식의 샘물이 되었습니다. 그리고 죄와 곤고의 사슬에 매여 고통받는 자들에게는 자유케 하는 능력이 되었습니다. "예수께서 이 말씀을 마치시매 무리들이 그의 가르치심에 놀라니 이는 그 가르치시는 것이 권위 있는 자와 같고 그들의 서기관들과 같지 아니함일러라"(마 7:28-29).

의롭게 하신 그리스도

이사야 선지자는 메시아가 지식으로 어떤 일을 행하실지에 대해 이렇게 예언합니다. "나(여호와)의 의로운 종이 자기 지식으로 많은 사람을 의롭게 하며."

이것은 메시아가 당신의 지식으로 이 세상에 끼칠 영향력에 관한 말씀입니다. 하나님께서 이 세상에 끼치시는 위대한 영향력은 곧 하나님을 아는 지식의 영향력입니다. 그래서 하박국 선지자는 그 지식이 물이 바다를 덮음같이 가득한 세상을 꿈꾸었습니다(합 2:14).

여기서 하나님을 아는 지식이란, 단지 이성적으로 하나님에 대해 아는 지식을 말하는 것이 아닙니다. 이 지식은 그것을 가진 사람이 그 지식이 가르치는 바대로 살게 하는 힘입니다.

신구약 중간사 시대에 제사가 사라진 것은 하나님의 놀라운 섭리입니다. 제사가 사라지자 하나님의 백성들은 구약의 경전들을 읽고 공부하며 경건 생활을 이어갔습니다. 제사의 종교에서 책의 종교로 바뀌게 된 것입니다.

그러나 말라기 선지자 이후로 400년 가까이 기록 선지자들의 예언이 그치면서 하나님의 백성들이 참된 여호와 신앙의 대의를 잃어버리고 하나님을 떠나기 시작했습니다. 그들 가운데 하나님 말씀의 책은 남아 있었으나 참된 지식은 사라졌습니다. 그리고 그때 예수 그리스도께서 오셨습니다.

예수 그리스도께서 이 땅에 오셔서 하신 일은 유대의 종교 지도자들이 뜻도 알지 못한 채 읽고 외우고 해석하며 논쟁하던 하나님의 말씀을 풀어 참된 지식을 드러내는 것이었습니다. 예수 그리스도께서는 하나님의 마음을 아는 지식으로 하나님의 말씀을 풀어, 하나님을 아는 참된 지식을 보여주셨습니다. 그분이 '자기 지식으로' 풀어 가르쳐 주신 말씀을 믿음으로 받아들인 사람들의 마음에는 진리의 빛이 들어오기 시작했고, 하나님의 찬란한 은혜와 지식의 빛으로 풍성하게 되었습니다.

평범한 사람의 모양으로 이 세상에 오신 예수 그리스도, 연한 순과 같고 마른 땅에서 나온 뿌리와 같아서 고운 모양도 없고 풍채도 없으며 흠모할 만한 것이 아무것도 없는 분이셨지만, 그분에게는 남다른 것이 있었습니다. 바로 하나님을 아는 지식이었습니다. 그분은 그 놀라운 지식의 빛으로, 죄와 죽음에 매여 목자 잃은 양같이 유리하고 고생하는 수많은 영혼들을 건져 내셨습니다.

우리가 하나님의 자녀가 될 수 있었던 것은 그분이 우리에게 하나님을 아는 지식을 가르치셨기 때문입니다. 예수 그리스도께서 이 땅에 계셨을 때에는 직접 이 지식을 가르치셨지만, 대속을 성취하신 후에는 성령께서 우리와 함께 계시며 우리를 가르치십니다. "내가 아직 너희와 함께 있어서 이 말을 너희에게 하였거니와 보혜사 곧 아버지께서 내 이름으로 보내실 성령 그가 너희에게 모든 것을 가르치고 내가 너희에게 말한 모든 것을 생각나게 하리라"(요 14:25-26).

이러한 가르침이 없었다면 우리는 여전히 어둠 가운데 살아가고 있을 것입니다. 우리를 어둠에서 빛으로 옮기시는 놀라운 일은 지식을 통해 일어납니다(행 26:18). 그래서 이사야 선지자는 의로운 종이 자기 지식으로 많은 사람을 의롭게 할 것이라고 말합니다. 이 말씀은 우리에게 예수 그리스도께서 하나님의 말씀을 풀어 가르쳐 주시자 사람들의 마음을 지배하던 어둠의 세력들이 꺾어지기 시작하고 하나님의 거룩한 통치가 이루어져 갔던 것을 떠올리게 합니다.

이사야 선지자는 우리와 달리 예수 그리스도께서 오신 것을 보지 못하였습니다. 그러므로 그는 이 영광스러운 사실을 예언하면서도, 이 예언이 가리키는 실체인 그리스도를 통해 주어질 의롭게 하는 지식에 대해 정확히 알 수 없었습니다.

이런 면에서 볼 때, 어쩌면 우리는 하나님의 계시를 받아 영광스러운 구속과 지식으로 우리를 의롭게 하실 메시아에 대해 예언한 이사야 선지자보다 훨씬 더 큰 축복을 누리며 사는 것인지도 모르겠습니다. 이사야 선지자는 이 은혜로운 사역을 예고만 하고 있지만, 우리는 그것이 구체적으로 어떻게 이루어졌는지 알기 때문입니다.

지식, 구원에 이르는 길

예수 그리스도께서 지식으로 많은 사람을 의롭게 하실 것이라는 이사야 선지자의 예언은 우리에게 십자가에서 성취하신 대속이 어떻게 인간에게 적용되어 구원에 이르게 하는지를 보여줍니다.

먼저, 이 예언은 예수 그리스도께서 대속을 통하여 이루신 법정적인 의(義)가 가르침을 통해 싹튼 우리의 믿음에 의해서 우리에게 전가된다는 사실을 보여줍니다. 이것은 단지 이신칭의(以信稱義)의 교리를 말하는 것이 아닙니다. 그것으로부터 시작해서 하나님의 백성다운 의로운 삶을 살아가는 성화에 이르기까지 모든 구원의 역사가 지식을 통해 이루어짐을 보여줍니다.

예수 그리스도께서 오셨을 당시, 이스라엘 백성들이 어떻게 살아가고 있었는지 생각해 보십시오. 그들은 참된 지식으로부터 멀리 떨어진 무지한 삶을 살아가고 있었습니다. 거짓된 유대교의 가르침 아래서 하나님과의 인격적인 만남도 없고 깨달음도 없는 무지한 신앙생활을 계속하고 있었습니다.

그들에게도 이런저런 가르침들이 있었으나, 그것들은 하나님을 충분히 보여줄 수 있는 것들이 아니었습니다. 그래서 오히려 이스라엘 백성들은 그 가르침에 익숙해질수록 점점 더 하나님을 믿는 신앙의 본질로부터 멀어지게 되었습니다. 그 결과 그들은 구원과 하나님의 은혜로부터 멀어진 사람들이 되었습니다. 신앙이 있다고 하나, 그것은 그들의 불의를 고치고 그들의 삶을 바꿀 수 있는 것이 아니었습니다.

그런데 그때 예수 그리스도께서 오셔서 참된 지식으로 하나님에 대해 가르치기 시작하셨습니다. 그리하여 수많은 사람들의 마음에 진리의 빛이 비치었고, 사람들은 유대교의 거짓된 가르침과 결별할 수 있었습니다.

잘못된 가르침은 잘못 놓인 다리와 같습니다. 바르게 놓인 다리는 바른 길을 가게 하지만 잘못 놓인 다리는 잘못된 길로 접어들게 합니다. 예수 그리스도의 가르침은 이제껏 거짓된 지식으로 말미암아 하나님을 만날 수 없었던 불쌍한 영혼들에게 하나님 앞으로 나아갈 수 있는 다리가 되어 주었습니다. 즉, 우리는 지식의 은사가 주어졌기에 구원의 은사도 누릴 수 있게 되었습니다.

예수 그리스도에 대해서 어떤 경험을 갖고 있다는 것과 예수 그리스도에 대한 바른 지식을 가지고 있다는 것은 같은 말이 아닙니다. 우리는 신앙의 경험을 많이 가지고 있음에도 불구하고 신앙의 확신도 부족하고 하나님의 자녀로서의 거룩한 삶도 견고하지 않은 사람들을 봅니다.

무엇 때문에 이런 일이 일어나는 것일까요? 그들의 경험도 분명 하나님에 대한 인격적인 체험이었을 것입니다. 그런데 왜 그런 경험만으로는 신앙도, 삶도 견고해지지 않는 것일까요?

바로 경험만 있을 뿐 참된 지식이 결핍되어 있기 때문입니다. 우리가 하나님을 느낄 수 있다는 것이 곧 하나님을 아는 지식을 소유하고 있다는 말은 아닙니다.

물론 경험을 통해서 지식을 소유하게 되는 것은 사실입니다. 그러나 경험했다고 해서 모든 사람이 그 경험에 대한 참된 지식을 획득하고, 그 지식으로 구원에 이르며, 그 지식의 도움으로 성화의 삶을 견고하게 살게 되는 것은 아닙니다.

그러므로 신앙 경험은 과거의 일이 아니라 현재의 일로서 우리에게 실제적으로 작용하고 있어야 하며, 그러한 경험들은 거룩한 지식으로 정리되어 우리 안에 쌓여 나가야 합니다. 그렇게 정리된 지식이 있어야, 넘어지지 않고 거룩함을 향해 나아갈 수 있습니다.

오늘날 경험이 없는 차가운 지식으로 신앙을 대치하는 사람들과 지식이 없는 경험을 신앙으로 삼는 사람들이 많이 있습니다. 이 둘 중 어떤 신앙도 견고하고 의로운 삶을 살아가기에 충분하지 않습니다.

예수 그리스도의 십자가와 하나님의 사랑에 대한 은혜로운 경험들은 지속적인 탐구와 기도와 성경 공부를 통하여, 참된 지식으로 정리되어야 합니다. 예수 그리스도께서 지금 하나님의 보좌 우편에서 우리를 바라보시며 우리에게 기대하시는 일이 바로 이 일입니다.

예수 그리스도의 지상 생애는 예수 그리스도의 소원이 무엇인지를 명확하게 드러냅니다. 그분은 방황하고 고통받는 수많은 사람들에게 참빛을 주고 싶어하셨습니다. 그분의 고통은 하나님이 누구이신지에 관한 참된 지식이 없어 구원으로부터 멀어진 채 살고 있는 하나님의 백성들을 보는 것이었습니다. 그래서 그분은 오늘은 이곳, 내일은 저곳, 머리 둘 곳 없는 생애를 사시면서도 진리를 가르치는 일에 힘쓰고 애쓰셨습니다.

이제 그 일은 우리가 계승해야 합니다. 예수 그리스도께서 지식으로 우리를 의롭게 하셨던 것처럼, 우리도 하늘나라의 지식으로 무지한 사람들을 깨우쳐 구원받을 자리로 나아오게 해야 합니다. 그러므로 우리는 할 수 있는 대로 하나님이 어떤 분이신지, 우리를 의롭게 하시는 하나님의 지혜는 무엇인지 터득해야 합니다. 그런데 그 지식의 핵심에 예수 그리스도가 계십니다(고전 1:24). 그러기에 우리는 예수 그리스도께서 오셔서 어떻게 하나님의 성품을 보여주셨고, 어떻게 우리를 의롭게 하시려는 하나님의 계획을 성취하셨는지 터득해야 합니다. 그리스도를 아는 지식을 가진 사람들의 증언을 사용하여 성령께서는 일하시고, 놀라운 구원의 역사가 이 땅에 펼쳐집니다.

오늘도 어둠 가운데 살고 있는 수많은 사람들을 보십시오. 그들 중에는 단 한 번도 죄인인 자신을 구원하는 참된 지식이 무엇인지 듣지도 보지도 못한 사람들이 있습니다. 그들의 멸망받을 처지에 관해 진실을 알려 주는 사람이 없다면, 그들은 그런 상태로 인생을 마칠 것입니다. 그리고 지식으로 의롭게 하시는 그리스도께로 인도하는 사람을 만나지 못한 결과로 영원한 형벌 가운데 떨어질 것입니다.

어둠 가운데 있는 이들에게 진리의 밝은 빛을 비추시고 놀라운 사랑과 은혜를 알게 하시는 일은 성령께서 하시는 사역이지만, 성령께서는 그 일을 홀로 하시지 않습니다. 그리스도를 아는 참된 지식을 가지고 있는 사람들을 사용해서 그 일을 하십니다. 그러므로 그리스도의 참사랑을 아는 사람들은 마땅히 그 지식으로 아직 그 지식이 없는 사람들을 섬겨, 성령의 일하심을 준비해야 합니다.

예수 그리스도께서 기뻐하시는 일은 죄인들이 의롭게 되는 것입니다. 이 일은 거룩한 지식이 있는 곳에서 일어납니다. 진리의 빛을 비추는 곳에 하나님의 은혜가 있고, 죄악 된 삶을 버리는 변화가 있기 때문입니다. 그러므로 우리 안에 있는 그리스도를 아는 구원의 참된 지식은 우리뿐 아니라 세상을 구원하는 하나님의 도구입니다.

우리의 죄를 담당하신 예수

이어서 이사야 선지자는 "또 그들의 죄악을 친히 담당하리로다"라고 예언합니다.[71] 이것은 예수님께서 지상 생애 동안에 감당하신 제사장직과 관련된 진술입니다.

예수 그리스도께서는 이 땅에 오셔서 진리를 가르쳐 주셨을 뿐 아니라 우리의 죄악을 친히 담당해 주셨습니다. 사실 예수 그리스도께서 우리의 죄를

---

71) 이 부분의 히브리어 원문은 다음과 같다. "וַעֲוֺנֹתָם הוּא יִסְבֹּל" 이것을 직역하면 다음과 같다. "또한 그들의 불의를 담당하리라." 이것은 그리스도께서 우리에게 자기의 의를 전달하시는 방식을 다시 한 번 보여준다. 이에 대하여 헹스텐베르크(Ernst W. Hengstenberg)는 이렇게 말한다. "……이 구절 전체에서 다루고자 하는 주제는 의를 획득하는 것에 있는 것이 아니라……다만 그가 이미 획득한 의를 다른 이들에게 전달하는 것에 관한 것이다……메시아는 스스로 모든 사람들의 죄를 짊어지고 존귀하게 되사 후에는 자신의 대리적인 순종이 사람들에게 전가되도록 하시며 그들에게 용서를 베푸신다. 그러므로 '(그가) 그들의 죄악을 친히 담당하리로다.'라는 말은 이미지만 다를 뿐, '그가 그들을 의롭게 하리라.'와 같은 뜻이다." Ernst W. Hengstenberg, *Christology of the Old Testament and a Commentary on the Messianic Predictions* (Grand Rapids: Kregel Publications, 1976), 241–242.

대신 지시고 십자가에서 죽으실 것이라는 예언은 앞서 나온 구절들 속에서도 이미 여러 번 예고되었습니다. 그러나 이사야 선지자는 여기서 다시 한 번 이것을 강조합니다.

우리는 여기서 메시아에 대한 예언의 핵심이 우리의 죄를 대신 지시고 받으신 그리스도의 고난임을 깨닫게 됩니다. 그리고 그 고난은 그저 고초를 겪고 비난에 시달렸던 정도가 아니었습니다.

메시아가 우리의 죄를 담당하신 방법은 죽음이었습니다. 예수 그리스도께서 가르쳐 주신 지식이 우리를 의롭게 할 수 있었던 것은 우리의 죄를 담당하시고 십자가에 못 박혀 죽으신 그분의 고난이 있었기 때문이었습니다.

하나님이신 그분이 우리를 죄의 비참한 결과에서 건져 내기 위해 사람의 몸으로 이 세상에 오셨고, 십자가에 못 박혀 죽으셨습니다. 우리가 죽어도 잊으면 안 되는 것이 있다면 바로 이것입니다. 그런데 은혜에서 멀어지면 예수님께서 우리의 죄 때문에 죽으셨다는 이 사실이 아무런 감격 없이 다가옵니다. 마치 수도꼭지만 돌리면 얻게 되는 수돗물같이 여겨집니다. 그래서 감사도 없어집니다.

그리스도인이 기쁨이 없는 삶을 사는 이유는 오직 하나, 은혜로부터 멀어진 채 무감각해졌기 때문입니다. 은혜에서 멀어지면, 예수 그리스도와 그분의 십자가에 대해 정당한 반응을 할 수 없습니다. 예수 그리스도를 통해 나타난 하나님의 지혜와 능력을 보며 찬송할 수 없습니다. 그러므로 대속의 사랑을 입은 우리의 의무는 그 사랑을 늘 회상하며 감격 속에서 살아가는 것입니다.

십자가는 우리에게 상반된 두 장면을 떠올리게 합니다. 하나는 어찌하든지 하나님의 백성들을 하나님께로 다시 돌이키시려는 하나님의 놀라운 사랑이고, 다른 하나는 그런 하나님의 마음은 전혀 모른 채 자기의 소욕대로 살아가는 인간들의 크나큰 비참함입니다. 인간의 모든 악과 비참함은 궁극적으로 하나님의 존재와 성품을 모르기 때문입니다. 하나님의 아름다운 성품들이 무엇이고, 또 그것들이 인간과 세계에서 어떻게 시행되는지를 모르기 때문입니다. 십자가는 이 모든 지식의 궁궐로 들어가는 대문과 같습니다.

하나님을 모르는 사람들을 향해 연민의 마음을 느끼고 있습니까? 그런 무지한 사람들까지 애달프게 기다리시는 하나님 아버지의 마음을 아십니까?

지금 우리가 누리고 있는 지식의 빛과 은혜의 선물은 예수 그리스도를 대신해 그들을 하나님께로 인도하라는 사명을 내포하고 있습니다. 그 일에 헌신하며 사는 것이 곧 예수 그리스도께는 만족을, 하나님 아버지께는 기쁨을 드리는 그리스도인의 삶입니다.

사단은 하나님을 이기기 위하여, 그리스도의 구원 사역을 저지하기 위하여 메시아를 죽였습니다. 그러나 메시아는 그 죽음을 통해 인류를 죄에서 구하셨습니다. 그리고 죽은 자 가운데서 다시 살아나시어 하나님의 보좌 우편에 앉으셨습니다. 이것은 여자의 후손이신 예수 그리스도께서 사단의 머리를 부수신 사건입니다. 이 모든 일은 영적인 전쟁이었고, 이 전쟁의 최종적인 승자는 예수 그리스도이셨습니다.

제12장
그리스도의 영광과 영원한 승리

"그러므로 내가 그에게 존귀한 자와 함께 몫을 받게 하며 강한 자와 함께 탈취한 것을 나누게 하리니 이는 그가 자기 영혼을 버려 사망에 이르게 하며 범죄자 중 하나로 헤아림을 받았음이니라 그러나 그가 많은 사람의 죄를 담당하며 범죄자를 위하여 기도하였느니라"(사 53:12).

영광받으시는 메시아

이제 우리는 이사야 선지자의 영광스러운 예언의 마지막 부분에 도달했습니다. 이사야 선지자는 이렇게 말함으로써 이 위대한 장의 막을 내리고 있습니다.[72] "그러므로 내가 그에게 존귀한 자와 함께 몫을 받게 하며 강한 자와 함께 탈취한 것을 나누게 하리니 이는 그가 자기 영혼을 버려 사망에 이르게 하며 범죄자 중 하나로 헤아림을 받았음이니라 그러나 그가 많은 사람의 죄를 담당하며 범죄자를 위하여 기도하였느니라"(사 53:12).[73]

---

[72] 우선 우리 앞에 있는 본문을 다시 한 번 정리하여 이해할 필요가 있다. 그리고 그렇게 해서 이해된 내용을 이 위대한 장의 마지막 부분을 해설하는 동안 계속해서 기억하여야 한다. 마지막 예언을 논리적으로 풀자면 이런 것이다. "그러므로 내(여호와)가 그(메시아)에게 존귀한 자와 함께 몫을 받게 하며 강한 자와 함께 탈취한 것을 나누게 하리니(여기까지는 첫 번째 단락으로 그리스도께서 존귀케 되시는 영광을 다루고 있다) 이는(그리스도께서 왜 그렇게 존귀하게 되시냐 하면) 그가 자기 영혼을 버려 사망에 이르게 하며 범죄자 중 하나로 헤아림을 받았음이니라(이는 두 번째 단락으로 스스로 우리를 위해 죽으시고 이 세상 사람들에게 오해받으시는 것을 가리키는 것이다) 그러나 그가 많은 사람의 죄를 담당하며 범죄자를 위하여 기도하였느니라"(사 53:12). 이것을 요약하면 다음과 같다. I. 존귀하게 되시는 메시아: '그에게 존귀한 자와 함께 몫을 받게 하며 강한 자와 함께 탈취한 것을 나누게 하리니.' II. 존귀하게 되실 이유: (1) 메시아의 고난 ① '그가 자기 영혼을 버려 사망에 이르게 하며', ② '범죄자 중 하나로 헤아림을 받았음이니라.' (2) 고난의 실상 ① '그가 많은 사람의 죄를 담당하며', ② '범죄자를 위하여 기도하였느니라.' III. 결론.

[73] 이 위대한 장의 마지막 절은 그리스도의 승리와 기도에 대해 말한다. 이 절의 히브리어 원문은 다음과 같다. "לָכֵן אֲחַלֶּק־לוֹ בָרַבִּים וְאֶת־עֲצוּמִים יְחַלֵּק שָׁלָל תַּחַת אֲשֶׁר הֶעֱרָה לַמָּוֶת נַפְשׁוֹ וְאֶת־פֹּשְׁעִים נִמְנָה וְהוּא חֵטְא־רַבִּים נָשָׂא וְלַפֹּשְׁעִים יַפְגִּיעַ:" 이것을 직역하면 이렇다. "그러므로 내가 그에게 위대한 자들 중에서 기업을 주며, 그리고 그가 강한 자들과 함께 탈취물들을 나누게 할 것이다. 왜냐하면 그가 자기의 영혼을 죽음에 부어 버렸고, 또한 그는 자기 자신을 범죄자들과 함께 헤아림당하게 하였기 때문이다. 이는 그가 많은 사람들의 죄를 짊어지고 범죄자들을 위하여 중보(中保)하기 위함이었다." 특별히 난해한 히브리어 원문도 아니고, 본문에 얽힌 복잡한 논란거리도 별로 없다. 이것은 문화적으로 전쟁을 배경

우리는 여기서 고난 후에 승리하시고 존귀하게 되시는 메시아를 봅니다. '존귀한 자와 함께 몫을 받게 하며 강한 자와 함께 탈취한 것을 나누게 하는 것'은 구약 시대의 문화적인 배경과 관련지어서 해석해야 합니다. 이것은 전쟁의 맥락에서 이해해야 하는 표현으로, 당시 전쟁이 끝나면 승리한 군대가 패전한 군대의 소유를 빼앗아 공로에 따라 나누어 가졌던 전통과 관련이 있습니다.

전쟁에서 승리하고 돌아오는 장수들은 화려한 개선 행진에 참가합니다. 그 행진에는 탈취한 보물들과 노예, 생포한 적군의 장수들과 포로들까지 뒤따릅니다. 행진이 끝나면, 적을 쳐부수는 데 큰 공을 세우고 승리를 쟁취했던 용맹한 군인들에게 상이 내려집니다. 이때 승리한 장수들은 존귀한 자들과 함께 분깃을 나누게 됩니다. 즉, 싸움에서 승리하지 않았더라면 마주할 수 없었을 존귀한 자를 만나 승리의 기쁨을 나누며 신분 상승의 기회를 잡게 되고, 전리품들도 분배받게 되는 것입니다.

으로 하는 문맥이다. 이를 암시하는 것들이 여럿 나타나고 있다. '몫을 받게 하며'에 해당하는 아할레크-로 (אֲחַלֶּק־לוֹ)와 '나누게 하리니'에 해당하는 예할레크 샬랄 (יְחַלֵּק שָׁלָל) 등의 표현이 그것이다. 전쟁에서 이기고 나서 그 전공(戰功)을 따라 장수들에게 노획물을 나누어 주고 토지 등을 기업으로 주는 풍습을 염두에 둔 것이다. 그리스도에게 있어서 우리를 위한 대속이 거대한 영적 전쟁에서의 승리의 결과물임을 보여준다.

얼마나 의미심장한 묘사입니까? 이사야 선지자는 지금 그리스도 예수의 승리를 개선 의식의 그림을 빌려 선언하고 있습니다. 선지자가 이렇게 비유한 것은 십자가를 지고 감당하신 예수 그리스도의 고난은 영적 전쟁이었기 때문입니다.

어쩌면 이것이야말로 그리스도의 고난에 대한 가장 적절한 표현일 것입니다. 예수 그리스도의 고난은 전쟁이었고, 그분의 부활은 그 전쟁에서 완벽하게 승리하셨음을 의미합니다.

그 전쟁은 생명이신 그리스도께서 죄와 사망과 맞붙어 싸운 것이었습니다. 십자가에 못 박혀 죽으신 것은 악한 세력을 물리치기 위한 지혜였습니다. 아마도 사단은 예수 그리스도를 십자가에 못 박아 죽게 하면, 그 전쟁을 자신의 승리로 끝낼 수 있을 것이라 생각했을 것입니다.

그렇게 뱀의 후손은 아담과 하와가 타락한 직후, 하나님께서 예고하신 바와 같이 그리스도의 발꿈치를 물었습니다(창 3:15). 죄와 사망의 권세 가운데 인류를 가두고자 하였던 악한 세력들은 십자가에 예수 그리스도를 매달아 죽이면 인류를 구원하시고자 하는 하나님의 계획이 수포로 돌아갈 것이라 여겼습니다. 그러나 그것은 어리석은 생각이었습니다. 그들의 손에 붙여 그리스도를 죽음에 복속되게 하신 것은 보다 더 큰 영적인 승리를 위한 하나님의 구원의 지혜였습니다.

사단은 하나님을 이기기 위하여, 예수 그리스도의 구원 사역을 저지하기 위하여 메시아를 죽였으나 메시아는 그 죽음을 통해 인류를 죄로부터 자유케 하셨습니다. 그리고 성결의 영으로 죽은 자 가운데서 다시 살아나셔서 하나님의 보좌 우편에 앉으셨습니다(롬 1:4, 히 12:2).

이것은 여자의 후손이신 예수 그리스도께서 사단의 머리를 부수신 사건입니다. 그리고 사실상 이 세상에 대한 사단의 통치가 종식되었음을 뜻합니다(골 2:15).

이 모든 일은 영적인 전쟁이었습니다. 예수 그리스도께서는 이 전쟁에서 간신히 이기신 것이 아니라 혁혁히 승리하셨습니다. 그리스도의 이러한 승리는 그분을 하나님의 보좌 우편에 앉으시게 하고, 성령이 오시게 하였습니다.

지금 이사야 선지자가 예언하고 있는 것은 예수 그리스도의 이러한 놀라운 승리와 그 승리의 영광입니다.

승리의 부활

부활을 통해 예수 그리스도께서 영원한 승리를 이루시고 더 큰 영광을 받으시게 되었다는 사실은 부활 이후 예수 그리스도의 명칭이 변화된 것을 보면서도 알 수 있습니다.

예수 그리스도께서는 십자가와 부활의 사건을 통해 '주'(主)로 불려지셨습니다. 가장 낮아지신 사건을 통해 가장 높아지신 것입니다. "이러므로 하나님이 그를 지극히 높여 모든 이름 위에 뛰어난 이름을 주사 하늘에 있는 자들과 땅에 있는 자들과 땅 아래에 있는 자들로 모든 무릎을 예수의 이름에 꿇게 하시고 모든 입으로 예수 그리스도를 주라 시인하여 하나님 아버지께 영광을 돌리게 하셨느니라"(빌 2:9-11).

원래 '주'라는 말은 구약성경에서 특별한 경우를 제외하고는 성부 하나님을 가리킬 때만 사용하였던 명사입니다.[74] 그런데 예수 그리스도께서 우리

---

74) 구약성경에서 '주'(主)라는 표현이 명백하게 성자 하나님을 가리키는 대표적인 예가 시편 110편 1절인데, 이는 오순절 성령 강림 이후에 사도 베드로가 예수 그리스도를 증거하는 첫 설교에서 인용하고 해설한 구절이기도 하다. "여호와께서 내 주에게 말씀하시기를 내가 네 원수들로 네 발판이 되게 하기까지 너는 내 오른쪽에 앉아 있으라 하셨도다"(시 110:1). "……주께서 내 주에게 말씀하시기를 내가 네 원수로 네 발등상이 되게 하기까지 너는 내 우편에 앉아 있으라 하셨도다……"(행 2:34-35). 베드로가 사도행전에서 '주께서 내 주에게 말씀하시기를'이라고 인용한 시편 110편 1절 '여호와께서 내 주에게 말씀하시기를'의 히브리어 원문은 네움 야훼 라도니(נְאֻם יְהוָה לַאדֹנִי)인데, 이를 직역하면 '나의 주에게 (하시는) 여호와의 말씀'이다. 시편 110편 1절에서 앞에 나오는 '여호와'(יְהוָה)는 성부 하나님이시고, 뒤에 나오는 '내 주'(אֲדֹנִי)는 성자 하나님을 가리키는 것이 명백하다. 구약성경의 본문과 사도행전의 인용 본문이 다른 것은 크게 두

의 죄를 대속하시고 부활하시자, 하나님께서 친히 그분을 우리의 주로 삼으셨습니다. 그래서 하나님께서는 예수 그리스도의 이름으로 성령을 보내셨고(요 14:26), 그 성령이 '주의 영'(행 8:39, 고후 3:17), '그리스도의 영'(롬 8:9, 벧전 1:11), '예수의 영'(행 16:7)이라고도 불리는 것입니다.

이것은 모두 예수 그리스도께서 우리의 구원을 위한 전쟁에서 승리하셨기 때문에 아버지께로부터 받으신 영광입니다. 그런데 승리하신 메시아가 받은 상급은 여기에서 그치지 않습니다. 하나님 아버지는 이전에 온 세상을 다스리고 통치하시던 통치주로서의 위대한 권세를 아들에게 주셨습니다. 그리하여 예수 그리스도께서는 이 세상 끝 날까지 그 권세를 가지고 온 세상을 다스리십니다.

이처럼 예수 그리스도께서 인간의 몸을 입으시고 이 세상에 내려오셔서 고난을 받으신 이후에 주어진 보상과 영광은 참으로 놀라운 것이었습니다. 예수 그리스도께서 십자가 고난을 당하신 후에 더 큰 보상과 영광을 받으셨다는 사실은 우리에게도 소망이 됩니다. 예수 그리스도께서 십자가를 지시고 죽으신 후 오히려 부활로 승리를 이루셨다는 사실은 우리도 예수 그리스도와 함께 고난을 받으면 궁극적으로 승리자가 되어 영광스러운 상급에 참여하게 될 것임을 보증하기 때문입니다.

이사야 선지자의 이 예언 안에서 수많은 신앙의 선배들이 그분과 더불어 고난을 받으면 그분과 더불어 살 것이며 그분과 더불어 승리할 것이라는 소망을 가졌습니다. 그리고 그 소망으로 고난 속에서도 믿음을 지키며 살았습

가지 이유 때문인데, 하나는 베드로가 당시에 널리 읽히던 구약성경 헬라어 역본인 70인역의 본문을 사용했기 때문이고, 또 하나는 베드로가 설교할 때 성경 본문을 인용함에 있어 다른 사도들처럼 기억력에 의존하였기 때문이다. 이 시편 110편은 메시아 시편 중 대표적인 것 중 하나이다. 헹스텐베르크(Ernst W. Hengstenberg)는 이 시편의 메시아적 성격을 강조하면서 저자가 다윗이기 때문에 메시아 시편으로서의 성격이 강하게 나타난다고 말한다. 저자인 다윗이 왕이었던 것을 생각한다면, 그가 인간인 누구를 향하여 '내 주'라고 말할 수 있었겠느냐는 것이다. Ernst W. Hengstenberg, *Christology of the Old Testament and a Commentary on the Messianic Predictions* (Grand Rapids: Kregel Publications, 1976), 64.

니다. 사도 바울이 고백한 바와 같이 "자녀이면 또한 상속자 곧 하나님의 상속자요 그리스도와 함께한 상속자니 우리가 그와 함께 영광을 받기 위하여 고난도 함께 받아야 할 것이니라"(롬 8:17)라고 믿었던 것입니다.

그리스도인이 죽음을 두려워하지 않는 것은 이 소망이 있기 때문입니다. 하나님을 믿지 않는 자들에게 죽음은 단지 공포의 대상일 뿐입니다. 삶의 끝이고, 소망의 종착역일 따름입니다. 그래서 그들은 본성적으로 죽음을 두려워합니다. 그러나 십자가에서 대속하신 그리스도의 은혜로 구원을 얻은 성도들에게 죽음은 완전한 구원으로 들어가는 문입니다. 지상의 불완전함에서 천상의 완전함으로, 속된 세상에서 거룩한 나라로 들어가는 통로이며, 지금은 희미하게 뵙는 그리스도를 대면하여 보게 하는 문입니다. 그래서 우리는 그 죽음을 두려워하지 않고 오히려 기다립니다. 그 문을 지나서 그리스도와의 완전한 사귐 속에서 살 것이라는 소망이 있기 때문입니다.

이 지상에서는 주님과의 사귐이 자주 끊어지는 것을 경험하지만, 이제 그 문을 지나고 나면 무엇으로도 끊을 수 없는 그리스도와의 찬란한 교제의 빛 아래서 살게 될 것입니다. 이 지상에서는 결핍에 시달리며 불완전한 것들에 연연하지만, 이제 그 문을 지나 거룩한 천상으로 들어가면 영원하고 완전한 것들을 누리게 될 것입니다. 이 소망이 있기에, 우리는 팍팍한 현실에서도 움츠러들지 않고 예수 그리스도의 사랑을 전하는 자로 살 수 있습니다.

이것을 히브리서 기자는 이렇게 말합니다. "전날에 너희가 빛을 받은 후에 고난의 큰 싸움을 견디어 낸 것을 생각하라 혹은 비방과 환난으로써 사람에게 구경거리가 되고 혹은 이런 형편에 있는 자들과 사귀는 자가 되었으니 너희가 갇힌 자를 동정하고 너희 소유를 빼앗기는 것도 기쁘게 당한 것은 더 낫고 영구한 소유가 있는 줄 앎이라"(히 10:32-34).

십자가의 구원의 은혜로 살리심을 받은 사람들에게는 이 땅에서 번영할 욕심이 아니라 그리스도와 함께 영원히 살 소망이 필요합니다. 이 세상이 덧없음을 알기에, 땅에 있는 것을 하찮게 여기고 하늘의 상급을 바라보며 그리스도의 뒤를 따를 신앙이 필요합니다.

그리스도인으로서 이 세상을 살아가려면, 결코 꽃길만 걷는 평온하고 풍요로운 삶을 기대해서는 안 됩니다. 왜냐하면 하나님을 떠나 있는 이 세상은 본질적으로 그리스도 안에서 사는 신자들을 향하여 적대적이기 때문입니다.

이 세상에서 거룩한 삶을 살아가려면 전쟁에 임한 군사의 마음으로 분투하며 살아야 합니다. 우리에게 완전한 승리에 대한 갈망과 하늘의 상급에 대한 소망이 필요한 것은 우리가 아직 영적 전투의 현장에 살고 있기 때문입니다. 아직은 우리에게 죽음이라는 문을 넘어 영원한 승리의 나라로 들어가는 일이 허락되지 않았기에, 우리는 이 세상에서 그리스도가 걸으신 고난의 길을 따르며 더 치열하게 그리스도를 향한 우리의 사랑을 우리의 삶으로 증명하며 살아야 합니다.

영광받으실 이유 1 : 자기 영혼을 버리심

이어서 이사야 선지자는 메시아가 영광스러운 보상을 받으시고 존귀해지실 이유에 대하여 말합니다. "이는 그가 자기 영혼을 버려 사망에 이르게 하며 범죄자 중 하나로 헤아림을 받았음이니라 그러나 그가 많은 사람의 죄를 담당하며 범죄자를 위하여 기도하였느니라."

선지자는 메시아가 존귀한 자와 함께 분깃을 나누고 강한 자와 함께 탈취물을 나누는 영광을 누리시게 될 이유로 다음의 두 가지를 거론하고 있습니다.

첫째로, 그리스도께서 자기 영혼을 버려 사망에 이르게 하였기 때문입니다.

여기서 우리는 메시아의 승귀(昇貴)가 그의 비하(卑下)와 연결된 것을 봅니다. 이사야 선지자는 이러한 대비의 방식으로 다시 한 번 그리스도의 고난과 부활의 영광을 둘 다 강조합니다.

예수 그리스도의 지상 생애는 십자가를 향하여 걸어가신 생애였습니다. 그분이 십자가를 향하여 걸어가셨던 이유는 거기서 죽으심으로 우리의 구원을 성취하시기 위해서였습니다. 이처럼 그리스도의 죽으심은 강요받은 죽으심이 아니라 자원하는 죽으심이었습니다.

이사야 선지자의 '자기 영혼을 버려 사망에 이르게 하며'라는 표현은 우리를 구원하시기 위한 그리스도의 자원하는 죽으심을 의미하는 것으로, 여기서 '영혼'은 곧 '목숨'을 의미하는 것입니다.

그리스도의 이러한 자원하는 죽으심은 이미 그분에 의하여 여러 번 예고되었습니다. "내가 내 목숨을 버리는 것은 그것을 내가 다시 얻기 위함이니 이로 말미암아 아버지께서 나를 사랑하시느니라 이를 내게서 빼앗는 자가 있는 것이 아니라 내가 스스로 버리노라 나는 버릴 권세도 있고 다시 얻을 권세도 있으니 이 계명은 내 아버지에게서 받았노라 하시니라"(요 10:17-18).

그러나 강요받은 죽음이 아니라 자원하는 죽음이었다고 해서 죽음의 고통이 경감되었던 것은 아닙니다. 우리는 예수 그리스도께서 십자가에서 남기신 이 말씀을 기억합니다. "나의 하나님, 나의 하나님, 어찌하여 나를 버리셨나이까"(마 27:46). 강요된 것이 아니라 하나님 앞에서 스스로 택하신 것이었지만, 십자가에서 하나님 아버지께 버림받은 채 죽어가는 것은 예수 그리스도께 말할 수 없이 큰 고통이었습니다.

그러나 예수 그리스도께서는 그 고통을 몸소 받으셨습니다. 그것만이 우리를 하나님과 화목하게 하는 방법이었기 때문이었습니다.

예수 그리스도께서 치르신 희생을 생각할 때 우리의 구원은 너무나 값진 선물입니다. 그런데 우리는 예수 그리스도의 한없는 큰 희생과 하나님의 놀라운 사랑과 은혜로 받게 된 구원을 초라하게 여깁니다. 이것은 그리스도가 우리에게 구원을 주시기 위해 어떤 값을 치르셨는지 제대로 알지 못하기 때문에 갖는 생각입니다.

영광받으실 이유 2 : 죄인처럼 멸시받으심

둘째로, 범죄자 중 하나로 헤아림을 받았기 때문입니다.

예수 그리스도께서 존귀한 자들과 함께 분깃을 나누고 강한 자들과 함께 탈취물을 나누는 영광을 누리시기 전에 있었던 일은 범죄자로 취급받는 것이었습니다. 예수 그리스도께서는 범죄자로 취급받을 만한 그 어떤 잘못도 행하지 않으셨습니다. 오히려 그분은 우리의 죄를 없애 주시고자 오신 분이었습니다. "그가 우리 죄를 없애려고 나타나신 것을 너희가 아나니 그에게는 죄가 없느니라"(요일 3:5).

그러나 예수 그리스도의 지상 생애는 수치스러운 오해를 받는 일들로 가득합니다. 예수 그리스도께서 죄인 취급당하며 멸시받으신 것의 정점은 체포당하신 후 심문을 받으시고 십자가를 지고 죽으신 그분의 생애 마지막 순간들이었습니다.

대제사장 가야바의 뜰에 끌려가셨을 때, 대제사장이 묻습니다. "내가 너로 살아 계신 하나님께 맹세하게 하노니 네가 하나님의 아들 그리스도인지 우리에게 말하라"(마 26:63). 그때 예수 그리스도께서는 이렇게 대답하십니다. "네가 말하였느니라 그러나 내가 너희에게 이르노니 이 후에 인자가 권능의 우편에 앉아 있는 것과 하늘 구름을 타고 오는 것을 너희가 보리라"(마 26:64).

예수 그리스도의 말씀은 티끌만큼도 잘못된 것이 없었습니다. 그분은 있는 그대로의 사실을 진술하셨고, 그분의 그 말씀은 그 자체로 우리에게 생명이 되는 진리였습니다. 그러나 사람들은 진리를 받아들일 수 없습니다. "이에 대제사장이 자기 옷을 찢으며 이르되 그가 신성 모독 하는 말을 하였으니 어찌 더 증인을 요구하리요 보라 너희가 지금 이 신성 모독 하는 말을 들었도다 너희 생각은 어떠하냐 대답하여 이르되 그는 사형에 해당하니라 하고 이에 예수의 얼굴에 침 뱉으며 주먹으로 치고 어떤 사람은 손바닥으로 때리며

이르되 그리스도야 우리에게 선지자 노릇을 하라 너를 친 자가 누구냐 하더라"(마 26:65-68).[75]

세상은 예수 그리스도가 누구신지 바르게 볼 수 있는 지식이 없었습니다. 그래서 그분을 오해하였습니다. 그러나 예수 그리스도께서는 바로 그런 오해를 받으심으로 존귀한 자들과 분깃을 나누고 강한 자들과 탈취물을 나누는 영광에 들어가시게 되었습니다.

세상의 오해는 비단 그 당시만의 일이 아닙니다. 지금도 세상은 진리를 이해하지 못합니다. 그래서 우리가 진정한 그리스도인이 되기를 힘쓰며 살아간다면, 우리는 세상의 오해를 받을 수밖에 없습니다. 만약 우리의 삶의 방식이 세상 사람들이 모두 이해할 수 있는 것이라면, 우리는 참된 그리스도인일 수 없습니다.

세상 사람들은 결코 우리가 왜 이렇게 사는지, 왜 이렇게 생각하고, 왜 그 생각을 따라 고난의 길도 자원하는지 이해할 수 없습니다. 그리스도께서 일생 동안 불쌍한 인간들을 위하여 의의 길을 걸어가셨지만 범죄자로 오해를 받으셨던 것처럼, 세상 사람들을 바른 길로 인도하여 하나님께로 데려가고자 하셨지만 미혹하게 하는 자로 오해를 받으셨던 것처럼, 우리도 참된 그리스도인으로서 존재하는 한 이 세상에서 오해를 받을 수밖에 없습니다.

그래도 그나마 희망이 있는 것은 예수 그리스도께서 그렇게 오해를 받으셨지만 그때도 어떤 사람들은 오래지 않아 그 오해를 풀었다는 사실입니다.

---

75) 우리가 그리스도를 본받고 그분을 충실히 따라가는 삶을 살아가노라면 이처럼 그리스도께서 받으셨던 오해를 받을 수 있다. 이 세상 사람들은 그리스도와의 영적인 연합 안에서 살아가는 신령한 신자들에게 본성적인 적대감을 가지고 있다. 이것은 이미 예수 그리스도께서 신자와 당신과의 신비한 연합에 대하여 말씀하시면서 예고하신 바이기도 하다. "세상이 너희를 미워하면 너희보다 먼저 나를 미워한 줄을 알라 너희가 세상에 속하였으면 세상이 자기의 것을 사랑할 것이나 너희는 세상에 속한 자가 아니요 도리어 내가 너희를 세상에서 택하였기 때문에 세상이 너희를 미워하느니라"(요 15:18-19). 그러나 실상은 그렇게 그리스도와의 연합을 통하여 하나님과 함께 살아가는 삶이 바로 창조 시에 인간에게 누리게 하신 삶이었고 하나님께서 메시아를 보내어 회복하게 하고 싶으셨던 우리의 삶이다.

성경은 예수 그리스도에 대하여 자신이 오해하고 있었음을 일찍 깨달은 사람들에 대해 증언합니다. "……이 말씀을 하신 후 숨지시니라 백부장이 그 된 일을 보고 하나님께 영광을 돌려 이르되 이 사람은 정녕 의인이었도다 하고 이를 구경하러 모인 무리도 그 된 일을 보고 다 가슴을 치며 돌아가고 예수를 아는 자들과 갈릴리로부터 따라온 여자들도 다 멀리 서서 이 일을 보니라"(눅 23:46-49).

어떤 사람들은 예수 그리스도의 십자가 죽으심을 보고 오해를 풀기도 했습니다. 지금도 마찬가지입니다. 아직도 많은 사람들은 예수 그리스도를 오해하고 있지만, 또한 어떤 사람들은 예수 그리스도를 구주로 고백합니다. 우리가 바로 그런 사람들입니다. 이전에는 그리스도가 누구신지를 모르고 예수 믿는 사람들을 오해하고 박해하였지만, 이제 그분이 누구이신지 알게 되자 하나님께 영광을 돌리고 그분을 인정하게 되었습니다. 그분의 이름을 거룩하게 여기고 깊이 사랑하게 되었고, 그분의 명예를 위하여 살게 되었습니다.

우리가 세상에서 살지만 이 세상 사람들과는 다른 기준을 가지고, 다른 꿈을 꾸며, 다른 삶의 방식으로 살아가야 하는 이유가 여기에 있습니다.

구속의 기쁨으로 살라

그리스도인의 기쁨은 십자가에서 목숨을 버리신 그리스도의 고난에 대한 슬픔과 비례합니다. 십자가의 고난에 대한 신령한 슬픔이 깊어야 구속받은 기쁨도 큰 것입니다.

이 시대를 살고 있는 그리스도인들을 보십시오. 너무나 많은 사람들이 그리스도인으로 불리면서도, 그리스도의 십자가에서 무슨 일이 일어났는지를 잊고 삽니다. 그리스도께서 이 세상에 내려오셔서 죽으셔야 했던 이유를 알려고 하지도 않고, 우리의 죄와 허물로 인해 그분이 그렇게 참혹하게 형벌을 받으셔야 했음을 들어도 아무것도 느끼지 못합니다. 그래서 그들의 신앙에는 감격도 없고 기쁨도 없습니다.

　예수 그리스도를 믿음으로 맛보는 신령한 기쁨이 무엇인지 알기 위해서는 예수 그리스도의 십자가 사건에 대한 깨달음과 감격이 필요합니다. 나 같은 죄인을 살리기 위해 죄인들 중 한 사람으로 취급을 받으면서 죽음의 길을 걸어가신 예수 그리스도를 깊이 만나야 합니다.

　사람들은 예수 그리스도를 십자가에 못 박은 것은 로마의 병정들이나 당시의 간악한 종교 지도자들이었다고 생각합니다. 그러나 그렇지 않습니다. 예수 그리스도를 대적하는 자들이 아무리 잔인하고 간교했다 하더라도, 우리에게 대속받아야 할 죄와 허물이 없었다면 예수님께서는 그들의 손에 자신의 목숨을 내어 주시지 않았을 것입니다. 우리를 다시 하나님 앞에서 하나님과 교제하며 살게 하고 싶으셨기에, 예수 그리스도께서는 목숨을 버리셨습니다. 한 번의 기도로 열두 군단 더 되는 천사를 부르실 수 있는 그분이 죄인 취급을 받으며 겟세마네 동산에서 힘없이 끌려가신 것은 우리를 사랑하셨기 때문이었습니다(마 26:53).

　우리는 오직 이 십자가 진리의 터 위에 서 있을 때에만 그리스도인다울 수 있습니다. 그리스도인이라 할지라도, 자신을 그리스도인이 되게 만든 이 진리의 터에서 떠나 합리주의나 세속주의의 터 위에 서 있는 사람도 많습니다. 잠시 악한 양심을 달래 주는 거짓된 가르침이나 부패한 욕망을 충족시켜 주는 소소한 쾌락들에 자신을 내어 주며 사는 사람도 많습니다. 그러나 그렇게 살아서는 결코 영혼의 진정한 만족을 누릴 수 없습니다.

　허물과 죄로 하나님을 떠난 인간의 유일한 안식은 오직 십자가뿐입니다. 그러므로 우리는 일생 동안 십자가를 바라보며, 날마다 예수 죽인 것을 몸에 짊어지고 정결하고 거룩한 삶을 살아가야 합니다. 우리를 사랑하셔서 우리를 위하여 자기 몸을 버리신 주님을 우리도 진심으로 사랑하면서 말입니다.

이제 우리가 살아야 하는 이유와 죽어야 하는 이유가 분명해졌습니다. 우리 안에 살려야 할 것과 죽여야 할 것도 명확해졌습니다. 그러므로 이제 우리에게 남은 것은 그 지식을 따라 살아가는 것입니다.

우리 인생을 살아내는 일이 때로는 힘에 겹습니다. 그러나 우리에게는 그 모든 것을 견딜 수 있게 하는 소망이 있습니다. 바로 예수 그리스도께서 우리를 위해서 고난을 받으심으로 존귀한 자와 몫을 나누고 강한 자와 탈취한 것을 나누게 되셨듯, 우리도 예수 그리스도를 위해 고난을 받음으로 더 귀해지고 더 풍성해질 것이라는 사실입니다. 그러므로 우리는 매일 세상에 대해서는 죽은 자들로, 하나님에 대해서는 산 자들로 살아가야 합니다.

고난의 실상 1 : 우리의 죄를 지심

드디어 이사야 53장의 마지막 문장을 대면하게 됩니다. 이사야 선지자는 "그러나 그가 많은 사람의 죄를 담당하며 범죄자를 위하여 기도하였느니라"라고 말하고 있습니다.

여기서 '그러나'라는 말은 바로 앞 문장에 나온 사람들의 오해를 겨냥한 단어입니다. 즉 메시아에 대한 사람들의 오해를 말한 후, 그러나 진실은 이것이라고 소개하고 있는 것입니다. 사실 이 구절이야말로 53장 전체의 요약이라 말할 수 있습니다. 이사야 53장의 중심 내용은 '메시아가 오시면 오해받고 고난받을 것인데, 사람들은 그 고난의 이유를 메시아 자신의 죄 때문이라 생각할 것이다. 그렇지만 사실 그분은 우리의 죄 때문에 고난받으신 것이다.'라는 것이기 때문입니다.

이사야 선지자는 이 위대한 예언을 마치며, 메시아가 실상은 어떤 분이신가를 밝힙니다. 그가 밝힌 메시아의 진실은 그분이 '많은 사람의 죄를 담당하실 분'이라는 것과 '범죄자를 위하여 기도하시는 분'이라는 것이었습니다. 그분이 고난받으셔야 했던 이유는 다음 두 가지입니다.

첫째로, 많은 사람의 죄를 담당하셔야 했기 때문입니다.

예수님께서 이 세상에 오셨을 때, 왜 사람들은 바로 그분을 그리스도로 받아들이지 못했을까요? 왜 구약성경이 예고한 메시아가 그분이라고 생각하지 못했을까요? 도대체 왜 순결하신 그분을 범죄자 중 한 사람일 것이라 생각했을까요? 그들이 예수 그리스도께서 범죄하시는 현장을 보기라도 했습니까?

그들도 예수님께서 무죄하시다는 것을 알고 있었습니다. 그들이 제일 열심히 예수님께서 하신 일들 속에서 어떤 흠이나 범죄의 증거를 찾으려 했고, 그럼에도 찾을 수 없었기 때문입니다. 이러한 사실은 예수님을 심문할 때 여실히 드러났습니다. 여러 사람이 예수님을 고소하였으나 어느 진술도 서로 일치하지를 않았습니다. 재판장도 그분이 죄 없으시다는 사실을 인정하지 않을 수 없었습니다.

사람들은 그저 예수님이 메시아이신 것이 싫었습니다. 자신들이 기대했던 모습으로 오시지 않았기 때문입니다. 이렇게 예수님을 메시아로 받아들이지 못하는 것 자체가 그들이 하나님의 뜻보다는 자신의 뜻이 더 중요하고 하나님의 계획보다는 자신의 계획이 더 관철되기를 바라는 죄인임을 고스란히 드러내는 일입니다.

예수 그리스도께 무슨 죄가 있습니까? 굳이 그분에게서 잘못을 찾자면, 사랑받을 자격이 없는 죄인들을 너무 사랑하신 것밖에는 찾을 수 없습니다.

예수님 시대의 유대인들은 예수님이 메시아를 사칭한 범죄자이기를 원했습니다. 그러나 예수님께서 하신 일은 가난한 자들을 먹이시고, 고통스러워하는 자들을 건져 주시고, 버림받은 자들의 친구가 되어 주시고, 세상이 포기한 죄인들을 끌어안아 주신 것이었습니다.

그 일들로는 예수님을 범죄자로 몰아갈 수 없었기에, 그들은 예수 그리스도를 십자가에 매달았습니다. 그분에게서 어떤 죄도 발견할 수 없었기에,

그분에게 처참한 고난이라도 안겨 주어 그 고난으로 하나님께 징계받을 사람이라는 증거를 삼으려 했던 것입니다. 실제로 많은 유대인들이 예수님께서 고난받으시는 현장을 보며 하나님께 징계를 받고 있는 것이라 오해했습니다.

그런데 실상은 그렇지 않습니다. 주님께서 고난을 당하신 것은 하나님께 형벌을 받아서가 아닙니다. 그분이 당하신 형벌의 극심함은 그분에 대한 하나님의 진노를 입증하는 것이 아니라 우리를 향한 그분의 사랑을 입증하는 것이었습니다. 우리가 예수 그리스도의 십자가를 자랑하는 것은 바로 이 때문입니다.

인간은 그 누구도 태어나면서부터 예수 그리스도의 고난의 실상을 아는 채로 태어나지 못합니다. 우리는 모두 한때 십자가에 대해 무관심하였거나 오해했었던 사람들입니다. 그러나 우리는 십자가에 못 박히신 예수 그리스도를 인격적으로 만났고, 그분의 고난이 우리의 죄 때문임을 알게 되었습니다. 그래서 이제 우리는 십자가를 바라보며, 우리의 죄와 허물의 끔찍함을 깨닫습니다. 십자가 앞에서 하나님의 크신 사랑을 배웁니다.

그리스도인은 십자가에서 일어난 일의 실상을 안 사람입니다. 그리스도가 실상은 어떤 분이신지 깨달은 사람입니다. 예수 그리스도께서 십자가에서 죽으셔야 했던 이유는 바로 나의 죄와 허물 때문이라고 고백하는 사람입니다.

고난의 실상 2 : 죄인들을 위한 기도

둘째로, 그분이 범죄자를 위하여 기도하는 분이시기 때문입니다.

지금 선지자는 예수 그리스도께서 오시기 전에 이것을 말하고 있습니다. 즉, 그의 이 말은 여호와 하나님의 계시를 받아 선포하는 메시아의 생애에 대한 예언입니다.

이 예언에 따르면 메시아는 많은 사람의 죄를 담당하실 분이며, 범죄자들을 위해서 기도하실 분입니다. 실제로 이 예언은 예수 그리스도의 생애 가운데 그대로 성취됩니다. 그분의 생애는 십자가의 생애였으며, 기도의 생애였습니다.

예수 그리스도께서 기도하며 살아가셨다는 사실은 우리에게 많은 생각을 하게 합니다. 예수 그리스도께서는 하나님의 아들이셨지만, 하늘의 권세로 지상 사역을 감당하지 않으셨습니다. 그분은 우리가 이 세상에서 하나님의 일을 하여야 할 때와 똑같이 한 사람의 인간으로서 사명의 삶을 감당하셨습니다. 그래서 그분은 하나님 아버지께 십자가 위에서 흘릴 붉은 보혈보다 먼저 자신의 눈에서 흐르는 기도의 눈물을 바치셨습니다.

메시아가 누구이신지를 보여주는 이사야 선지자의 이 위대한 예언이 '기도하였느니라.'로 마치는 것은 정말 의미심장합니다. 예수 그리스도의 생애는 사실 기도와 떼려야 뗄 수 없는, 기도로 시작되어 기도로 마치신 생애였기 때문입니다.

우리는 그분이 공생애를 시작하시면서 제일 먼저 행하신 일이 기도였음을 기억합니다. 세례 요한에게 세례를 받으신 후 그분은 성령께 이끌려 광야로 가십니다(마 4:1-2 눅 4:1). 거기서 40일을 금식하시며 그분이 하신 일은 기도였습니다. 기도 가운데 전도하시고(막 1:35-39), 기도 가운데 병자들을 고치시며(눅 5:16), 기도 가운데 제자들을 사도로 택하시고(눅 6:12-13), 기도 가운데 영광스러운 모습으로 변화하시고(눅 9:28-36), 기도 가운데 고난의 십자가를 맞이하시고(눅 22:39-46), 기도 가운데 십자가에 못 박히셨으며(눅 23:33-34), 결국 기도로 운명하셨습니다(마 27:46). 그리고 하늘에 오르셔서 지금도 우리를 위하여 간구하고 계십니다(롬 8:34).

예수 그리스도의 생애가 기도의 생애였음을 생각할 때, 우리는 십자가의 정신으로 사는 것과 기도하며 사는 것을 떼어 놓을 수 없음을 발견합니다.

십자가에서 이루신 그리스도의 승리는 이미 그분의 견고한 기도 생활 속에서 예고된 것이었습니다. 그리스도께서 당신을 모욕하는 수많은 자들의 비난을 받으면서도 꿋꿋하게 고난의 길을 가실 수 있었던 것은 단지 인간적인 강인함에서 비롯된 것이 아니었습니다. 그것은 모두 거룩하고 열렬한 기도 생활에서 온 힘이었습니다.

이처럼 주님의 생애는 목숨을 드리기 전에 이미 기도를 올린 생애였습니다. 피를 바친 생애가 되기 전에 이미 땀과 눈물을 바친 생애였습니다.

이사야 선지자는 말합니다. "그러나 그가……범죄자를 위하여 기도하였느니라." 우리 주님의 생애는 기도하는 생애였습니다. 그것도 자기 자신을 위해서가 아니라 죄인인 우리를 위해서 언제나 간구하시던 생애였습니다.

예수 그리스도께서는 죄로 말미암아 하나님과 원수 맺고 살아가는 우리를 위하여 날마다 기도하셨습니다. 그리고 그렇게 기도하시던 바를 성취하시기 위하여 기꺼이 고난을 받으셨습니다.

위대한 장을 덮으며

많은 사람들이 달콤한 것만 원하고 쓴 것을 싫어합니다. 그러나 우리에게 정말로 유익이 되는 것은 달콤한 것이 아니라 쓴 것일 때가 많습니다.

신앙에 있어서도 그렇습니다. 사람들은 달달한 이야기만 듣고, 쉽고 편한 길로만 걷고 싶어합니다. 그러나 그런 방식으로는 결코 참된 그리스도인이 될 수 없습니다.

기억하십시오. 그리스도인의 길은 아무나 걸어가는 길이 아닙니다. 참신자의 길은 결코 아무나 걸어갈 수 없습니다. 멸망으로 이르는 길은 넓고 많은 사람이 그곳을 지나기에 외로울 이유가 없습니다. 그러나 생명으로 이르는 길은 지극히 협착하고 위험하며 외로운 길입니다.

자기 십자가를 지고 예수 그리스도의 고난의 길을 따르라는 이야기는 너무 우울하니, 좀 더 밝고 희망적인 이야기를 듣고 싶으십니까? 구원과 용서에 대한 이야기는 반갑지만, 십자가의 복음을 따라 살라는 요구에는 귀를 기울이기가 어렵습니까? 그리스도인은 그렇게 생각하지 말아야 합니다.

그리스도인은 그리스도로 말미암아 다시 태어났기에, 그리스도처럼 생각하고, 그리스도처럼 살고, 그리스도처럼 사랑하고, 그리스도처럼 죽고 싶은 사람입니다. 그를 그렇게 만든 것은 그리스도의 십자가의 복음이기에, 그는 십자가 앞에서 무덤덤할 수 없습니다. 우리의 신앙이 진정 피 묻은 복음의 반석 위에 서 있다면, 우리는 결코 구원을 초라하게 만들며 살지 못합니다.

이사야 53장이 우리에게 보여주는 것은 이것입니다. 예수 그리스도께서는 자신을 자신의 것으로 여기시지 않고, 하나님께 바쳐진 것으로 여기셨습니다. 그래서 그분은 하나님께서 바라시는 일을 성취하기 위해 자신을 아낌없이 내어 주셨습니다. 그리고 자신을 모두 바치며 기도하셨고, 자신을 아끼지 않고 죽으셨습니다. 그러한 삶 안에서 예수 그리스도께서는 하나님께 넘치도록 사랑받으셨고, 그 사랑으로 우리를 넘치도록 사랑하셨습니다. 그리하여 그 모든 생애를 마치시며, 그분은 만족하셨습니다.

우리도 그렇게 살아야 합니다. 처음부터 우리는 우리의 것이 아니었습니다. 우리는 하나님께서 만드셨고, 우리는 하나님과 함께할 때 비로소 행복할 수 있습니다.

그러므로 우리는 예수 그리스도를 본받아 살아야 합니다. 우리 자신을 하나님의 것으로 여기며, 그분처럼 기도하고 사랑하며……

마치는 글

핏자국을 따라 걷는 길

    아프리카 어느 시골 마을에 매우 나이가 많은 어머니와 어린 아들이 둘이서 살고 있었습니다. 어느 날, 어머니는 아이를 들판에 보내 장작을 마련해 오게 했습니다. 그런데 들판에서 장작을 모으던 아들에게 사고가 생겼습니다. 장작을 쪼개다가 장작이 아니라 자기 발뒤꿈치를 찍은 것입니다. 상처는 깊었고 많은 피가 흘러나왔습니다.
    아이는 이대로 가만히 울고만 있으면 목숨까지도 위험할 수 있음을 깨달았습니다. 순간 아이에게 옆 마을에 외국에서 온 선교사들이 세운 병원이 있음이 생각났습니다.
    아이는 즉시 다리를 절룩거리며 병원을 향해 출발했습니다. 바닥을 디딜 때마다 그 자리에는 핏자국이 남았습니다. 꽤 오랜 시간 아픈 발을 끌고 가는 동안 상처는 더 많이 심해졌지만, 사력을 다해 발걸음을 옮겼습니다. 이윽고 아이는 병원에 당도했고, 바로 적절한 치료를 받을 수 있었습니다.

    그런데 아이가 치료를 받는 동안, 그 병원에 헐레벌떡 당도한 또 한 명의 방문자가 있었습니다. 바로 아이의 어머니였습니다.

어머니는 아들이 돌아올 시간이 지났는데도 돌아오지 않자, 아들을 찾으러 들판으로 나왔습니다. 그런데 아무리 찾아도 아이가 보이지 않았습니다. 그때 어머니의 눈에 핏자국이 보였습니다. 주변에는 모으던 장작이 쌓여 있었고, 아들이 장작을 쪼갤 때 쓰는 도구가 피 묻은 채 옆에 팽개쳐져 있었습니다.

어머니는 그 피가 아들이 흘린 것임을 알았습니다. 당장 아들을 찾아야 했으나, 아들이 아픈 몸을 이끌고 어디로 갔는지 알 길이 없었습니다. 하지만 결국 어머니는 아들을 찾아 병원까지 달려올 수 있었습니다. 피로 물든 아들의 발자국이 병원까지 그녀를 인도해 주었기 때문입니다.[76]

이 이야기를 들려주던 설교자의 목소리가 아직도 귀에 생생합니다.

그분의 이야기를 들으며 그저 상상만 하였을 뿐인데도, 저는 마음이 저미

---

[76] 이 이야기는 2016년 9월 30일 남아프리카공화국의 묵한요 신학교 총장인 플립 바이스(Flip Buys) 박사가 열린교회를 방문해 교직원 예배를 인도할 때 언급한 예화임을 밝힌다. 열린교회. 2018년 02월 23일, http://www.yullin.org/sermon/sermonViewPart.aspx?index=2&TYPE=M&IDX=9302

는 듯했습니다. 아들이 남긴 핏자국을 따라 걸어가는 늙은 어머니의 마음은 어떠했을까요? 붉게 물들어 있는 아들의 발자국 하나하나가 비수가 되어 마음에 꽂혔을 것입니다. 그녀에게는 어서 빨리 아들을 만나는 것보다 더 중요한 문제는 없었을 것입니다.

이사야 53장에 대한 제 강해 설교는 이제 끝이 났습니다. 부디 이 이사야 53장의 말씀이 살아 역사하는 생명력으로 여러분의 심령 안에서 작용하기를 바랍니다.

저는 이 책에서 예수 그리스도의 고난과 그분의 십자가가 지닌 의미를 논증했습니다. 선지자가 보여주는 예수 그리스도의 고난과 영광을 떨리는 마음으로 펼쳐 보여드렸습니다.

이제 여러분이 반응해야 할 차례입니다. 이 책을 읽으면서 우리는 함께 어느 들판에 서게 되었습니다. 그 들판은 예수 그리스도께서 흘리신 피가 흥건하게 배어 있는 갈보리 언덕으로 이어져 있습니다.

예수 그리스도께서는 이제 거기에 안 계십니다. 그러나 그분이 걸으신 길이, 그 핏자국이 그분이 어디로 가셨는지 우리에게 알려 주고 있습니다.

이제 우리는 선택해야 합니다. 아프리카 어느 시골 마을의 늙은 어머니가 사랑하는 아들을 만나기 위해 단숨에 달려왔듯, 사랑하는 예수님을 만나기 위해 버선발로 그 피 묻은 길을 좇으시겠습니까? 아니면 피 흘리신 예수 그리스도 말고, 물을 포도주로 만드시고 오병이어로 오천 명을 먹이시는 예수 그리스도를 만나기만 기대하며 '각기 제 길로' 여러분 나름의 신앙생활을 하며 살아가시겠습니까?

우리가 전한 것을 누가 믿었느냐
여호와의 팔이 누구에게 나타났느냐
그는 주 앞에서 자라나기를 연한 순 같고 마른 땅에서 나온 뿌리 같아서
고운 모양도 없고 풍채도 없은즉
우리가 보기에 흠모할 만한 아름다운 것이 없도다

그는 멸시를 받아 사람들에게 버림받았으며
간고를 많이 겪었으며 질고를 아는 자라
마치 사람들이 그에게서 얼굴을 가리는 것같이 멸시를 당하였고
우리도 그를 귀히 여기지 아니하였도다
그는 실로 우리의 질고를 지고 우리의 슬픔을 당하였거늘
우리는 생각하기를 그는 징벌을 받아
하나님께 맞으며 고난을 당한다 하였노라

그가 찔림은 우리의 허물 때문이요
그가 상함은 우리의 죄악 때문이라
그가 징계를 받으므로 우리는 평화를 누리고
그가 채찍에 맞으므로 우리는 나음을 받았도다
우리는 다 양 같아서
그릇 행하여 각기 제 길로 갔거늘
여호와께서는 우리 모두의 죄악을 그에게 담당시키셨도다

그가 곤욕을 당하여 괴로울 때에도
그의 입을 열지 아니하였음이여
마치 도수장으로 끌려가는 어린양과 털 깎는 자 앞에서 잠잠한 양같이
그의 입을 열지 아니하였도다
그는 곤욕과 심문을 당하고 끌려갔으나
그 세대 중에 누가 생각하기를 그가 살아 있는 자들의 땅에서 끊어짐은
마땅히 형벌받을 내 백성의 허물 때문이라 하였으리요
그는 강포를 행하지 아니하였고 그의 입에 거짓이 없었으나
그의 무덤이 악인들과 함께 있었으며
그가 죽은 후에 부자와 함께 있었도다

여호와께서 그에게 상함을 받게 하시기를 원하사
질고를 당하게 하셨은즉
그의 영혼을 속건 제물로 드리기에 이르면
그가 씨를 보게 되며 그의 날은 길 것이요
또 그의 손으로 여호와께서 기뻐하시는 뜻을 성취하리로다
그가 자기 영혼의 수고한 것을 보고 만족하게 여길 것이라

나의 의로운 종이 자기 지식으로 많은 사람을 의롭게 하며
또 그들의 죄악을 친히 담당하리로다
그러므로 내가 그에게 존귀한 자와 함께 몫을 받게 하며
강한 자와 함께 탈취한 것을 나누게 하리니
이는 그가 자기 영혼을 버려 사망에 이르게 하며
범죄자 중 하나로 헤아림을 받았음이니라
그러나 그가 많은 사람의 죄를 담당하며 범죄자를 위하여 기도하였느니라

이사야 53장

이사야 53장에 관한 청교도들의 설교 목록[77]

53:1–12   Thomas Manton, "A Practical Exposition upon the Fifty-Third Chapter of Isaiah," in *The Complete Works of Thomas Manton*, vol. 3 (Birmingham: Solid Ground Christian Books, 2008), 187–494.

53:1   Thomas Boston, "The Unsuccessfulness of the Gospel, the Nature of the Gospel-Report, the Rarity of Believing It, and the Necessity of Divine Power in Order to Faith," in *The Complete Works of The Late Rev. Thomas Boston*, vol. 10 (Stoke-on-Trent: Tentmaker Publications, 2002), 267–307.

53:3   John Newton, "Messiah Despised, and Rejected of Men," in *Messiah: Fifty Expository Discourses, on the Series of Scriptural Passages which Form the Subject of the Celebrated Oratorio of Handel*, in *The Works of the Rev. John Newton*, vol. 4 (Edinburgh: The Banner of Truth Trust, 1988), 198–208.

53:3–7   Edward Payson, "Christ a Man of Sorrows," in *The Complete Works of Edward Payson*, vol. 3 (Harrisonburg: Sprinkle Publications, 1988), 92–103.

---

[77] Robert P. Martin, *A Guide to the Puritans* (Edinburgh: The Banner of Truth Trust, 1997), 309–310.

53:4-5	John Newton, "Messiah Suffering and Wounded for Us," in *Messiah: Fifty Expository Discourses, on the Series of Scriptural Passages which Form the Subject of the Celebrated Oratorio of Handel*, in *The Works of the Rev. John Newton*, vol. 4 (Edinburgh: The Banner of Truth Trust, 1988), 219-230.
53:6	John Newton, "Sin Charged upon the Surety," in *Messiah: Fifty Expository Discourses, on the Series of Scriptural Passages which Form the Subject of the Celebrated Oratorio of Handel*, in *The Works of the Rev. John Newton*, vol. 4 (Edinburgh: The Banner of Truth Trust, 1988), 230-240.
53:7	John Flavel, "The Manner of Christ's Death, in Respect of the Patience Thereof: Isa. 53:7," in *The Fountain of Life: A Display of Christ in His Essential and Mediatorial Glory(42 Sermons)*, in *The Works of John Flavel*, vol. 1 (Edinburgh: The Banner of Truth Trust, 1997), 356-368.

53:8	John Newton, "Messiah's Innocence Vindicated," in *Messiah: Fifty Expository Discourses, on the Series of Scriptural Passages which Form the Subject of the Celebrated Oratorio of Handel*, in *The Works of the Rev. John Newton*, vol. 4 (Edinburgh: The Banner of Truth Trust, 1988), 270−280.
53:10	Thomas Jacomb, "The Covenant of Redemption Opened," in *Puritan Sermons 1659−1689*, vol. 5 (Wheaton: Richard Owen Roberts Publishers, 1981), 168−181.
53:11	William Bridge, "Christ in Travail. Wherein Is Shewed, 1. The Travail of Christ, or Christ in Travail. 2. His Assurance of Issue. 3. The Contentment That He Doth and Shall Find Therein," in *The Works of the Rev. William Bridge*, vol. 3 (Beaver Falls: Soli Deo Gloria Publications, 1989), 197−275. John Flavel, "Four Weighty Ends of Christ's Humiliation Explained and Applied: Isa. 53:11," in *The Fountain of Life: A Display of Christ in His Essential and Mediatorial Glory(42 Sermons)*, in *The Works of John Flavel*, vol. 1 (Edinburgh: The Banner of Truth Trust, 1997), 467−486.

John Owen, "Discourse XI(Isa. 53:11)," in *An Untitled Sacramental Sermons*, in *The Works of John Owen*, vol. 9 (Edinburgh: The Banner of Truth Trust, 1990), 576–579.

Edward Payson, "The Promised Fruit of Christ's Sufferings," in *The Complete Works of Edward Payson*, vol. 2 (Harrisonburg: Sprinkle Publications, 1988), 152–163.

53:12	John Flavel, "The Covenant of Redemption between the Father and the Redeemer: Isa. 53:12," in *The Fountain of Life: A Display of Christ in His Essential and Mediatorial Glory(42 Sermons)*, in *The Works of John Flavel*, vol. 1 (Edinburgh: The Banner of Truth Trust, 1997), 52–62.

참고 문헌

성경, 역본

Brenton, Lancelot C. L. Sir. *The Septuagint version: Greek and English* (Grand Rapids: Regency Reference Library, 1970).

Elliger, Karl. & Rudolph, Wilhelm. eds. *Biblia Hebraica Stuttgartensia* (Stuttgart: Deutsche Bibelgesellschaft, 1997).

Goshen-Gottstein, Moshe H. ed. *The Book of Isaiah* (Jerusalem: The Hebrew University Magnes Press, 1995).

Rahlfs, Alfred. & Hanhart, Robert. eds. *Septuaginta* (Stuttgart: Deutsche Bibelgesellschaft, 2007).

성경 주석, 사전류

Alders, Gerhard Charles. *Bible Student's Commentary: Genesis*, vol. 1, trans. William Heynen (Grand Rapids: Regency Reference Library, 1981).

Alexander, Joseph Addison. *Commentary on the Prophecies of Isaiah*, vol. 2 (Grand Rapids: Zondervan Publishing House, 1976).

Barnes, Albert. *Notes on the Old Testament: Isaiah*, vol. 2, in *Barnes' Notes*, vol. 6 (Grand Rapids: Baker Books, 1996).

Brown, Francis. & Driver, Samuel Rolles. & Briggs, Charles Augustus. *The Brown-Driver-Briggs Hebrew and English Lexicon* (Peabody: Hendrickson Publishers, 2003).

Calvin, John. *Commentary on the Book of the Prophet Isaiah*, vol. 4, in *Calvin's Commentaries*, vol. 8, trans. William Pringle (Grand Rapids: Baker Book House, 1998).

Gasque, W. W. "Apocalyptic Literature," in *The Zondervan Pictorial Encyclopedia of the Bible*, vol. 1, ed. Merrill C. Tenney, Steven Barabas (Grand Rapids: Zondervan Publishing House, 1980).

Gesenius, Wilhelm. *Gesenius' Hebrew-Chaldee Lexicon to the Old Testament*, trans. Samuel Prideaux Tregelles (Grand Rapids: Baker Book House, 1979).

Gesenius, Wilhelm. *Gesenius' Hebrew Grammar*, trans. A. E. Cowley, ed. E. Kautzsch (Oxford: Clarendon Press, 1978).

Harris, R. Laird. & Archer, Gleason L. Jr. & Waltke, Bruce K. eds. *Theological Wordbook of the Old Testament*, vol. 2 (Chicago: Moody Press, 1980).

Holladay, William L. *A Concise Hebrew and Aramaic Lexicon of the Old Testament* (Leiden: E. J. Brill, 1971).

Jenni, E. "Messiah," in *The Interpreter's Dictionary of the Bible*, vol. 3, ed. George A. Buttrick (Nashville: Abingdon Press, 1962).

Keil, C. F. & Delitzsch, F. *The Prophecies of Isaiah*, vol. 2, in *Commentary on the Old Testament*, vol. 7, trans. James Martin (Grand Rapids: Wm. B. Eerdmans Publishing Company, 1982).

Koehler, Ludwig. & Baumgartner, Walter. *Lexicon in Veteris Testamenti Libros* (Leiden: E. J. Brill, 1958).

Manton, Thomas. "A Practical Exposition upon the Fifty-Third Chapter of Isaiah," in *The Works of Thomas Manton*, vol. 3 (London: The Banner of Truth Trust, 1993).

Myers, Jacob M. *I and II Esdras*, in *The Anchor Bible*, vol. 42 (Garden City: Doubleday & Company, Inc., 1985).

Piper, O. A. "Messiah," in *The International Standard Bible Encyclopedia*, vol. 3, ed. Geoffrey W. Bromiley (Grand Rapids: Wm. B. Eerdmans Publishing Company, 1986).

Westermann, Claus. *Isaiah 40-66: A Commentary* (London: SCM Press, 1980).

Young, Edward J. *The Book of Isaiah*, vol. 3 (Grand Rapids: Wm. B. Eerdmans Publishing Company, 1996).

국내외 단행본

김남준. 『가상칠언』 (서울: 생명의말씀사, 2012).

김남준. 『거룩한 부흥』 (서울: 생명의말씀사, 2012).

김남준. 『김남준 목사의 시편 23편 강해』 (서울: 생명의말씀사, 2007).

김남준. 『십자가를 경험하라』 (서울: 생명의말씀사, 2017).

鄭聖久. 『韓國敎會 設敎史』 (서울: 총신대출판부, 1991).

헤르만 헤세. 『황야의 이리』, 김누리 역 (서울: 민음사, 2005).

Berkhof, Louis. *Systematic Theology* (Grand Rapids: Wm. B. Eerdmans Publishing Company, 1996).

Calvin, John. *Institutes of the Christian Religion*, vol. 1, trans. Henry Beveridge (Grand Rapids: Wm. B. Eerdmans Publishing Company, 1981).

Cullmann, Oscar. *The Christology of the New Testament*, trans. Shirley C. Guthrie, Charles A. M. Hall (Philadelphia: The Westminster Press, 1989).

Hengstenberg, Ernst W. *Christology of the Old Testament and a Commentary on the Messianic Predictions* (Grand Rapids: Kregel Publications, 1976).

Henry, Matthew. *The Quest for Meekness and Quietness of Spirit* (Morgan: Soli Deo Gloria Publications, 1996).

Hodge, Charles. *Systematic Theology: Anthropology and Soteriology*, vol. 2 (Grand Rapids: Wm. B. Eerdmans Publishing Company, 1977).

Lee, Lavina. *Handel's World* (New York: The Rosen Publishing Group, 2007).

Morris, Leon. *The Cross in the New Testament* (Grand Rapids: Wm. B. Eerdmans Publishing Company, 1980).

Owen, John. "A Memorial of the Deliverance of Essex County, and Committee," in *The Works of John Owen*, vol. 8, ed. William H. Goold (London: The Banner of Truth Trust, 1967).

Owen, John. "The Use and Advantage of Faith in a Time of Public Calamity," "The Use of Faith under Reproaches and Persecutions," "The Use of Faith, If Popery Should Return upon Us," "The Use of Faith in a Time of General Declension in Religion," in *The Works of John Owen*, vol. 9, ed. William H. Goold (London: The Banner of Truth Trust, 1990).

Wolf, Herbert M. *Interpreting Isaiah: The Suffering and Glory of the Messiah* (Grand Rapids: Zondervan Publishing House, 1985).

웹사이트

열린교회. 2018년 02월 23일. http://www.yullin.org/sermon/sermonViewPart.aspx?index=2&TYPE=M&IDX=9302

사명선언문

너희가 흠이 없고 순전하여……세상에서 그들 가운데 빛들로
나타내며 생명의 말씀을 밝혀 _ 빌 2:15-16

1. 생명을 담겠습니다
만드는 책에 주님 주신 생명을 담겠습니다.
그 책으로 복음을 선포하겠습니다.

2. 말씀을 밝히겠습니다
생명의 근본은 말씀입니다.
말씀을 밝혀 성도와 교회의 성장을 돕겠습니다.

3. 빛이 되겠습니다
시대와 영혼의 어두움을 밝혀 주님 앞으로 이끄는
빛이 되는 책을 만들겠습니다.

4. 순전히 행하겠습니다
책을 만들고 전하는 일과 경영하는 일에 부끄러움이 없는
정직함으로 행하겠습니다.

5. 끝까지 전파하겠습니다
모든 사람에게, 땅 끝까지, 주님 오시는 그날까지
복음을 전하는 사명을 다하겠습니다.

서점 안내

광화문점 서울시 종로구 새문안로 69 구세군회관 1층
02)737-2288 / 02)737-4623(F)

강남점 서울시 서초구 신반포로 177 반포쇼핑타운 3동 2층
02)595-1211 / 02)595-3549(F)

구로점 서울시 동작구 시흥대로 602, 3층 302호
02)858-8744 / 02)838-0653(F)

노원점 서울시 노원구 동일로 1366 삼봉빌딩 지하 1층
02)938-7979 / 02)3391-6169(F)

분당점 경기도 성남시 분당구 황새울로 315 대현빌딩 3층
031)707-5566 / 031)707-4999(F)

일산점 경기도 고양시 일산서구 중앙로 1391 레이크타운 지하 1층
031)916-8787 / 031)916-8788(F)

의정부점 경기도 의정부시 청사로47번길 12 성산타워 3층
031)845-0600 / 031) 852-6930(F)

인터넷서점 www.lifebook.co.kr